日暮途穷

大清覆灭前夕的关键时刻

马勇 著

文化发展出版社
Cultural Development Press
·北京·

图书在版编目（CIP）数据

日暮途穷 ：大清覆灭前夕的关键时刻 / 马勇著 . 北京 ：文化发展出版社，2025. 4. -- ISBN 978-7-5142-4408-3

Ⅰ. K252

中国国家版本馆 CIP 数据核字第 2024NM1622 号

日暮途穷：大清覆灭前夕的关键时刻

著　　者：马　勇

责任编辑：周　蕾
执行编辑：王雅文　　　　出版统筹：周　彤
责任校对：侯　娜　　　　特约策划：邓湘佳　余　晟
责任印制：邓辉明　　　　封面设计：刘树栋
出版发行：文化发展出版社（北京市翠微路 2 号　邮编：100036）
网　　址：www.wenhuafazhan.com
经　　销：全国新华书店
印　　刷：河北朗祥印刷有限公司

开　　本：880mm × 1230mm　1/32
字　　数：287 千字
印　　张：13
版　　次：2025 年 4 月第 1 版
印　　次：2025 年 4 月第 1 次印刷

定　　价：88.00 元
I S B N：978-7-5142-4408-3

◆ 如有印装质量问题，请电话联系：022-69485800

序　重构晚清叙事

早些天宋玉成先生发来一本书的目录，希望我写几句话以为序。这本书的基本架构，从玉成兄的思路看，是想从我已经发表的作品中选择一个主题，大意是重构晚清历史叙事。

在过去三十多年中，我相当部分精力都是在研究晚清这段历史。我对晚清，特别是甲午战争之后至清帝退位这段历史，做了比较细致的探讨，希望能够构建一个更逼近历史真相的叙事。“逝者如斯夫，不舍昼夜。”一百多年过去了，清朝的三百年已经成为数千年中国历史密不可分的重要一环。如果从全球史视角观察，中国历史最近期的巨变，从农业文明向工业文明转型，其实都和清朝的历史，尤其是晚清历史呈正相关。我们后来者可以对晚清统治者的贻误、短视、狭隘表示不满，或遗憾，但是我们应该如实描述这一个时代的进步。而这个进步、变化，已经凝结为我们这个族群的集体记忆，是不可更改的历史事实。

包括我在内的几代学者所接受的近代史训练，大致都是帝国主义侵华与中国人民的顽强抵抗之历史叙事，是一种悲伤、哀婉、凄惨的感情伤害。一个独立、完整，傲立于世界东方的天朝上国，在短短几十年就被打成东亚病夫，沦为不新不旧、不东不西的所谓“半殖民地半封建社会”。这个描述，我并不认为完全不合乎事实，但也应该公平地说，这个描述只注意到了近代中国的一个面相，而不是从整体上画出这个时代的全景。历史学就是要在前辈学者已有工作的基础上继续前行，逐渐逼近历史真相。

我在研究晚清时，一直在思考我们究竟应该怎样看待这一段历史，这段历史大概脉络究竟怎样？从中国大历史看，这段历史如何衔接古代与现代？基于这样的思路，我的一个基本看法，就是中国历史到了晚清并不是原来说的一直沉沦、不断堕落，而是中国人面对西方工业化、全球化影响，给予或消极或积极的回应，不断改变自己，不断融入世界、融入全球的历史。因而就其趋势而言，晚清即或有沉沦、堕落，但其大的趋势却是沿着一个上升通道前行。就政治而言，当中国面对西方的时候，其政治架构就是一个君主专制体制。这个体制从秦帝国开始建立，两千年逐步完善，至清中期达到顶峰。经鸦片战争、洋务新政、甲午战争这一连串的大事件，这个体制并没有真正动摇。但是到了《马关条约》签订之后，中国开始了自己的“维新时代”，君主专制开始向一个新的结构转型。尽管转型非常艰难，但那时朝野各界的立场、态度渐趋一致，即便为防止暴力革命不期而至，中国也必须走向君主立宪，将至上一元的君主权力分解，为君主配置一个外脑，集思广益，这就是后来的谘议局、资政院，以及规划中的国会。将行政权力交给一个经立法机构认可的责任政府，政府在履行职责时不受外部干扰，但其施政既要合乎法定程序，又可倒查、追责，是可追溯的责任政府，而不是不受约束的无限责任政府。按照这个思路、趋势，经1901年的新政，1903年的司法改革，1905年开启的宪政、预备立宪，至1908年《钦定宪法大纲》颁布，九年预备立宪，中国跨进宪政国家的大门只是一步之遥。我们可以惋惜这个过程的中断，但我们必须承认晚清最后二十年的政治变革是中国数千年历史中最为重要的政治变动。

晚清中国的改革路径就是向君主立宪走。那么有个很大的问题没法回避，清帝1912年退位了，中华民国建立了，因此我们过去很长时间就认为清帝国失败了，清帝国最后的改革失败了，清帝国灭亡了。

我认为这个说法是不对的。为什么？因为很显然，如果没有清帝国最后二十年政治变革，那么清帝国就是钱穆先生过去讲的一个“部族政权”，是一个没有经过近代文明熏陶的传统政权。因为改革，拉近了中国与世界主流的距离，中国自身也受到近代文明的洗礼，因而才有可能发生清帝退位、民国肇建这样的事情，才有一个值得我们温馨回味的“中国式的光荣革命”。原来的排满革命，走向了五族共和。所谓“中华民族”不期然成为四亿人的共识。亚洲第一个庞大的共和国家，就在那时成为事实。而所有这些政治上的成就，其实都来自晚清最后二十年的政治改革、政治启蒙。

从经济上讲，传统中国经济就是农业经济。农业经济也规范了中国人的思维方式、生活方式，以及各方面制度安排。然我们看到近代以来，特别是18世纪工业革命带来的震撼。在一个世纪之后，中国终于直面工业革命的冲击，开始了自己的工业化进程。但是，由于各种各样的原因，中国的工业化、城市化步履维艰，进展缓慢。1842年，五口通商，长江以南地区开始工业化、城市化。1860年，中国北部开放，天津等三口通商。整个中国开始全面卷入工业化、城市化、全球化的进程。但实事求是说，中国的工业化、城市化、全球化，真正获得大踏步进步，其实还是清帝国最后二十年开了先河。

1895年，中国开始允许外国资本在通商口岸自由办厂，外国资本潮水般涌入中国这块热土。中国资本在外国资本示范下也迅速崛起，中国的工业、城市，也都在这样一个背景下获得了长足进步。这当然是一个全新时代的开始，是现代中国的起步。新经济带来了新阶级，中国资产阶级、无产阶级都在这个时代产生，其意义是传统中国士农工商"四民社会"解体，公民社会逐渐形成。

与工业化社会、公民社会相配套的制度设施，在晚清二十年也有巨大改变。特别是到了1901年新政之后，地方自治迅猛发展，这为后来的政治改革、现代社会构建提供了制度上的保障。我们观察此后半个多世纪中国内部区域性差异、活力，在看到问题的同时，也必须承认地方自治激活了各地创造性积极性，有更多的积极意义。

最后一点，从文化上说，晚清几十年，大约从中西社会开始接触，中国文化就在"见贤思齐""一事不知以为耻"先圣往哲教诲下学习一切有意义的东西，一切不一样的东西。扪心自问，经过晚清几十年的演变，中国人的生活方式、思维方式，文化记忆，究竟还有哪个领域依然故我？如实说，衣食住行，中国人到了晚清已经变得清初人完全不可想象的现代样子了。至于生老病死，晚清几十年，也不再是几千年的旧习惯旧方式。医院、新式婚礼、幼稚园、养老院、殡仪馆，逐渐代替了几千年的传统。这里没有办法进行细节展开，但从这个视角进行思考、观察，我们必须佩服晚清这一代"先人"对现代世界可能有不理解、有耽搁，但当他们意识到问题的所在，也曾毫不犹豫地推动中国的进步。

我的晚清史研究，就是想重建这个时代的叙事模式，不再重述革命者在革命时不得不说的那些激愤之词，通过资料爬梳、细节呈现，将晚清还给清史、还给中国史，逐渐成为一种可以传之久远的历史叙事。虽不能至，心向往之。

是为序。

马勇

2024年1月26日星期五

目录

CONTENTS

第一章

东亚三国赛

宗藩解体

传统中国格外重视地缘政治，与周边国家几乎都具有宗藩关系。中华帝国像老大哥一样保护着周边的小弟弟，这些小弟弟也像屏障一样护卫着中华帝国。

被迫开放

到了近代，西方势力东来，不仅要将清帝国的藩国变成自己的藩国，而且要将清帝国纳入西方主导的世界一体化秩序中。中华帝国素来信奉的“王道政治”已不再，转而不得不信奉达尔文式的社会进化论。

进化论对中国来说并不是新东西，严复、胡适后来曾注意到进化论与中国古典思想的相似度。只是这一思想在古代中国一直不被提倡，因为凭借“力”的角逐获取霸权，只是一种霸道，这与儒家伦理倡导的王道相差太远。但是到了近代，在西方的压力下，中国不得不放弃王道转向霸道，于是在东方失去了一个可以信赖的“共主”，各藩国只能自谋出路。

西方国家对中华帝国施压始于18世纪90年代。随着中英贸易逆差逐步扩大，英国人开始寻找机会向中国施压。当时中国还是一种自然经济形态，市场发育不完全，无法消化英国工业革命的后果，于是英国不法商人一边寻找鸦片消弭贸易逆差，一边试图进入中国，由自己动手开发中国市场。

以鸦片平衡贸易逆差严重侵害了中国的利益，于是中英之间以鸦片的名义进行了两次战争。两次战争都以中国的失败而结束，中国被迫向西方开放市场。

至19世纪80年代，中国内外环境发生了微妙变化。列强不再满足于两次鸦片战争所获得的市场准入条件，他们试图依靠军事实力进入内地，将整个中国纳入他们的市场体系。为达到此目的，外国势力不断在中国边境集结、窥视、示威、蚕食，北有沙俄、南有法国、西有英国，东边则是日本、美国对中国台湾和朝鲜的觊觎、窥视和骚扰。

南部边陲的越南，长时期为中国藩国，但在这个时候，由于中国外交转向内顾，越南逐渐向东来的法国靠近，逐渐有意脱离中国。

中法交手

法国对越南的觊觎时日已久。1859年，法国军队占领西贡，之后不久相继兼并了南部诸省，拥有对越南南部的实际控制权，中越宗藩关系受到严重挑战。

1874年，法国政府强迫越南当局订立《越法和平同盟条约》。通过这个条约，法国承认越南独立，实际上是将其列为保护国。条约宣称法国有义务保卫越南政权不受外国侵犯和干扰，唆使越南将刘永福和黑旗军驱逐出境。对于法国迫使越南签订的这个条约，清政府当时无力干涉，但坚守越南为中国藩国这一原则，始终不予承认。

就中华帝国自古以来的宗藩政策而言，清政府此时所执行的政策显然有其无法自圆其说的矛盾之处。因为从宗藩体制所具有的伦理观念说，藩国有难，宗主国无论如何都要出手相救，即便自身力量无法相救，也必须有一种道义上的声援。很显然，清政府此时已无力奉行宗藩体制下的王道政治，无法履行宗主国对藩国的保护责任，与宗藩伦理观念相反的是，清政府此时与法国的冲突，在很大程度上已不是对藩国尽责任守义务，而是近代霸道政治伦理中对势力范围的争夺。清政府政策中的最大矛盾，是希望王道与霸道两者兼顾。

法国对越南的军事占领引起了越南政府的忧虑，为了抗拒法国，越南政府加强了与清政府的联系，既向清政府进贡，又请求驻扎在中国和越南边界的非正规军队黑旗军给予援助。1882年，黑旗军开始与法军作战。第二年，清政府又秘密派遣正规军进入越南协同作战。

对于法国的企图，清政府当然看得很清楚，一旦法国完全控制了越南，肯定会对中国南部构成威胁。然而问题在于，在清政府军队现代化任务尚未完成前，在海防计划尚没有落实前，清政府是否有必要为越南不惜与法国开战，这成了清廷内部持久争论的问题。主持朝政的恭亲王奕䜣和直隶总督兼北洋大臣李鸿章素来被认为是最具国际视野、最懂近代国家外交原则的人。换言之，他们两人比较认同近代国家的霸道政治，不再主张中国在没有解决自身问题时就不顾国力为藩国履行责任和尽义务。他们均认为中国此时应尽量避免与法国开战，应尽力以谈判为手段解决中法冲突，做到既维护越南利益，也不使中国损失过多。

作为务实政治家，恭亲王奕䜣、李鸿章等人很清楚中国的真实处境和实力。中国社会经济、国防实力被鸦片战争和太平天国等一系列事件消耗殆尽，自1860年开始的洋务新政虽使窘境有所改善，但那毕竟只是相对于原有落后而言。中国无法与西方老牌资本主义国家相比，不足以与西方强国言战，中国的正确选择就是尽可能争取更长的和平时间来发展自身。于是，恭亲王奕䜣、李鸿章等人设计了一个“明交暗战”的战略方针，派一些正规军队驻扎在镇南关外谅山一带，在国际社会面前表现出只求保境而不愿与法国决战的姿态，争取国际社会同情。另外，清政府暗中派一些非正规军队潜入越南北部援助黑旗军，以期在实际效果上给法军以打击，至少让法军不能为所欲为。

平心而论，这个设计不失为一盘“好棋”。无奈，在传统爱国主义心态支配下，中国人不能容忍政府在边境告急的情况下故意沉默。而且，清廷内部边缘化的所谓清流党人或许是因为近二十年洋务新政初见成效，又或许基于传统宗藩观念，对恭亲王奕䜣、李鸿章设计的对法战略颇为不满，他们谴责恭亲王奕䜣、李鸿章的绥靖政策只会鼓励法国人更加贪得无厌。

清流派的观点深深影响了清廷决策者，使清廷在战与和之间摇摆不定。正如一些研究者所说，荣誉要求捍卫一个朝贡国，可是畏惧心理却不允许它去和一个西方头等强国打仗。1882年12月，李鸿章与法国驻华公使进行谈判，清政府同意从越南北部撤回黑旗军，并在法国承诺放弃侵占越南北部的企图后，允许法国经过红河流域和云南进行过境贸易。双方约定，中法两国政府共同保证越南的独立。这样一来，越南就由先前中国的藩国变为中法两国的共同保护国。

◎在越南与法军激战的清军

1882年协定部分解决了中法冲突，中国虽然放弃了对越南的完全宗主权，但毕竟没有诉诸武力与法国开战。而且，当时中国的国力并不足以支持中国拥有更多宗藩，中国部分放弃某些周边国家宗主权，也是中国建设现代民族国家过程中必须要付出的代价。然而，这个协定并不被稍后上台的法国新政府所接受，法国新政府决意对越南实行更直接的殖民统治。1883年5月，法国议会通过对越南北部进行军事远征的战争计划，中法关系突现紧张。8月，法军在红河盆地突破黑旗军防线，几乎控制越南全境，越南政府宣布法国成为自己的保护国，宣称中国无权继续干涉越南事务，完全否认中越宗藩关系。这对大清王朝的信誉无疑是一个沉重打击。

洋务经不起考验

黑旗军失败尤其是越南政府的声明激怒了清廷中的主战派，二十余年的发展尤其是军事实力的提升使这些主战派底气十足，无法接受丧失越南的事实。曾纪泽向朝廷表示，越南本属中国，理应全境保护。他认为中国如果放弃越南，那么法国等就会乘机从南方直入中国本土进行商业和政治渗透，中国南部就要为此付出很大代价。主战派要求派兵收复失地，强制恢复中国的宗主权。恰在此时，越南政府内部也发生了变动，一批亲中国军政大员发动政变，请求清政府出兵援越抗法。

◎率军抗击法国的黑旗军统帅刘永福

主战派的要求、越南政府的请求，扭转了中国先前的被动局面。清政府决定从云南和广西调正规军五万人入越作战，并给黑旗军以大量装备。然而这些举措并没有使清军赢得主动权，1884年3月，清军与法军的第一次正面交锋，以五万之众不敌一万六千法军。

清军的失败令清政府很没有面

子，慈禧太后利用外患解决内患，乘机罢免了恭亲王的职务，改组内阁，委派李鸿章寻求和平解决方案。5月11日，李鸿章与法国海军上校福禄诺在天津达成协议。根据这个协议，清政府承认法国与越南签订的所有条约，中国驻越南的军队立即撤回；法国承诺不向中国要求战争赔款，保证中国南方边界不受侵犯，承认中国在越南的势力，同意在将来与越南缔结任何条约时不使用有损中国威望的字眼。

“李福协定”本为预备性条约，正式签署时间尚早。然而法国却要求中国立即履行条约撤军，中法战事于6月23日再次爆发，这个协议无果而终。

占领越南并不是法国远东军事行动的终极目的，法国希望以越南为跳板，将势力渗透到中国腹地。战事再起使法国有了新的借口。7月12日，法国政府发出最后通牒，要求中国立即执行“李福协定”，并索赔大笔战争赔款。

◎法国铜版画描绘的中法马江海战

法国的强硬态度激起了中国内部的强硬情绪，主战的清流党领袖张之洞迅速被调任两广总督，张佩纶会办福建海防，摆出不惜决战的态势。然而，法军并没有与中国决战的意思。8月23日晨，封锁闽江口的法国军舰突袭福州，仅一个小时就击沉清军11艘兵船。1866年以来由法国人帮助建造的马尾船厂也在这一个小时内被法国人摧毁。10月1日，法国海军陆战队在基隆登陆，23日宣布封锁全台湾。

与福建战线的情况相反，在越南本土，清军接受失败教训，新任将领冯子材指挥有方，1885年3月发动攻势作战，占领谅山，并将继续向北宁、河内推进。清军重获战争主导权。

然而这些优势并没有促使清军乘胜追击，扩大战果。相反，因为沙俄、日本引发的北部边疆危机再起及朝鲜问题困扰，清政府反而决定利用谅山大捷争取和平，体面结束。6月9日，李鸿章与法国公使在天津签订条约，中法战争至此结束。根据条约，中国承认法越签订的所有条约，法国则撤走在台湾的军队。中国不必向法国支付战争赔款，然而中国对越南的宗主权至此彻底丧失。

“不败而败”的战争表明二十多年的洋务不堪一击，外交、政治和技术上的“有限现代化”根本不足以支持重建大国辉煌。越南的丢失还引发一系列问题，稍后，缅甸在英国干预下脱离中国，南部边陲实际上被英法两国所控制。

东北亚危机缘起

同为亚洲国家，中日两国几乎同时面对西方压力，然而两国采取了完全不同的回应方式，结果只是短短几十年，两国不仅拉开一个很长的距离，而且在东北亚形成了剧烈的利益冲突。

中日异途

在近代之前一千年，日本一直是中国文明最忠实的学生之一，他们虔诚地学习中国，并将中国文明在日本发扬光大，成就了日本的民族性格。甚至到了德川幕府时期，日本也和中国一样，实行闭关锁国政策，不信任西洋文明，不愿接纳西洋文明，甚至对西洋文明持一种敌对立场。这一点与中国18世纪晚期非常相似。

进入19世纪，工业革命造就了西方先发国家极度泛滥的产能过剩，资本的本性驱使西方先发国家以打开东方市场为第一要务。西方势力东来或者说东方遭遇西方，其实就是能否接纳西方资本及工业产品，就是能否将一个尚未开发的市场拿出来与西方共享。

面对西方的要求，中国先是拒绝，继而在力量不支的时候部分打开国门，部分满足西方资本的要求。然而，五口通商根本无法满足西方资本的巨大要求，中国在经过第二次鸦片战争后只好勉强同意扩大开放，同意变革，更由此想到通过学习西方追求富强。只是那时的中国人依然不愿坦然承认中西差异只是时代差异，只是农耕文明遇到了工业文明。于是，中国在向西方学习的时候显得扭扭捏捏，不够坦诚，既要学习西方，又要防着西方；既认为西方有优长之处，又念念不忘中国文明的道德优越。

与中国的情形很不一样。日本在面对西方资本要求时看得很透，接纳也比较坦然。1853年，美国培理舰队叩关，日本人并没有像中国那样拒人于门外。第二年，日美达成《神奈川条约》，紧闭的日本国门向着西方渐渐打开。

西方近代文明的和平输入给日本社会带来巨大变化，一大批下层武士逐渐觉悟，商业资产者产生了。就连德川幕府时代的贵族也觉得日本应该变化了，不能固守原来那一套了。于是，这几个阶层在“尊王攘夷”的旗帜下走到一起，掀起一场轰轰烈烈的“倒幕运动”。

在倒幕运动推动下，日本政治发生巨大变化。1867年，刚继位不久的明治天皇向“倒幕派”发布一道密诏，倒幕派据此发动政变，宣布“王政复古”，废除幕府制度，广开言路，酝酿改革。

1868年4月6日，明治天皇率领文武百官对天地神明发誓，宣布进行宪政改革，“广兴会议，万机决于公论”。历史上的所谓明治维新就这样波澜不惊地开始了。明治维新的价值导向就是向西方学习，而且必须彻底。此时，中国的自强运动已经进行了八年，中国的原则是“中学为体，西学为用”，只学西方的科学技术，不学西方的体制与文明。

内敛与外向

中日两国一衣带水，交往频繁，即便在两国都奉行闭关锁国政策时，也没有影响两国之间的往来。所以日本“转身向西”的明治维新，很快就传给了中国，并给各阶层以不同影响。

或许是因为地缘关系，明治政府在向外积极开拓政治贸易联系、寻求与各国建立正常国家关系时，自然忘不了近邻——中国。1868年，日本政府委托英国驻上海领事给清政府带话，希望中日重建正常通商体制。两年后，日本政府专门委派外交人员来华，希望与清政府进行外交谈判，仿照西方惯例与中国建立正常外交关系，进而使两国贸易往来体制化。

此时的中国，自强洋务新政已经走了十个年头，略具实力，且已经与西方国家陆续建构了比较正常的外交关系。而东邻日本从来都是中国的学生，既是岛国，又是小国，因此清政府相当一部分人不屑于与日本交往，更不愿将日本与西方诸强并列，重构近代国家关系。

狭隘地排斥日本当然不是清政府的主导思想，恭亲王奕䜣、曾国藩、李鸿章等人出于全球战略考虑，认为中国即便不能引日本为外援，增加与西方国家交往的筹码，也不应该将日本推向敌对方，给自己制造麻烦。对日交涉的正确选择应该是，与日本稍事联络，增进感情，维持友情，尽量不要让日本完全倒向西方诸强，成为中国的对手。

基于这样的战略考虑，中日两国政府于1871年9月签订《中日修好条规》，中国终于实事求是地放弃了名义上视日本为藩属的想象，承认日本与中国一样，是具有相同地位的国家实体。

此时，中国的自强洋务新政已有十多年了，日本的维新不过三五年时间，但是敏锐的李鸿章在与日本使臣会晤时很快发现了维新的意义。他在写给恭亲王的信中，对日本人发奋为雄、不耻下问、追求卓越的精神高度赞佩，对明治维新的价值有充分估计，认为变化后的日本对中国未来可能具有不可预测的影响。为了避免最坏局面，李鸿章建议中国应该像日本一样，坚定不移地走上西方化道路。中国只有与西方成为同等性质的国家，方有可能继续约束日本，使之附丽于我。如果中国不思进取，不去西方化，一旦日本完成了西方化，必然与西洋诸强为伍，成为瓜分中国、遏制中国的急先锋。

李鸿章的认识是深刻的。他充分意识到中日在发展取向上的不同，也清楚这种不同必然导致中日未来的关系紧张，因为日本转身追慕西方，走的是一条外向的开拓道路，而中国自1860年开始的洋务新政只是“自强”，只是自己埋头发展闷头赚钱，忽视了正义，忽视了王道，忽视了与西方先发国家不仅要做生意，还要有基本价值理念的认同。这是李鸿章的高明之处，因为后来的历史就这样被李鸿章不幸言中了。

中国内敛收缩的自强运动确实在短期内获得了巨大成功，其效率比日本外向型发展要高。但内敛收缩使中国付出了极大代价，南部边陲诸藩国相继丢失，且相继在丢失之后或成为中国的敌人，或成为西方诸强的依附，这对中国的未来发展而言显然不是什么好事。孤立主义促进了中国快速发展，但是孤立主义的代价最终也一定非常惨痛。

追慕西方外向开拓型发展模式是明治维新的时代特征，这个特征给日本带来了不一样的精神气质，使这个岛国、小国、资源贫乏的国家并没有觉得不可发展。他们通过充分世界化找到了自己发展的方向。

◎明治维新使日本国力大增，萌生了对外扩张的野心

充分世界化就是充分西方化，就是充分紧跟世界潮流，至少在19世纪晚期这是不必怀疑的道理。因而经过短短十几年时间，日本经过官制改革、奉还版籍、废藩置县、土地租税改革等措施，扫清了发展障碍，在“殖产兴业、富国强兵、文明开化”三大政策的引导下，日本的工商实业、文化教育、科学技术等在不知不觉中脱胎换骨，为日本崛起奠定了坚实的基础。

半岛危机

早在明治维新之初，福泽谕吉就鼓励日本人自觉认同“丛林法则”，相信历史从来不会嘲笑胜利者。吞噬他国者为胜利者，被人吞噬者就是失败者。胜利者不会受到历史的审判，因此福泽谕吉鼓励日本一定要在远东创建一个西方式的新国家。

明治维新激活了日本民族的活力和能量，使日本的发展速度远超西方老牌资本主义国家。实力增长激发了日本外向拓展的力量和信心。1884年，福泽谕吉预言再过十五年，也就是到20世纪初，不思进取的中国极有可能被西洋诸强所瓜分。福泽谕吉告诫日本，要把握时机，不要错过西洋诸强瓜分中国这个契机，日本应该在这个过程中获得台湾和福建。

日本的战略意图越来越明显。中国如果在那个时候调整政策和发展方向、充分世界化、向西方学习，即便日本真的强大起来了，中日之间也有可能不会发生冲突。退而求其次，中国如果在那个时候抓紧在东亚构筑一个抵制日本急剧扩张的屏障，或许也能抵消日本的威胁。然而，由于中国依然在陈旧的王朝政治统治下，即便有人认识到这些，但朝廷依然陷在无休止的战略争论中。而日本则在这个时候急剧扩张、图谋朝鲜，其意图就是要通过朝鲜这块跳板踏上亚洲大陆、欧亚大陆，进而全世界。我们不能由此说日本有称霸世界的野心，但我们应该承认明治维新给日本插上了极富想象力的翅膀，这个翅膀就是要带领日本飞向世界。

假如中日之间真有竞争，并不必然就是零和游戏，广袤的欧亚大陆有足够空间供两国利用，甚至开拓。然而，由于发展思路根本不一样，日本的每一个动作给人的感觉似乎都在侵犯中国的利益。

1872年，日本强制册封琉球群岛国王为藩王，试图改变琉球的宗藩关系。只是日本的做法并没有得逞，琉球国王更倾向于与更强大的中原王朝维持旧有宗藩，毕竟这已有几百年的历史了。

琉球的拒绝并没有使日本完全丧失信心。1879年，日本用武力迫使琉球国王交出政权，“废琉置县”，日本竟然明目张胆地将琉球王国变成了“冲绳县”。

日本的做法激起了琉球士绅阶层的反抗，琉球派员前往中国，请求宗主国仗义执言，率有道伐无道，帮助琉球尽逐日本人出境，恢复琉球的国家地位。

在常态体制下，琉球的要求就是宗主国的义务。然而此时中国的南部藩国越南及西北边陲相继出现问题，清政府虽然通过外交渠道劝说过日本，但显然力度不够、决心不够，更没有下决心履行宗主国的责任，率有道伐无道，维护琉球的利益和尊严，主持正义与公道。自为一国的琉球就这样被日本灭了社稷，吞并了江山。这不仅极大损害了大清王朝作为宗主国的信誉、尊严，而且使诸藩国感到心寒、失望，茫然不知前途何在，与宗主国渐渐离心离德、貌合神离。

日本的意图当然不是一个琉球，日本的目标就是要踏上大陆。1875年，日本准备用武力敲开朝鲜的大门，专门派员征询中国的意见。中国此时继续奉行孤立主义外交，不愿多管闲事，于是告诉日本人说，朝鲜只是中国的一个藩国，其内政、外交从来悉听其便。这种答复当然与宗主国地位极不相称，所以到19世纪90年代初日本真要动手、东北亚危机爆发时，中国不仅措手不及，而且在道义上也略显被动。

中日明争东北亚

明治维新时代的日本雄心勃勃，一个重要目标就是要踏上大陆，走向世界，就是要在全球范围内与欧美诸强竞争，进而成为世界一流强国。从这个意义上说，日本执意吞并琉球，既是其大战略的一个步骤，也带有测试“亚洲盟主”中国政策底线的意思。中国如果在琉球问题上态度强硬，日本或许依然会按照既定战略进行，但其行动无疑会有所节制、有所收敛，此后的行动总会顾忌中国的态度。

“隐士王国”

然而，在琉球问题上，清政府的政策取向实在是令人唏嘘不已。一个原本依附于中国数百年的藩国被日本轻易吞并，意味着中国延续千年的宗藩体制全面解体。

日本强硬吞并琉球的政治举动没有遭到中国的反对，主要是因为中国此时正奉行“孤立主义”外交原则，只愿埋头发展自己，不愿过多干预周边事务，不愿为琉球王国的独立而得罪处于上升态势的日本。

中国的“绥靖主义”政策对于日本无疑是一种激励，使日本越来越明白只要不直接损害中国的利益，中国就不是日本走向世界的阻力，中国有自己的事情要做，中国只维护自己最直接的利益。

日本的目标是要突破岛国局限，踏上大陆。琉球王国只是汪洋大海中的一个群岛，可以成为日本领土的一部分，但无助于日本实现走向世界的战略目标。日本要踏上大陆，走向世界，必须以朝鲜半岛或台湾岛为跳板。这是一个纯粹的地理环境问题。

朝鲜对于日本来说，具有非常重要的战略价值。同样，朝鲜对于中国来说，也具有很不一样的战略意义。朝鲜是中国最重要的朝贡国，朝鲜的地理位置对于中国来说具有不可替代的性质。朝鲜位于中国本土东北角，其半岛的陆路部分连接中国，是中国阻挡来自日本和俄国威胁的天然屏障，因而在琉球被日本吞并之后，清政府突然意识到朝鲜问题的严重性。

当西方势力东来后，朝鲜、日本和中国一样，面临着同样的“西方化”问题。日本认同了西方价值，转身向西，逐渐改变。中国半认同西方价值，中体西用，半改变。而朝鲜，根本不愿认同西方价值，根本不变。然而由于朝鲜为中国藩国，对中国意义重大，所以中国在洋务新政开启后，也不断利用各种机会劝说朝鲜与西方国家尽量和解、战略接触、适度开放市场、适度走向近代化，并与东西洋各国建立适当的条约关系，维持各大国在远东的战略均衡。

对于中国的劝说，朝鲜统治者并没有给予积极回应。他们既不愿意向西方开放，也不愿意学习东洋，反而认为东洋日本的维新变法是一条邪路，日本人所宣扬的什么文明开化、脱亚入欧、与西方合作，其实是一种历史倒退，是化文明为野蛮，弃文明而沦为夷狄。朝鲜坚守不与日本交往的原则，宣布“与日本交际者处死刑”。这是在实际行动上反对清政府的部分开放政策，中朝宗藩关系因此出现裂痕，潜藏着危机。

朝鲜的冷淡使日本甚为不满。日本政府于1875年准备以武力敲开朝鲜的大门。循吞并琉球的前例，日本为此派遣专员前往试探清政府的反应。清政府于是告诉日本使者：朝鲜只是中国的一个藩国，其内政、外交悉听其便。

清政府如此明白的暗示鼓励了日本对朝鲜的觊觎与蚕食。日本由此认为清政府已经感到朝鲜问题是个包袱，中朝之间的所谓宗藩关系仅有其名而无其实，此后日本与朝鲜的关系不必事事处处同清政府交涉了。日本准备揭开“隐士王国”朝鲜的神秘面纱，准备按照日本人的意愿推动朝鲜对外开放。

乘机插足

日本对清政府朝鲜政策的理解既对又不对。清政府确实基于孤立主义立场追求富强，无心无暇过问周边藩国；确实一再告诫周边藩国像中国一样对外开放，不要与欧美、日本正面对峙，一再鼓励朝鲜建立友好关系，适度开放市场，接纳东西洋文明。不对的是，日本错误理解了清政府的政策，中国维护朝鲜藩国地位的政策并没有丝毫动摇。

基于对清政府并不准确的政策理解，日本政府决定按照自己的思路行事，决心用武力打开朝鲜国门。1875年5月，日本政府派遣“云扬”号等几艘军舰到朝鲜海域耀武扬威，寻求机会，制造事端。9月20日，“云扬”号竟然驶入朝鲜首都汉城附近的江华湾，公然挑衅，双方爆发了一场激战。

“云扬号事件”是朝鲜历史的转折点。对于这场冲突，清政府劝告朝鲜息事宁人，这对朝鲜政府后来的决策影响重大。朝鲜政府内部主战派和主和派争论激烈，但稍后就因清政府的态度而转向主和。1876年1月30日，朝鲜政府决定接受清政府的劝告，与日本政府进行谈判。这不仅是日朝关系缓和的开端，而且意味着朝鲜决心对外开放。

经过数次艰难谈判，日朝双方于1876年2月26日达成《日朝修好条规》，这就是历史上著名的《江华条约》。

《江华条约》宣布朝鲜为“自主之邦”，拥有和日本国平等交往的权利。这项规定遭到了清政府的强烈不满，因为这项规定很明显否定了朝鲜为中国的藩国，对中国的权利予以彻底排斥。这项规定既是中日争执的开始，也是后来甲午战争爆发的直接根源。

从朝鲜方面说，《江华条约》意味着门户开放，意味着朝鲜对外部世界打开市场。这个条约虽然潜藏着许多不平等的规定，比如自由贸易、免征关税、货币使用权、居留地及领事裁判权等，有日朝不太平等的一面，有“炮舰外交”的强权遗痕，但是从朝鲜历史走向来说，作为一个“后发国家”，朝鲜终于开始跨出走向世界的第一步，从原来中国一国的藩国逐渐变成一个拥有对外自主交往权利的政治实体。

对于日本而言，《江华条约》是其实现“大陆政策”的关键一环，为日本的后续行动做了重要铺垫。随后几年，朝鲜釜山、元山、仁川等港口相继开放，日朝之间的贸易交往日趋紧密，政治上的联系和价值理念也逐渐趋同。朝鲜在日本的影响下逐步开始“去中国化”，中朝之间的宗藩关系在日朝关系的影响下变得越来越无足轻重，毕竟是日本首先启发朝鲜从宗藩地位中解脱出来，逐渐构建一个近代民族国家的。

对远东和世界而言，《江华条约》使朝鲜半岛成为全球资本角逐的新舞台。美国、英国、德国、法国、俄国、意大利、奥匈帝国，甚至连小国丹麦、比利时等国的资本，都很快相继进入朝鲜半岛。1882年，朝鲜与美国达成《朝美修好通商条约》，标志着先前的“隐士王国”终于向世界揭开了神秘面纱，成为全球瞩目的新希望。而在这个过程中，“先行一步”的日本无疑起到了重要的引导作用。日本对于朝鲜确实具有“炮舰政策”的强硬一面，但日本毕竟是希望朝鲜对外开放。因此，日本在朝鲜的影响力日趋加大。中日因朝鲜问题迟早要发生摩擦，这是当时国内外许多人都看得出来的。

从暗夺到明争

很显然，日朝关系的密切、朝鲜与西方国家的直接交往，在某种程度上冷落了中国。中国虽然鼓励朝鲜自主与西方交往，对外开放，但出于宗主国的面子和实际利益，中国绝对不希望朝鲜外交政策与中国脱节。清政府的政策当然也会影响朝鲜内部，因而在朝鲜宫廷内部逐渐形成两派：一派是以国王生父大院君为主的亲中派，力主尊王攘

◎朝鲜国王李熙的生父大院君李昰应

夷，闭关锁国，阻止对外开放；另一派以朝鲜国王李熙的闵妃为主，对清政府的朝鲜政策不太信任，对列强特别是日俄对朝鲜的觊觎心存疑虑，但又具有相当的媚日倾向，向往日本近代以来的政治改革，寻求朝鲜对外开放。

1882年7月23日，驻扎在汉城的军队因经济待遇问题发生哗变。哗变官兵冲入王宫杀死了几个追随闵妃的大臣；冲进日本公使馆，杀害了几个日本人；他们又将边缘化的大院君迎接回来复辟，力主变革的闵妃化装连夜潜逃出宫。

哗变军队将目标指向闵妃和支持变革的日本人，主要是因为闵妃的政策确实造成了一些经济问题。逃亡中的闵妃没有指望日本出兵平息动乱，反而派员与中国方面联络，请求中国以宗主国的身份出兵帮助朝鲜恢复秩序。

重新主导朝政的大院君全面废除闵妃的改革措施，大幅度撤换闵妃时代的官员。这显然是朝鲜历史的大倒退，因而激起日本方面的不满。日本政府以日本人被杀为借口兴师问罪，两千名士兵和数艘军舰于1882年8月16日抵达汉城，威逼大院君扩大日本在朝鲜贸易的权限，允许日本在汉城驻军。

中国对日本扩大在朝鲜的利益早就不满了，一直寻找惩治日本的机会。闵妃的请求为清政府提供了一个绝妙理由。清政府迅即接受这个请求向朝鲜派兵，由广东水师提督吴长庆和统领水师提督丁汝昌率兵三千开进汉城，以宗主国身份问罪兵变，抓捕了大院君，并将其带到天津受审，然后押至保定看管。

1882年“壬午兵变”为中国出手提供了一次契机，但是并没有阻止日本在朝鲜势力的扩大。同年8月30日，朝鲜与日本签订《济物浦条约》，规定日本有权在朝鲜驻军，这实际上是在分享宗主国的政治特权。

日本在朝鲜权利的扩大，直接损害了中国的利益。而日本又不知适可而止，在朝鲜日趋亲日的同时，进一步鼓励朝鲜完全脱离中国的控制，试图驱赶中国在朝鲜的势力。1884年日本在朝鲜策动了一场政变，密谋一举将中国势力赶出朝鲜。年轻有为、机灵沉着的袁世凯率领中国军队粉碎了这次政变。

但是袁世凯的作为并没有扭转朝鲜发展的基本趋势。清政府此时正陷入南部边陲外交危机，最后不得不与日本妥协，双方达成《天津会议专条》，规定中日两国此时同时从朝鲜撤兵，但又有一条重要约定，假如将来朝鲜再发生动荡需要外部力量，那么中日两国任何一个国家需要向朝鲜用兵的话，都应该相互通报。中国先前专享的宗主权被一分为二，由此种下十年后甲午战争的种子。

第二章

孙中山与中国革命起源

甲午战争对中国人来说固然是悲剧。然而，孙中山在这场战争刚爆发时就清楚地看到，这是真正意义上的中国重新走上振兴的机会，而这个机会的关键点就是中国人要起来推翻统治中国两百多年的反动清政府、重建现代国家。这无疑是甲午战争落幕后最值得关注的大事件，它从根本上改变了中国历史发展的大趋势。

革命思想起源

孙中山的革命思想，当然不是与生俱来的，而是有一个从改良向革命的转化过程，其转化的直接动因就是这场中日战争。

根据孙中山叙述，他于1866年出生于著名侨乡广东省香山县，也就是现在的中山市。他的家庭世代务农，略有薄产。

随着西方社会文化的大规模进入中国，位于沿海的香山最先受到影响，农业逐步趋于破产，到了孙中山的父辈，再坚守农业就根本无法养活一家老小，只好逐步放弃纯粹的农业，进入澳门打工；而孙中山两个叔父走得更远，他们在美国金矿做苦力。

孙中山兄妹四人，他排行第三，上有哥哥孙眉和姐姐孙妙茜，下有妹妹孙秋绮。其家境比较困难，所以孙眉年龄很小的时候就外出打工。1871年，他17岁时追随舅父远渡重洋，跑到檀香山谋生。从小工做起，凭着勤劳智慧和机遇，逐步积累了一些财产，开办商店和畜牧场，兼营酒厂、伐木等，至1877年，孙眉已经拥有一家大牧场，雇有数百名工人。到1885年，孙眉拥有的山地已达两万多英亩，成为当地首富。

◎孙中山（后排右四）全家福，旁边（后排右五）的是大哥孙眉

孙眉发迹改变了孙家的处境，不过孙中山的青少年还是在故乡度过。他和农村一般儿童没有两样，听听老人讲述那久远的故事与传说、放风筝、踢毽子、抓青蛙、拾柴打草、插秧挑水，但凡农村中的一切活计，只要力所能及，都必须去做。七岁那年，孙中山原本有计划进入一家村塾读书，只是家里拿不出那么多钱，只好在这家村塾当

了附读生，不算是正式学生。又过了两年，孙家的状况不一样了，孙中山转为正式生。又两年，孙中山转学郑帝根的私塾，在这里，他结识了比自己小两岁的好朋友陆皓东，陆皓东后来参加了孙中山倡导的革命。

在私塾读书的四五年间，孙中山和那个时代所有的中国学子一样，从《三字经》《千字文》《幼学琼林》入手，进而是儒家的四书五经。孙中山幼小的心灵种下了传统文化的种子，这些强制性的记忆和背诵为其后来对中西文化的认知发挥了重要作用。

1877年，孙眉回乡成亲。在家里居住的三个月里，孙中山首次从孙眉那里听到了许多海外奇谈，这激发了少年孙中山的好奇心。孙中山多次希望能够随哥哥一起前往海外发展，哪怕是打工，一切从头开始，他也无怨无悔。然而他的父母并没有同意这些请求，主要的理由就是年龄太小。

到了第二年，或许是因为孙眉的事业越来越大，孙眉派人将他的母亲接到海外一起生活，年仅12岁的孙中山终于有机会如愿以偿，陪同母亲坐船赴檀香山。

在乡村生活的十二年，孙中山耳目所及，当然非常狭小，除了在私塾读书知道一些中国圣贤的嘉言懿行，对于外部世界，几乎可以说是一无所知。现在，浩瀚的海洋一望无际，不知何处是个尽头，这势必给少年孙中山带来心灵上、情感上的重大冲击，使他开始觉得原来离开了自己的村庄，还有那么大的外部世界，那么檀香山究竟是什么样，它和我大清究竟有什么不同呢？

二十多天的航行很快结束了，孙中山陪着他的母亲终于在檀香山登岸了。檀香山位于北太平洋夏威夷群岛中瓦胡岛的东南角，是夏威夷州的首府和港口城市。檀香山早期只是波利尼西亚人的一个小村庄，19世纪初期，因檀香木贸易和作为捕鲸基地而逐渐发展起来，1850年为夏威夷王国首府，1898年夏威夷归属美国，所以当孙中山刚到檀香山时，这儿还不是美国的地盘，而是属于夏威夷王国，檀香山的名字还叫作火奴鲁鲁（Honolulu）。

火奴鲁鲁，在夏威夷语中，意指“屏蔽之湾”或“屏蔽之地”，这确实合乎夏威夷的地理特征。至于叫作檀香山，主要是这个地方生产檀香木，到这儿淘金的中国人，包括孙中山的哥哥孙眉，主要是到这儿采伐檀香木，运回中国，久而久之，中国人就称这儿是檀香山，火奴鲁鲁的名字反而渐行渐远，逐渐被淡忘。

孙眉已经是比较成功的商人，他当然希望他的弟弟孙中山能够参与他的商业事务，成为他的得力助手。这是中国人的基本理念，上阵亲兄弟，打仗父子兵。好不容易积累的一点基业，孙眉当然不希望落到别人手里，所以，孙眉就安排孙中山在店里当管账，并利用这个机会学会一些最基本的经营之道。

无奈，孙中山听不懂那儿的英语，他在店里除了与中国员工能够有点交流，与当地人和来自英、美、日的客人没有办法沟通，不得已，孙眉决定还是先将这位小弟弟送到一家英国人管理的寄宿学校学习，让他和外国人朝夕相处，这样孙中山不仅可以迅速提升英语水平，还能尽快熟悉外国人的风俗习惯，了解西方的文化背景，有助于将来在生意场上大展身手。

孙中山进的这所名为意奥兰尼（Iolani College，Honolulu）的学校是由英国圣公会史泰利主教1862年创办的，此时学校主持人为英国人韦礼士主教。意奥兰尼创办之初招收夏威夷及混种夏威夷青少年，后又招收一些华裔学童。这个学校的教师全部为英国人，纯英语教学，因此收费也较其他学校高。

入学之初，孙中山几乎完全听不懂英语。他在教室里静静坐了十多天，渐渐体会并领悟到英语的奥妙与方法，很快就触类旁通，学习英语的兴趣和信心大增。

作为教会学校，意奥兰尼在韦礼士主持下也必然要进行神学教育，讲圣经、做礼拜，培养宗教情怀和宗教感情，学生对宗教渐渐产生了兴趣，志愿受洗为教徒。这对孙中山后来的影响非常大。

三年时间很快就过去了，1882年夏，孙中山从意奥兰尼毕业。他的英语有了很大提高，在英语世界可以自由行走了，而且三年训练使他懂得了西方文化的精义和规范，了解了基督教的道理。不过，孙中山此时并没有像他的同学那样受洗为教徒，他似乎还在观察、还在思考。

在刻苦学习英语和西洋文明的同时，孙中山并没有忘记自己的故国和文化，晚上回家，温习功课后，孙中山还是会拿出很多时间读中国书，并拿出相当精力去参加当地华人创办主持的华文夜校，从而使自己的中国文化基础不仅没有因为接受西方教育而荒疏，反而与西洋知识一样，有了很大提升。从意奥兰尼毕业后，孙中山就回到哥哥孙眉的商店里帮忙，协助哥哥管理这些商业。孙眉大约觉得这个弟弟可能还是一个读书种子，所以在店里观察了一段时间后，还是将孙中山送到当地最高学府奥阿厚书院（Oahu College，Honolulu）继续深造，甚至准备让他在这所学校毕业后前往美国，进入一所大学从事专门之学。

在奥阿厚书院，孙中山除在各门功课上继续用功外，大约由于先前几年的宗教教育，使他对各种各样的宗教聚会和课程极端酷爱，早晚都在学校教堂里祈祷，星期天还要到教堂做礼拜。意奥兰尼的主持人韦礼士主教对这位门生也格外关照，以为孙中山将来一定会在宗教领域成大器，所以不厌其烦地向其传授经典和教义。

在韦礼士主教的指点和自己的刻苦努力下，孙中山对于基督教原理已有很深研究，也有了很浓厚的兴趣，但凡有与其讨论教理教义者，原本沉默寡言的孙中山立马就像换了一个人，口若悬河、滔滔不绝。

浓郁的宗教氛围、缜密的宗教原理、与人为善的宗教情怀，再加上韦礼士主教的循循善诱，奥阿厚书院的中国学生差不多都已受洗成了基督徒。在这种情形下，孙中山受洗入教顺理成章，不料却遭到了他的哥哥孙眉的坚决反对。

孙眉大约有着非常不一般的中国情怀，身处异国，仍不愿意加入异教，而是坚信中国传统，所以他对孙中山准备受洗入教的想法无论如何都不能理解，自然也不会同意，对弟弟就是一番责骂，并下定决心将这个异端弟弟送回老家，他可不想让自己的弟弟成为异教徒。1883年，孙中山被迫返回家乡。

◎青年时代的孙中山

在檀香山数年，是孙中山思想突飞猛进的时期，他不仅建立了对西方对世界的一般看法，而且有了比较有了鉴别，知道中国问题在哪里，他在课余常常与同学相谈衷曲，直抒改良祖国、拯救同群之愿，自云“当时所怀，一心必使我国人人皆免受苦难，皆享福乐而后快”。这种改良主义的思想倾向，具有深厚的基督教背景，并没有孙中山后来所展示的反对官府进行革命特别是从事暴动的任何迹象。

非暴力的和平主义改良思想原本在孙中山那里就不坚定，甫进国门，又被一系列的残暴事件所粉碎。他从香港换乘一艘中国沙船返回家乡，在那并不算长的旅途中，竟然让他四次目睹清朝官吏的残暴，这些官吏以征收关税、厘金，查缉鸦片、火油等为借口对乘客反复勒索。年轻气盛的孙中山起而抗争，并打算到港口时向官府控告。因此，沙船被官府扣押了一整天，经船主行贿后始得开航。这最直接的刺激使孙中山内心受到非常大的震动，他向同行者演说改造中国政治的必要性和紧迫性，认为中国在这些无法无天腐败万恶的官吏掌握下毫无希望，长此以往将被世界远远抛弃。孙中山在美国形成的改良主义思想面临着严峻考验，他越来越觉得无法坚守基督教的那些非暴力的信念了。

在故乡，读书归来的孙中山也算是见多识广的人了，家乡的老人和朋友也都很喜欢听他叙说在夏威夷的见闻，以及对中国未来的主张。孙中山的许多说法都受到他们的欢迎，他们推举孙中山参与乡政，采纳他的许多建议，诸如整修道路、装点路灯、安排壮丁巡夜等，这都算是一种有意义的乡村建设工作。

对于中国政府，孙中山从西方政治理念出发，不认同清政府的统治方式，以为清政府纯粹只是剥削人民的机构，人民向政府交纳了赋税，却没有从政府那里获得服务和益处，政府甚至没有想着怎样让人民能够开拓商业活动的空间，没有为人民的商业活动、生产活动提供基本的便利，只是一味横征暴敛，竭泽而渔。统治者一味实行愚民政治，封锁消息，培植迷信和盲从，结果人民相互之间缺少联络，也无法用集体的力量推动政治发展。

孙中山在后来的回忆中，表示他在此次回乡过程中，就产生了反满思想，就觉得满洲人的政府并不是中国人的政府，只是异族统治集团，是满洲人对中国的殖民统治。这个说法后来影响深远，获得了许多研究者的肯定。

其实，孙中山的这些回忆是有问题的，他在1883年返回家乡时，正是同光中兴的鼎盛时期，清政府的官吏之所以鱼肉乡里、横征暴敛，是因为乡里有鱼肉可以横征、可以暴敛。此时，洋务运动已经进行了二十多年，国家的经济实力已有很大提升，统治者已经没有先前如临深渊、如履薄冰的谨慎，所以吏治就在这样的大背景下开始变化。孙中山此时最大的不满还不是满洲人的统治，他只是从西方近代政治理念上觉得中国的官府不应该这样对待自己的人民。

孙中山此时的思想重心只是反对一般的愚昧、迷信和官吏腐败，还谈不上从政治层面思考中国的前途与未来。他回到家乡的当年秋天，他小时候的同学陆皓东从上海返回，他们相见大约也曾谈到中国政治，说到过不久前发生并持续了十几年的太平天国运动，说到过政府官吏的腐败，但是要说他们此时就想过革命，想过推翻清廷，想过夺取虎门炮台，可能还是后来不真实的想象，是将后来的政治想法前移了，一个最重要的证据是孙中山和陆皓东当年秋天毁坏了北极殿中的玄天上帝和金花娘娘的神像，这显然只是以西方新知识摧毁乡人陈旧的传统迷信。

摧毁神像后，孙中山在家乡没有办法再待下去了，他被迫离开家乡前往香港，进入拔萃书室（Diocesan Home，Hong Kong）读书。拔萃书室是英国圣公会创办的男子中学，孙中山在那里只待了短短两个月，但就是在这两个月中，孙中山与陆皓东正式受洗成为基督徒。

两个月后，也就是1884年4月，孙中山转学香港中央书院。这是香港第一所公立中学，成立于1862年，亦是一所新式英语学校。1889年更名为维多利亚书院，1894年更名为皇仁书院。

香港此时为英国殖民地，公立的中央书院当然实行的是英国教育制度，完全的英语教育，没有中文。此时的课程主要有语文、文学、世界史、英国史、地理、几何、代数、算术、卫生、机械绘图等。中央书院聘请的老师对西方历史文化都有很深的研究，讲解深入，使孙中山逐渐认识到西方政治制度的基本精神、原则和组织方式，知道了法国大革命和英国资产阶级革命的历史。

在中央书院读书的时间前后不过半年，孙中山就又回到了檀香山，这是因为孙眉获知他在家乡毁神像的事情后，觉得父母肯定是比较纵容这个小儿子，于是寄信给孙中山，打算将他留在自己身边管教。然而此时的孙中山正处在青春叛逆期，他与哥哥存在着明显的信仰冲突，他虽然在经济上不能不屈服于哥哥，但在信仰上则相反，你越反对他，他越坚定信念。哥俩在那里有很长一段时间的冷战。实在无法相处了，孙中山只好于第二年春天自己跑回香港继续到中央书院读书。

此次在中央书院一口气读了一年多，他曾希望在这所学院毕业后有机会学习陆军、海军，或法律，不知什么原因，这些愿望一一落空。1886年秋，20岁的孙中山进入广州博济医院学医，这种选择其实是传统中国士人的一般道路：不为良相，便为良医；没有机会治国，只好去治人。

博济医院创办于1835年，据说是亚洲最早的西医院。1855年开始招收学生，只是人数很少，孙中山入学这一年，也就只有十几个学生。除了学医，孙中山在博济医院与同学郑士良相处不错，后又结识尤列，这两个人都与绿林好汉及洪门会党有着不同寻常的关系，他们后来都相当程度参与过孙中山的革命。

在广州博济医院学习一年后，孙中山转入新开办的香港西医书院学习。在接下来的五年时间里，孙中山的主要精力当然是应付医学专业，从现在还能看到的成绩单可以看出，他的专业成绩并不坏，毕业考试12门功课中，获荣誉成绩者有十门，荣誉名次列第一。不过非常搞笑的是，这一届毕业生只有孙中山和江英华两人。

除专业学习外，孙中山在香港的五年是其思想走向成熟的关键时期，也是其革命思想产生的一个重要环节。他在三十年之后回忆说，那时在香港读书，课余时间往往漫步街头，看到香港在英国人治理下秩序井然、建筑宏美，工作进步不断，其脑海中留有难以磨灭的印象。孙中山每年回故里香山两次以上，因为那个时候他已经成家，有妻子，有孩子，也算是拖家带口的人了，回家也就是必然的了。每次回家，难免不对香港、香山两地进行比较，香港整齐而安稳，香山则相反。两个地方相距不过五十里，一个是香山，一个是香港，名字中都带着一个香字，可为什么两地的差别就这样大呢？外国人能在七八十年间在一个荒岛上成就如此伟业，而中国人为什么号称有四千年文明，竟然没有一个地方能达到香港如此繁荣，如此文明，如此蒸蒸日上呢？由市政进而比较研究政治，一番研究后，孙中山认识到，香港政府的官员皆洁己奉公，贪赃纳贿之事绝无仅有，这与中国的情形正好相反。中国官员以贪赃纳贿为常事，而洁己奉公为变例。于是，孙中山的革命思想自然而然地形成了。

◎在香港求学期间孙中山与好友合影，左起：杨鹤龄、孙中山、陈少白、关怀焉、尤列

一个人的革命

在香港的几年间，孙中山受到西方文明最直接的影响，思想发生了重大转变，具有了革命的因素，但也并不是说他此时的思想已经非常激进，真的像他个人和那些追随者后来所追述的那样，在香港时就具有推翻满清的思想。肯定不是这样的。

事情的真相应该是，孙中山在香港那些年对中国政治的不进步深感失望，因为此时的清政府在经历了差不多三十年发展后，官员的腐败、官员的惰性都是过去所不曾有过的严重。孙中山那一代略具世界眼光的青年志士当然不会像清政府的官员们那样，他们知道中国与世界的差距不可以道里计，中国的经济复苏与成长并不能说明中国的强大和富有，中国与西方的差别是两个时代的差别，而不是多与少的差别。

对于中国的不进步，孙中山和他的那些年轻朋友当然有自己的看法，基本的看法就是清政府中的那批官僚确实太老了，他们的知识太陈旧了，中国要改革要发展，仅仅凭借这样一批老官僚是肯定不行的，所以孙中山在那些年对政治的关注，对社会变革的关注，其实都和他这种心情有着很大的关联。他觉得，他不仅要做一个名医去治病救人、救死扶伤，而且假如有机会的话，那更愿意从事政治，用政治去改变中国，那样可以救出更多的中国人。基于这样一种认识，孙中山在香港读书的第七年就给病休在家的清廷官僚郑藻如写了一封长信，系统表达了自己在农业、禁烟、教育等一系列问题上的变革主张。

关于农业。孙中山认为，中国的农业到了近代走向衰落，许多原本可以种植果树、栽培树木的丘陵山川，却变得一片荒芜，农民只知砍伐不知种植；只知消耗，不知怎样积累。中国之所以到了近代出现这些问题，在孙中山看来，主要还是中国人不适应近代社会变迁，传统中国靠天吃饭，到了近代怎么办，农民似乎一点都不知道。所以，孙中山此后若干年，用了很大功夫办农会，推广农业新技术，拯救农村和农业。

关于禁烟。孙中山认为，鸦片危害于中国已非今日，多年来也有很多人提出许多不一样的主意，但都解决不了问题。现在英国人倡导禁止鸦片贸易，国内许多有识之士也创设一些禁烟组织，印度人也有禁种、禁卖、禁吸等举措，想鸦片之害完全消除应该不会太远了。然而，儒夫劣士，惯恋烟霞，即便多么严格的禁令，都很难使他们折枪碎斗、戒绝吸食。所以，孙中山建议立会以劝戒，设局以助戒，用外力帮助那些瘾君子改邪归正。

关于教育。孙中山指出，远观历代，横览九州，人才盛衰，风俗纯靡，实关教化。教育有道，则人才济济，风俗淳朴，国家强盛。现在的中国则是另外一种样子，接受教育的人数太少，目不识丁为人口的绝大多数，妇女识字的少之又少，百中无一。此人才安得不乏，风俗安得不颓，国家安得不弱？在这样一个国度里，无论怎样添置铁甲、添置军械，也不可能战而胜之，战无不胜。国民素质决定着国家强弱，这就是孙中山的结论。因此之故，孙中山建议的核心就是多设学校，使天下无不学之人、无不学之地。

通观孙中山的三个建议，实在说来并没有什么惊奇和离经叛道的地方，其实就是当时中国社会最主流的改良主义主张。所以，从这个历史文献看，还无法断定孙中山此时具有推翻满清、重建中华的思想主张。而且，这个上书还表明，孙中山此时最大的期待是能够获得体制内赏识，希望从体制外进入体制内，特别是像他这样的“海归”，尤其渴望体制内的认同。仔细分析他这封上郑藻如书的动机和目标，三个建议只是由头只是话语，重要的是他希望通过这份建议书引起这位乡先贤的注意，进而最好能够提携或引荐。

所以孙中山在这份建议书开篇就是一大段自我介绍，毫不谦虚地说自己留心经济之学已有十多年，远至欧洲时局之变迁，上至历朝典章制度之变革，大则东西方天道人事，小则西方自然科学语言文字，我孙某多有旁及、多有研究。方今国家风气大开，像我孙某这样的人也应该有机会经世致用，不致沦落。我孙某翘首以期用世者非一朝一夕，多年来我也多次想过上书朝廷以陈时事之得失。而之所以没有向朝廷上书，主要因为我个人觉得所学虽有师承，而见闻主要来自书本，缺少实际经验；运筹纵悉于胸中，而决策未尝付诸实事，缺少实践环节。坐而言者未必能起而行，所以我孙某力学十多年，犹踌躇审慎，未敢贸然求知于当道，向朝廷上书，主要还是担心自己的那些认识只是书本知识，不足为信。

孙中山在这份自荐书中接着说，现在不一样了，我孙某年已二十有四，原先家里太穷，既不能学八股以走上科举正途，又无力花钱捐官以踏上仕途。但我多年来又从不敢自弃于盛世，辜负时代。现在我终于可以将平时所学，小以试之于乡里，以验其无谬，然后仿贾谊《至言》杜牧《罪言》，而别为孙某《策略》，质之当世，可能还不是太迟。所以，他向正在故里养病的郑藻如上书，就是期望将他的这些主张转化为社会实践，有个付诸实行的机会。也正是从这个意义上说，到孙中山写这份上书的1890年，他的思想依然停留在对大清王朝高度认同的改良主义立场上。

不是一般的高度认同，而是孙中山认为他所处的年代，正是清朝中兴的全盛期，是盛世。这个看法也并不带有多少独特性，而是那个时代许多知识分子的共同认识。郑观应在那时写有《盛世危言》，虽然提的建议不是那么好听，但对"盛世"的肯定是毫无疑问的。孙中山准备写作的《策略》，在很大程度上也是模仿他的这位乡先贤而作，只是他在上郑藻如书中追述得更远以为上承贾谊、杜牧等。

孙中山在19世纪90年代初还不可能产生政治上的反叛思想，是因为那时还没有什么好反叛的。经济上的发展不必说了，即便在政治上，清政府虽然没有像日本明治维新那样进行政治体制的改革，转身向西，但这一点也正是到那时为止，中国人最为自豪的地方。中国人那时根本不会认同日本人没有自己文化立场的功利主义，而是坚信中国暂时的落后只是在技术、在科技、在枝节末叶上，要说根本，中国文明是与西方有着很大的不同，但这种不同并不是说中国文明落后于西方，而仅仅是两种不同的文明。那时中国人的基本信念，是既要学习西方先进的科学技术，又要坚守自己的文化立场不动摇，中体西用。所以在19世纪90年代初期，政治上、文化上稍具异端的青年一代，也就像孙中山这样，只是认为中国人在社会层面、在移风易俗、在教育等几个方面变革得不够，应该加强，那时的中国人还很少有几个像甲午战后那样的普遍意识，即中国的最大失误是政治上没有随着经济发展而变革，没有像日本那样脱亚入欧，转身向西。

基于文化改良主义立场，孙中山联合同志，于1891年在香港创办“教友少年会”，又称作“培道书室”，内设图书、玩具、讲席、琴台，为公暇茶余谈道论文之地，其目的是联络教中子弟讲习修身养性之道，以免渐渐随波逐流。这虽然具有浓厚的基督教文化立场，但反过来可以证明孙中山此时绝对不可能发生推翻清廷的革命想法。

香港西医书院是英国人创办的一所医校，但由于主持者与中英政界有着比较密切的关系，因而其政治地位似乎显得比较高，李鸿章是这所学校的名誉赞助人，而当孙中山毕业时，出席典礼并向孙中山颁发毕业证书的竟然是香港总督罗便臣。

或许是因为这所学校的政治背景，孙中山在经过五年学习后，对于医学专业并不感兴趣，他在三十年后回忆说，毕业后即决计抛弃其医人生涯，而从事于医国事业。这个说法当然有后来思想演进的添加成分，但他在毕业后确实想在政治上有所发展。他和江英华似乎原本想在香港找个职业，但不知什么原因，并没有如愿以偿。时任香港总督的罗便臣给英国驻华公使写了一封信，托英国公使转商北洋大臣李鸿章，请斟酌能否在北洋或者其他什么地方给予孙中山等人安置。

李鸿章很快给罗便臣回了一封信，表示可以来京候缺，每人暂给月俸50元。然而当他们前往广州转请两广总督换张介绍信时，却受到总督衙门诸多刁难，孙中山毕业即踏上政界的想法落空，这不能不使他对清政府添加了一层不满。不过话又说回来，学医的他既然想到清政府中去任职，那也说明他对清政府还是认同，并没有失望。

无法医国，只能医人。孙中山在毕业的当年秋，就在港澳一些富人的赞助下，在澳门开了一间中西药局，挂牌行医，并很快干出了名堂，求医者日众，不只华人信仰，即令葡萄牙人也相信这家新式诊所。

人怕出名猪怕壮。忌妒心并不只是中国人的专利，西方人同样不能容忍在自己的地盘中出来一个强者。所以，名声日盛的孙中山在澳门行医仅一年的时间，澳门同行就以孙中山没有葡萄牙医学文凭为理由，予以刁难。不得已，于1893年年底孙中山回到广州开设东西药局。

东西药局的经营似乎并不很顺利，到了1894年年初，大有经营不下去的趋势。根据陈少白的回忆，有一天他正在香港，忽然收到东西药局伙计寄来的信，报告孙中山失踪了，药房中的开销很难，收入不敷，只剩下十几元钱了。陈少白大约是东西药局的股东或赞助人，至少他是孙中山的好朋友，所以他闻讯后立即赶到广州，替孙中山维持店务。不知过了多少天，孙中山终于露面了，只是此时他对经营东西药局毫无兴趣，他那些天躲到乡下去写了一份《上李鸿章书》，看来他还是希望通过走门子进入官场。孙中山的这份《上李鸿章书》，当然也不能说完全是闭门造车，但在一百多年后公平分析，孙中山独创性见解其实真的不多。正如许多研究者所指出的那样，在这份上书中，孙中山提出了富强治国的四大纲领，即人能尽其才、地能尽其利、物能尽其用、货能畅其流。孙中山认为，这四个方面是现代西方各国富强之大经，治国之根本，是我大清继续发展应该遵行的道理，而不是只知道坚船利炮。

孙中山的这些意见，在他自己看来或许是有意义有价值的，但是不要忘了，他期望中的读者是李鸿章，那么从李鸿章的立场看，这四点建议似乎就显得微不足道了，李鸿章对这四点意见不是一般的知道，而是知道得比这还要深。李鸿章的幕僚早在十年前就向他讲述过西方走上强盛的根本原因，在大清高官群体中早已知道人尽其才、地尽其利、物尽其用、货畅其流的道理，甚至知道民主，知道议院，知道立宪。即便拿孙中山的这四条建议与康有为六七年前提出的“变成法”“通下情”“慎左右”的建议相比较，不但是理论上不及后者，就其思想主旨似乎还没有康有为式的政治意识，而更多地则与早期改良主义者如冯桂芬、王韬及郑观应等人的主张相仿或相同，并没有多少独到见解。

李鸿章当然还知道，孙中山这样的上书在大清国并不是唯一的孤证或特例，一些没有功名的读书人，除了花钱捐官，一个最重要的途径就是不厌其烦坚持不懈地上书，万一哪一天哪份上书打动了某一位高官，那就“山重水复疑无路，柳暗花明又一村”了，这样的终南捷径，在那个年代太正常了。孙中山这样做，康有为也这样做。

在李鸿章看来非常正常的一件事情，但在上书者，在孙中山看来却是一件非常不一样的大事。孙中山此时不论多么有名，他的名也只限于他的那些年轻朋友中，还是典型的“名不见经传”，而李鸿章是什么人，那可是直隶总督兼北洋大臣，是皇太后和皇上当时最为信赖的心腹大臣，是大清国的栋梁。

孙中山对这次上书很看重，在陈少白帮他修改之后，他决定前往上海找找关系，看看谁能够与李鸿章幕府有比较直接的关系。东西药局他已无心经营了，陈少白帮他盘点之后，就交给那些出过股本的人了。孙中山几乎彻底斩断了一切后路，他破釜沉舟，将所有的希望都押在了李鸿章身上。1894年春夏间，孙中山在陆皓东的陪同下，乘船北上，前往上海。既抵沪，通过香港朋友的介绍，拜访了王韬、郑观应等贤达，请求指教，当然也是请求门路。

王韬是近代中国真正意义上的报人，蛰居香港二十年，全身心经营《循环日报》，向国人提供信息资讯，当时隐居上海，与社会各界依然有着相当广泛的联系。据说，他看了孙中山的《上李鸿章书》，颇为赞许，并为之修订数语，又应孙中山的要求，作函介绍给李鸿章的幕僚罗丰禄、徐秋畦等。罗、徐当然都是王韬的好朋友，说得上话。

至于郑观应，那可是孙中山小老乡，是近代中国重要的思想家，也是洋务事业的践行者。孙中山究竟何时与郑观应有联系已不可考，但据说郑观应的《盛世危言》中竟选录了孙中山1891年前后写的《农功》等文章，可见他们之间应该有着比较密切的关系。郑观应此时正在盛宣怀主持的招商局任职，所以他也为孙中山写了一封给盛宣怀的推荐信。

盛宣怀是李鸿章的门生，与李鸿章有着非常密切的关系，他当然也是孙中山此行主攻的一个目标，所以孙中山离开广州时，就托澳门海防前同知魏恒给盛宣怀的堂弟盛宙怀写了一封信，希望盛宙怀转托彼时正在天津的盛宣怀，能够在力所能及或方便的时候帮助一下自己这个年轻人。

带着这些名人所写的推荐信，孙中山信心满满地和陆皓东一起离开上海于1894年6月下旬抵达天津。到了天津，他们两人手持港沪友人所写的那些推荐信拜访罗丰禄、徐秋畦等人，述说自己的想法和要求。

罗丰禄、徐秋畔都是李鸿章幕僚班底中的重要角色，他们看到王韬、郑观应、盛宣怀等人的推荐信，对孙中山的想法似乎也能够认同和理解，他们答应一定会相机协助，一定争取把这件事情办成。

孙中山的上书很快交给了李鸿章，李鸿章似乎就孙中山上书中提出的要求作了批示。孙中山在这份上书中强调农政之兴尤为今日中国之要务，表示愿意出国考察农业，以便拯救农业、农村和农民。

对于孙中山的这个要求，李鸿章是欣然答应的，李鸿章责成罗丰禄代领农桑会出国筹款护照一本交给孙中山。至于接见面谈的事情，李鸿章推托实在太忙，也就不见算了。

李鸿章不愿意见孙中山，或者说是罗丰禄、徐秋畦等人根本就没有安排见，这在后来看当然是一个不得了的大事情，但在当年，其实真的不算一回事。尽管孙中山有这么多贤达名人写推荐信，可他毕竟只是一个无名的年轻人，不说李鸿章是大清国屈指可数的当朝大臣，仅其71岁的年龄，不见他这个20来岁的年轻人闲聊一通，似乎也没有什么不可以。

当然，李鸿章不见孙中山最直接的原因是军务繁忙。这一点是孙中山最大的不满和不理解。但实事求是地说，李鸿章此时真忙得不可开交。是年4月，朝鲜东学党起义爆发，紧接着中日之间为是否派兵前往朝鲜镇压发生持续不断的争执。到了6月初，李鸿章听信袁世凯所谓日本“志在商民，似无他意”的错误判断，决意“遣兵代剿”，令丁汝昌、叶志超等率领军队跨过鸭绿江，出兵朝鲜。

李鸿章的决策正中日本人的圈套，日本遂借机出兵朝鲜，并迫使清政府同意由中日两国共同监督朝鲜改革内政的方案。到了6月下旬，也就是孙中山、陆皓东抵达天津的时候，正是中日交涉最为紧要的关头，中日双方虽然尚未以兵刃相见，但由于利益攸关，战争大有一触即发之势。此后不到一个月，战争就真的爆发了。正是在这种情势下，即便李鸿章借口军务繁忙拒绝延见孙中山这一平民百姓，似乎也在情理之中。

今天心平气和地看，这是件情理之中的事，但在当年孙中山却不这样看。因为他把这次求见看得太重要了，他不仅关闭了药房，斩断了退路，而且又通过那么多朋友郑重介绍，结果只拿来一纸护照。这些事实对孙中山造成强大的精神压力，使他觉得李鸿章看不起自己，同时也觉得李鸿章这个人让他失望。

超越绝望：战败刺激

从此，孙中山不仅不再相信李鸿章，不再相信清政府，而且也不再相信清廷统治者有能力、有诚心带领中国继续前进，对于康有为、梁启超同时代人提出的改良维新方案不屑一顾，对于严复所张扬的达尔文进化论和物竞天择、适者生存的丛林法则，他也不再感兴趣，他此后的所有思想所有行为，都集中到一点，那就是要唤醒民众，推翻满清，重建汉族人的中国。孙中山以先知先觉者的姿态，开始了一个知其不可为而为之的革命历程。皇天不负有心人，也就只是经过短短十几年的奋斗牺牲，革命竟然真的成功，推翻了清王朝，结束了中国数千年的帝制。

孙中山的反叛当然不是因为李鸿章拒见马上实施的，而是随着甲午战争的进程而发生而演变的。在他上书李鸿章之后，不管怎么说，李鸿章除没有接见这个年轻人外，孙中山所要求的帮助，李鸿章还是安排他的手下给解决了。之后，孙中山、陆皓东又在天津、北京游玩了一段时间，然后南下武汉，再顺流而下，回到上海。

孙中山回到上海的准确时间，现在不太清楚。只是从那之后，中日战争的消息不断传来，好的消息几乎没有，而坏的消息却是一个接着一个，这才是孙中山对清政府开始逐渐失望的根本理由。在失望之余，孙中山想到在京津所见所闻，于是认为中国在战场上的失败不是偶然而是必然，因为清廷内部上上下下充满着腐败与暮气，连李鸿章这样在第一线负责任的大臣，其实也是一个经不起审查的腐败者。孙中山说，他在天津有很好的机会看到李鸿章发财致富的方法，其中之一就是各级文武官员从整个国家各部分成群而来请求任命，但是就在他们的呈文到达李鸿章文案以前，他们必须支付大量的贿赂给李的随员。

至于北京，根据孙中山的观察，满清政治下的龌龊，更百倍于广东的两广总督衙门。这一系列的腐败现象引起孙中山的思考和警觉，他终于认识到，清廷已经没有办法通过渐进的改良进行调整；因为上等社会多不满意于海陆军人腐败贪墨，骄奢淫逸；而下层社会，更广大的劳苦大众，并不分享经济发展所带来的好处，怨望之心越推越远，越积越深。统治者已经没有办法照旧统治下去，被统治者也不再甘心这样继续受欺凌受威逼，传统中国的改朝换代已经露出明显的迹象，王朝末期的特征已经非常明显。

带着这样一种想法，孙中山于1894年秋重回香山。而檀香山恰恰在这一年初推翻了君主专制制度，废除了王位，建立了夏威夷共和国。檀香山的政治变动对孙中山的思想演变发生剧烈冲击，也改变了他的哥哥孙眉的一些观念。

孙中山此行原本是为了考察农村和农业，并准备向亲友集资，然后拿着这些资金回国举行反清的武装起义。孙中山的这些看法如果在早几年似乎很难得到孙眉的认同，但现在孙眉对这些异端不仅不再反对，反而热情支持，甘愿划拨一部分财产帮助弟弟从事革命。这对孙中山也是一个不小的鼓舞。

在孙眉和其他华侨的鼓励支持下，孙中山于1894年11月24日在檀香山组建了中国近代第一个革命团体——兴中会。参加成立会的有20多名华侨，他们分别代表着第一批会员约130人。会议在孙中山提议下确定会名为“兴中会”，其意就是要“振兴中华，挽救危局”。会议通过兴中会章程共十条，还规定以“驱逐鞑虏，恢复中华，创立合众政府”为秘密誓词。

孙中山在由他起草的兴中会章程中，概略分析了中国处境，以为中国积贫积弱绝非一日，而是由来已久。中国在战场上不敌日本并非偶然，究其原因，是在上者因循苟且、粉饰虚张，在下者蒙昧无知，看不明白世界潮流国际大势。孙中山列举最近一段时间中国的艰难处境时说，近之辱国丧师，日本大兵压境，堂堂华夏，竟然受到这样的奇耻大辱，不被列邦看重，反被邻邦羞辱。五千年文明典章制度不再被异族所看上，中国有识之士面对如此窘境，能不感叹万分，引发思索？孙中山在这里提出的问题是：为什么拥有四万万苍生之众，拥有数万里土地之饶的中国，不能发奋为雄，反而受制于日本这样一个小小的岛国呢？问题的关键究竟在哪儿呢？

孙中山的困惑是一个时代的困惑，是那一代中国人普遍性的困惑，中国经过三十年的洋务积累，国家不能不说已经比较富裕了，可是为什么就是在战场上不如日本人呢？

孙中山从甲午战败中看到的是什么呢？是自上而下全面腐败，庸奴误国，荼毒苍生，一蹶不振，如斯之极。而如今的国际环境强邻环列、虎视鹰瞵，这些强国个个久已垂涎我中华五金之富物产之饶，它们既需要庞大的国际市场倾销过剩的工业品，更需要资源需要廉价和源源不断的劳动力，所以列强对中国蚕食鲸吞的图谋与野心早已存在，只是最近若干年越来越厉害罢了。中国之所以陷入如此困境，原因何在？孙中山认为，问题的症结只有一个，那就是清政府不能代表中国全民族的利益，所以必须推翻必须打倒。

孙中山因中国在甲午中日战争战场上的连连失败而对清政府失望，并由此决心引领中国走上另外一条发展之路。

民族主义异军突起

平心而论，孙中山对中国现状的分析确实抓住了问题的关键，中国如果不进行改革，其前途确实不容乐观。孙中山在后来反复强调，有人以为只要能说服李鸿章等中国政府中的高层人物，使他们相信铁路、电话、欧洲陆军和海军等现代化组织的效用，启发中国人民，并设法把整套文明机器输入中国，那么中国的新生就会开始。孙中山认为，这种看法真是和让吃人的野兽改用餐具，借此把它们改变成素食者的想法同样的荒唐。孙中山坚信，中国问题的真解决，不在其表，而在其里。这个“里”就是推翻清王朝，解放这个被满洲人占领了快三百年的殖民地。于是，孙中山在此后对一切准备扶助清政府进行改革的任何企图都坚决反对，置于不容讨论的地位，强调目前中国的制度及现今的政府绝不可能有什么改善，也绝不会搞什么改革，只能加以推翻，无法进行改良。期望当今的清朝政府能在时代要求影响下自我革新，并接触欧洲文化，这等于希望农场的一头猪会对农业全神贯注并善于耕作，哪怕这头猪在农场里喂养得很好又能接近它的文明的主人。为了拯救中国，他和他的同志正准备发动革命，推翻清朝。孙中山的言行之所以能够在那么短的时间里获得那么多人的共鸣和拥护，是因为孙中山说出了此时此刻他们心里想说的话。两百年的清朝政治发展，三十年的经济高速发展，在清政府内部形成了一个又一个特殊的利益阶层，一个又一个特殊的利益集团，对于这样一种特殊的权力架构，指望它们从体制内部进行从容的主动变革，那真的比登天还难。甲午一战，证明了清政府已经成为阻碍中国进步的绊脚石，中国要想前进，只有搬开这块石头。这就是孙中山的思考和结论，也是他的拥护者和追随者所思考的。

我们不难看到，孙中山的排满革命在本质上有传统观念中夷夏意识，有将某一民族的利益作为多民族国家至上利益的思想倾向。孙中山指出，大家经常忘记了中国人和中国政府并不是同义语词。帝位和清朝的一切高级文武职位，都是那些满洲人占据着。不完全打倒目前极其腐败的统治而建立一个贤良政府，由道地的中国人来建立起纯洁的政治，那么，实现任何改进就完全不可能的。当然这并不是意味着孙中山的排满革命是与满洲人全体为敌。事实上，正如有的研究者所指出的那样，孙中山的排满革命并不是一个独立的运动，它只是从属于近代中国民主革命的，当时一些反满宣传的提倡者，其实也是从阶级矛盾的意义上来理解反满斗争的。也就是说孙中山排满革命的真正目标，只是对准满洲贵族统治集团，并没有与满洲全体人民为敌，并没有彻底排斥满族人民。

一场甲午战争改变了孙中山，使孙中山看清了清政府的本来面目，看清了这个政府是怎样贪婪、怎样无耻、怎样无能。甲午战争使已经沉睡快两百年的民族意识像火山一样喷发，原本已经消沉几十年的民族种族意识经过孙中山的鼓吹开始复苏开始觉醒，所以追随孙中山的人也就越来越多。

孙中山不是一个空谈主义者和幻想主义者，而是一个实干家，他在檀香山兴中会成立之后，立即就想到推翻满清不能隔山打牛，不能徘徊在海外过着舒适的日子而空喊打倒满清的口号，他立即着手组织华侨兵操队，使兴中会会员都能够受到一定程度的军事训练，以便有机会或创造机会回国起义用暴力手段推翻满清，重建中华。这最早的一批军事骨干有20多人，每周操练两次，教官为一名丹麦人，先前曾担任过南洋练兵教习。

檀香山的华侨大约已经度过了早期困难，许多人已经略有家产，想过安稳的日子。因而对孙中山的革命鼓吹，即便从心底里赞成，大约也爱莫能助，应者寥寥。孙中山虽然在那里轰轰烈烈地闹了一段时间，但真正响应其革命主张的，似乎还是他的亲友数十人，真正愿意为他提供经费支持的，也只有他的哥哥孙眉，以及孙眉的朋友邓荫南等。

孙中山在国外进展不顺利，但他在国内的朋友宋耀如却发现了机会，呼唤他早点回国，趁着清政府在战场上连吃败仗，朝鲜既失，旅顺、威海等战略要塞相继沦陷，京津岌岌可危，清廷腐败渐渐尽露，人心尽失，人情激愤这个大好时机，发动暴动，举行起义，即便不能给清廷以毁灭性打击，也可使兴中会的名声大大提升，扩大革命阵营与地盘。

宋耀如的分析当然是有道理的，孙中山遂于1895年1月下由檀香山经日本横滨返回香港，立即与陈少白商量成立机关，扩大队伍，于2月21日成立香港兴中会，准备在广州策划武装起义。

1895年3月13日，孙中山在香港与杨衢云、黄咏商、谢缵泰等进行周密策划，决定尽快发动广州起义，会议推举孙中山驻广州专任军务，郑士良、陆皓东、邓荫南、陈少白等协助。杨衢云驻港专任后方接应及财政事务，黄咏商、谢缵泰等协助。

三天后，他们继续聚会密谋起义步骤，准备集结三千人马攻打并占领广州，他们相信具有成功的极大可能。孙中山等人决定采用青天白日旗作为标志，并委托何启负责起草宣言等文字。

按照分工，孙中山偕陆皓东、郑士良等于3月下旬潜至广州，租借房屋建立兴中会分会，对外宣称是新成立的农学会，实际上就是兴中会的机关。由于孙中山曾经在广州行医，他的医术名声在广州军政各界还有一定的影响，于是他利用这些资源与政界广泛交际，高谈时政，放言无忌，向他们宣传排满革命的道理。保守者视孙中山为思想异端，也没有人怀疑他会真动手，不过是嘴上说说而已；激进者听了孙中山的宣传当然会引发进一步思考，于是也有一些政界人士、军事将官、会党或绿林好汉等，逐渐同情孙中山的主张。

在进行周密军事准备的同时，孙中山等人也注意宣传部署，与香港的一些外国报纸保持良好互动，以真诚赢得了这些外国报纸的同情，所以在广州起义爆发前，香港的《德臣西报》（*The China Mail*）、《士蔑西报》（*HongKong Telegraph*）都先后发表同情革命的文章，期待他们成功之后能够成立一个引导中国向前走的革新政府，呼吁外国政府不要协助清政府镇压革命党人的义举。因为革命党的起义即便暂时影响了外国人的生意，但从长远看，革命党人重新组织这个国家，开启门户，对国际社会显然是重大利好。他们大约根据孙中山的宣传，相信革新政府的目标，包括现代的司法制度和公务行政。最重要的是新政府将完全承担中国以往外债的偿还，甚或如日本、埃及一样聘请外国顾问。从此，铁道、煤矿等都将开发，国际贸易必将大幅度提升。

万事俱备，只欠东风。孙中山和他的战友们在做了充分准备后，遂决定在重阳节即10月26日发动起义。孙中山之所以选择这个时间，是因为他认为，广东人有重阳节祭祖先扫墓的习惯，名乡大族，其子孙数百千人，不惜远道结队雇船，大书“某族省墓”的灯笼，浩浩荡荡，齐赴广州而拜祭祖坟。这一天进入广州城的人会非常多，而官府不会对这些前来扫墓的人有多少防备，于是孙中山安排各路人马利用这个机会进入广州，与先前潜伏在城里的革命党人里应外合，进攻总督衙门等重要军政部门。待起义军占领广州后即以广州为根据地，然后像洪秀全的太平军一样，挥师北上。

重阳节前一天，各路起义军除香港一路外，都按照部署准时抵达广州。重阳节黎明，潜伏在广州的各路起义军首领都来到总机关讨取命令和口号，但作为主力的香港一路却不能在规定的时间内赶到广州集中。而且，孙中山发觉另一路主力汕头的队伍也没有赶来。更重要也是更致命的

◎孙中山的童年好友、也是革命党反清斗争牺牲的第一人陆皓东

失误是，已经准备的枪械也没有从香港运来。在这种情形下，孙中山意识到人员大量集中，势必引起官府注意，于是当机立断密令已进入广州的各路起义军尽早返回，听候命令；指示香港主力暂时也不要来了。至此，筹备了半年多的广州起义还没有举起义旗就宣告结束。

孙中山的警觉和果断中止是对的，两广总督谭钟麟已经获悉兴中会起事确报，急调长沙营勇一千多人回省防卫，并派人搜查了兴中会的几个活动据点，逮捕陆皓东等六人。他还派员严密监视开往香港、澳门的各轮船码头，伺机拘捕孙中山。机智的孙中山在郑士良协助下，化装出逃，一路有惊无险经澳门逃亡香港。

广州起义是失败了，但这个起义在1895年的中国历史转折中具有非常重大的意义，这标志着大清王朝的政治统治或许快要终结了，因为它毕竟遇到了一个反对派，而且这个反对派是那样坚定与决绝。

面对这样的反对派，清廷的第一反应当然是以暴制暴，用武力将这个政治上的反对派镇压下去。当这个目标无法实现后，再加上其他国际国内因系，清廷在稍后几度开启政治变革，期待以一种比较和缓的政治变革善意回应来自各方面的政治压力。于是，此后十几年，孙中山和他领导的中国革命与清廷主导的政治改良主义运动，实际上处于一种竞赛关系，革命运动高涨，一定是因为清廷的政治改良遇到了问题；而革命进入低谷，则意味着清廷主导的政治变革进入一个比较顺利的成长期。

就政治、经济、军事等资源而言，在野的处于反对状态的孙中山和他领导的革命党，当然没有办法与清廷相比，清廷在各方面都处于进能攻退能守的状态。但是，拥有巨大资源其实也是拥有巨大包袱。清廷无论如何想不到，一个具有两百多年的庞大帝国，竟然只苟延残喘了十几年，就被孙中山这样“一个人的革命”所推翻。“驱逐鞑虏，恢复中华”在1895年被那么多人视为一种不知天高地厚的狂妄，竟然只是十几年就变成了现实。

第三章

晚清当家人

一个不寻常的女人

在近代中国，慈禧太后是被多重妖魔化的政治人物：康有为、梁启超等因为1898年政治变革失败，归罪于皇太后，将其描写为一个弄权的老太太，一个只知道欺负那个可怜养子的恶妇；革命党人孙中山、章炳麟等出于革命大义，倡导排满革命，也将慈禧太后视为近代中国一切罪恶的渊薮；至于民间野史，大都根据这几种史观编排慈禧太后的故事，甚至以男权主义立场予以恶意攻击；最近者则由书商借着英国青年的梦话编造什么跨国姐弟恋，更有莫名其妙的专家鼓掌叫好。显然，这些认知只是彰显一种或几种历史观，并不是真实的历史。真实的慈禧太后根本不是这个样子，她只是一个女人，至多是一个不寻常的女人而已。

一个不幸的女人

慈禧太后，叶赫那拉氏，生于1835年。1852年17岁时以秀女入宫，稍后晋升为兰贵人，再后被册封为懿贵妃。1856年，她为咸丰帝生下唯一的皇子载淳，也就是后来的同治帝。母以子贵，这个年轻的女人自然在宫中渐渐得宠，地位渐渐高升、渐渐巩固。这是中国传统社会谁也没有办法的“羡慕忌妒恨”。

从秀女一步一步走来，是机遇，也是命运。然而在后来许多好事者看来，这个女人太不寻常了，好像她从一开始就会要手腕弄权谋。这显然是一种臆测，是后人以小人之心，度君子之腹。试想，贵为一国之尊的咸丰帝风流倜傥、足智多谋、阅女无数，一个凭借智慧巧妙登上皇帝宝座的年轻人，怎么可能喜欢一个满腹心机的女人呢？

◎慈禧太后的丈夫，清文宗爱新觉罗·奕詝

年轻的兰贵人或许说不上貌若天仙，但一定是一个讨人喜爱的小姑娘。这是她成功的前提，是她得到咸丰帝宠幸的关键。至于兰贵人后来一步一步走上权力巅峰，那是时代使然，是历史给她的机遇，而她又紧紧抓住了这个机遇。

兰贵人是幸运的，因为风流的咸丰帝毕竟让她怀上了龙种，而且是唯一的。当这个小皇子出生的时候，兰贵人刚刚21岁，她的夫君也不过25岁，这段时光应该是她一生中最为快乐、最为得意、最无忧无虑的日子。

然而好景不长。“苦命的”咸丰帝因为缺少世界视野，在内患太平天国尚未根除时，竟然偏听偏信，为了驻京公使及扩大开放、增加通商口岸等问题与列强闹起了别扭，引发了第二次鸦片战争。1860年8月，英法联军长驱直入，攻陷大沽，占领天津，试图攻进北京，以城下之盟迫使清廷答应各项条件。

中国虽然对西方部分开放已经二十年了，世界上的事情也知道了不少，但要让中国成为西方那样的国家，与之融为一体，还有很大困难。英法联军向清廷提交了一份照会，要求增加天津为通商口岸，并要求各带五千精兵进京换约。

对于还没有充分经验与洋人打交道的咸丰帝和诸位重臣来说，英法两国的要求委实有点儿欺人太甚。年轻的咸丰帝也咽不下这口气，发誓要御驾亲征，决一胜负。英法两国的要求是想向中国皇帝亲递国书，中国皇帝的玺书也将由这些来使自己带回。英法两国的这些要求在今天看来就是太小儿科，但在当年是不得了的大事。清廷君臣一致认为这些要求违背了大清礼仪，有冒犯之意。咸丰帝指示：如果这些使臣必欲亲递国书，那么必须按照大清礼节，拜跪如仪。否则，唯有决一雌雄。

咸丰帝的态度深刻影响了部属。9月18日，双方谈判决裂，中方顺手扣押了对方谈判代表巴夏礼及其随员数十人，此举引发了灾难性的后果。

两国交兵不斩来使，这是国际法则，其实也是中国自古以来的规矩。英法联军与清军全面冲突，清军渐渐不支。为挽救败局，9月21日，咸丰帝阵前换帅，将钦差大臣怡亲王载垣等人撤职，任命能干的“鬼子六”恭亲王为钦差大臣，令其便宜行事，督办和局。在作了这些安排后，咸丰帝于第二天自圆明园逃亡热河，当然公开宣布的理由是去那儿“狩猎”。

咸丰帝的担心显然是多余的。恭亲王留守京城与洋人交涉，中国在作出一些让步后很快达成了妥协，同意将天津扩大为通商口岸、准许英法两国招募华工等。

中外妥协达成后，京城已经恢复往昔平静，只是咸丰帝先前醉生梦死、花天酒地的圆明园被英法联军付之一炬，毁坏惨重，这或许是咸丰帝不愿回銮的原因之一。咸丰帝是清代皇帝中最好色的帝王，也是至此唯一被赶出京城的帝王。流亡中，咸丰帝依然不忘美女与美酒，心力交瘁与体能大量消耗，终于在1861年8月22日一命呜呼，撒手人寰，时年仅30岁。

咸丰帝在生命垂危之际作了两项政治安排：一是立6岁的皇长子载淳为皇太子，二是加派载垣、端华、景寿、肃顺、穆荫、匡源、杜翰、焦祐瀛等人尽心辅弼，赞襄一切政务。这就是所谓的“顾命八大臣”。至于那个小皇帝载淳，就是当年的兰贵人、现在的懿贵妃叶赫那拉氏的亲生子，也是咸丰帝唯一的儿子。

此时，懿贵妃年仅26岁，漫长的守寡生活从此开始。她在皇叔恭亲王的协助下，与东太后一起领着6岁的同治帝共同治理着这个庞大的帝国，表面上的辉煌与体面无论如何也掩饰不住一个青春少妇的正常欲望。年轻寡妇守的不是大清王朝的江山，而是孤独与寂寞。

一个不寻常的女人

咸丰帝死了，留下了孤儿寡母，懿贵妃很快被小皇儿尊为皇太后。年轻的皇太后变成了西太后，和另一位年轻的东太后一起掌管着这个国家。她们的全部希望就是这个小皇儿，这也是她们生命的全部希望。

在传统政治架构下，咸丰帝死前留下了遗命，八个顾命大臣不仅要辅佐这个小皇帝，而且还要约束这两个皇太后。按照那时的制度，皇上的母亲无权干政，但那个小皇帝毕竟是她们的儿子。再说，当年顺治帝、康熙帝也是幼年即位，如果没有孝庄皇太后帮助，顺治时期怎能那样顺利，康熙年间怎能走向辉煌？咸丰帝的临终安排对于他自己来说，或许是一种负责任的表现，但对大清、对未来，特别是对那个小皇帝，则不尽然。尤其是咸丰帝将权力授给了八大臣，而那个最能干的六王爷恭亲王则被排除在外。

顾命八大臣对清廷或许是忠诚的，对小皇帝也是尽心的，只是他们似乎受旧传统影响太深，不太瞧得起这两个年轻寡妇。特别是肃顺，自以为是咸丰帝的宠臣，飞扬跋扈。据说为了控制朝廷的全部权力，咸丰帝在世时肃顺就建议除掉懿贵妃；咸丰帝去世后，他甚至计划雇用武士图谋兵变，诛杀懿贵妃。懿贵妃与八大臣特别是肃顺之间，已经是你死我活、非此即彼的态势，势不两立，必有一死。

按理说，肃顺可以轻而易举地制服懿贵妃，但他可能太轻敌了，太不把这个年轻寡妇当回事了。他根本想不到，这个年轻寡妇联络上了不被咸丰帝信任的六皇叔恭亲王。他们联手之后几乎没有怎样费劲就把八大臣一网打尽，将肃顺处死。从此，大清国的政治权力落入了这对叔嫂手中。懿贵妃——此时已被尊称为皇太后——拥有最终权力，六皇叔以议政王的身份兼管军机处，掌握着大清国日常事务的实际权力。

六皇叔恭亲王确实是一个能干的人。他在与洋人打交道的时候改变了对西方的看法，相信中国如果要改变先前被动局面，一定要走向世界，要改革，要学习西方。从此，朝廷在恭亲王的建议下，设立了总理各国事务衙门，开始了洋务新政。大清国的面貌很快焕然一新，一片生机。

大清国的新气象是恭亲王主持的结果。不过重用恭亲王，却是慈禧太后的眼力和大度。慈禧太后不仅重用恭亲王，而且大胆起用汉臣，使大清国政治气象为之一新。从1860年开始，中国确实步入了一个恢复重振的轨道。正史中的所谓“同光中兴”固然有御用史学家的夸张和修饰，但实事求是地说，中国经过三十年的和平发展，综合国力确实有大幅提升。军事力量特别是北洋海军组建成军，意味着一个比较强大的中国似乎又要在东方崛起了。

中国的恢复当然不能说都是慈禧太后的功劳，但是从历史主义的观点看，那三十多年毕竟只有她是始终如一的最高领导者。她可能没有主动提出过什么变革方案，但她调动起来了内外臣工的积极性，而且她能有效把握住中国这艘巨轮应该走的方向。从这个意义上说，慈禧太后既是一个政治上成功的女人，又是一个不寻常的女人。

生命中的缺憾

慈禧太后政治上的成功是巨大的，只是对于一个风华正茂的年轻女子来说，寡居的生活确实令人窒息。好在年轻的慈禧太后有自己的儿子，她看着同治帝渐渐长大，心中的寂寞、孤独也就不那么严重了，何况政治本身又具有巨大的诱惑力。

十多年的时间一晃而过。1872年，同治帝17岁，长大成人了，应该亲政了。慈禧太后经过这些年的勤劳，也准备撤帘归政，颐养天年，歇歇肩了。然而遗憾的是，仅仅三年时间，慈禧太后的这个独生子、咸丰帝的唯一龙种同治帝竟然一命呜呼，还不到20周岁就英年早逝了。这一年，慈禧太后40岁，正应了中国的一句老话，女人的最大不幸是青年丧夫、中年丧子。这两件不幸都被慈禧太后遇到了。这是慈禧太后生命中最大的缺憾，是无论多少荣华富贵都无法弥补的。

慈禧太后是一个不幸的女人，也是一个不幸的母亲。如果往更深层说，她还是一个不合格的母亲。大概是因为咸丰帝死得太早，年幼的皇子失去了父爱，显得可怜，所以慈禧太后纵容娇惯同治帝。在同治帝从幼年到青年的全部历史中，慈禧太后更多时候是一个年轻寡妇对独子的溺爱、纵容和听之任之，因此小皇帝在很小的年龄就结识了许多不三不四的坏孩子。小皇帝在这些佞臣宵小的诱惑下不走正道，整日里嬉戏游宴、耽溺男宠，甚至常常在几个小太监的悄悄陪伴下溜出皇宫，微服冶游。他整夜整夜在南城琉璃厂和八大胡同等一些茶园酒肆、青楼妓院、花街柳巷盘桓，狎邪淫乐，流连忘返，渐渐走上堕落之路，往往直至第二天早朝时才神不知鬼不觉地潜回宫中。以致有时召见军机大臣，小皇帝还处在醉酒状态，言语失次，且偶尔不知不觉杂以南城猥贱之事，不堪入耳。

◎慈禧太后的独子清穆宗爱新觉罗·载淳

小皇帝微服冶游是个人爱好，不过他似乎也清楚贵为皇上这样做并不好，所以他在南城狎邪淫乐时总是担心遇到熟人，尤其是担心遇到他的那些“爱卿”。作为皇上，他当然有权冶游、有权私访，但毕竟同治帝年龄太小，太不适当。同治帝知道这一点，所以刻意回避他的那些具有同好的大臣，因为那样不是一般的丢失体面而是太过难堪，或者他也担心这些“爱卿”中的哪个强臣一不高兴到皇太后那里告他一状。

同治帝的这些担心从日常情理层面都容易理解，因此他冶游时为了避开众爱卿，总是在那些佞臣宵小带领下，尽量躲开比较高级、比较讲究的著名妓院，去那些路边小店或者那些躲在胡同深处的下等私娼妓馆。

常在河边走，怎能不湿鞋？天长日久，不知在什么时候什么地方，同治帝感染上了那种不洁之病。死前数日，下部溃烂，臭不可闻，洞见腰肾而死。或曰梅毒，或曰疥疮，当然官方文书说是天花。

天花，是清代皇帝多次遇到过的事情，比较好听。

同治帝之死当然是慈禧太后溺爱的后果，由此可以说慈禧太后不是一个合格的母亲，这样不合格的母亲在中国传统社会屡见不鲜。年轻寡妇总是担心自己的孩子，特别是这样的独苗被人欺负、被人轻视，总是尽最大限度给这样的独苗以自由，不愿用严格的常人规矩去约束。这样的母亲内心深处总觉得没有父亲的孩子已经够可怜了，为什么还要过分约束他呢？如果我们将慈禧太后放在一个常人的立场去理解，就应该明白她的这一系列遭遇、选择和普通人其实并没有什么两样，只是不幸成为妃子，成为皇太后，她的儿子不幸成为皇位继承人而已。

另一种爱法

慈禧太后的独子同治帝就这样死了，没有留下龙种，无人继承香火，而且同治帝本人又是独根独苗，无兄无弟，因此皇位继承既不能按照父死子继的原则自动继承，也无法采纳兄终弟及的特例，由亲兄弟中推出一个继承人。大清国突然面临一个权力继承的难题。

面对这样的难题，各种各样的方案都提出来了。在权衡各种利弊之后，清廷还是下决心从与皇室血缘最近的血亲中选择皇位继承人，于是找到了醇亲王奕譞不到5岁的儿子载湉。

找到载湉继承皇位当然与慈禧太后有关，是皇太后意志的体现。只是过去很长时间过于从阴谋论立场看待慈禧太后对权力的贪婪，可能这并不合乎历史真相，并不合乎皇太后的想法。

载湉生于1871年。他的父亲醇亲王是道光帝的第七子，是咸丰帝的亲弟弟，也就是慈禧太后的婆家弟弟；载湉就是皇太后的亲侄子。从与皇室血缘关系而论，已经没有自己孩子的慈禧太后只能找到这样的近亲了，不可能还有比这更亲近的人。

从慈禧太后娘家关系说，载湉的母亲是慈禧太后的亲妹妹，载湉还是她的亲外甥。双层血缘近亲是载湉被慈禧太后看中的主要原因，不存在为了操纵、便于控制等理由。

1875年2月25日，年幼的载湉正式过继到宫中，接替刚刚过世的同治帝，年号光绪，是为清朝第十一位皇帝。

青年丧夫、中年丧子的慈禧太后对这个过继过来的小皇帝应该说是有真情实意的。她们母子之间的感情绝非那些政治上的反对者，特别是戊戌后政治反对者所说的那样势不两立、视若仇雠。若果真如此，在任何一个时间段，凭借慈禧太后的权势和决断，她都可以坦然找到理由撤换这个小皇帝。

当然，也正如许多领养孩子的中年妇女一样，慈禧太后和小皇帝在很多年的相处中不可能对所有问题都看法一致。正常的意见分歧即便是亲生母子也在所难免，这并不以亲生非亲生为依据。不过，如果从日常情理层面去理解他们的母子关系，由于皇上清楚知道自己是领养的，也知道自己在家、国两个方面将要担负的责任，更知道他的这一切都是皇太后给的，因而他对皇太后尊敬、敬畏、敬仰、佩服乃至感恩戴德，都是可以理解的。对于皇太后的交代乃至每一句话，皇上都会照单全收、认真执行，因而其性格或者说是在生活习惯中慢慢养成了对皇太后的高度依赖，凡事总会以皇太后的意志为意志，并没有养成什么反叛精神。在这一点上，领养的光绪帝和亲生子同治帝，对于慈禧太后来说并没有本质差别，所谓视同己出，不过如此。

作为一国最尊贵的皇太后，即便没有任何人提醒，慈禧太后也知道在同治帝教育问题上的教训，所以她不可能在同一个问题上犯两次错误。在领养了这个小皇帝之后，为了培养他，慈禧太后请了全国最好的老师，对他进行最严格的道德品质教育、文化熏陶。慈禧太后内心深处绝对不能容忍小皇帝成为同治帝那样的纨绔子弟，立志要将这个小皇帝培养成一代明君，守住大清国的万年基业。

光绪帝是慈禧太后的养子，是大清国的未来主子，也是老太太下半生的全部希望和寄托。慈禧太后不愿继续娇惯这个孩子，从人之常情很容易理解，这是任何一个母亲的本能。而且，慈禧太后也没有非常自私地处理与这位未来国家主子的关系，她在小皇帝进宫不久，就开始刻意提拔这个小皇帝的亲生父亲醇亲王。到了1884年，因中法战争等一系列问题，慈禧太后用醇亲王取代恭亲王，使其与军机处首席军机和总理海军事务衙门领班大臣世铎共同理政，全权掌控大清国日常政务。直至1891年去世，醇亲王一直位于权力中枢，而此时的光绪帝已经亲政，权力过渡也没有什么波折。因此，我们不

◎慈禧太后的外甥与养子，清德宗爱新觉罗·载湉

必听信康有为等人在1898年后传播的故事，不要相信两宫之间不共戴天、视若仇雠。

光绪帝的童年教育应该说是清朝历代皇帝中最好的，他的知识素养也是这些皇帝中最棒的。到了1886年，十年苦读使小皇帝有了很大提升，一个优秀君主已经露出了迹象。这一年，51岁的慈禧太后找到光绪帝的生身父亲醇亲王及军机大臣礼亲王世铎商量，争取让光绪帝早点亲政，当家做主。51岁的慈禧太后理由很简单，一是皇儿长大了，二是自己也想歇歇了，不想为大清王朝继续操劳了。51岁，在那个“人过七十古来稀”的年代确实不算小了，享受过了权力瘾的人，且又有把握在未来掌控权力的人，不会对权力格外眷恋。皇太后的心情应该是真诚的。

慈禧太后的建议起初并没有获得相关各方的认同，然而各种各样的劝说并没有改变皇太后的想法。几经周折，年轻的光绪帝终于在1887年开始亲政。慈禧太后在各方殷切要求下答应以后继续为小皇帝拿拿主意，不过帝国的日常事务处置权还是逐步向小皇帝转移。慈禧太后在这个事情上做得光明磊落，清廷的各种官方文件对此有着详尽记载。然而到了1898年秋天之后，或许因为六君子喋血菜市口，慈禧太后再度出山训政，各种传言开始出现，甚至怀疑皇太后先前撤帘归政并不真诚。这显然是不对的，因为假如皇太后不想让出权力，她可以有无数个理由。

再度出园训政

执掌大清国朝政已经三十年之久，作为一个青年丧夫的寡妇，慈禧太后先是辅助亲生儿子同治帝治理这个庞大帝国，亲生儿子不在了，又抱养了这个小皇帝。现在小皇帝终于可以亲政了，可以自己当家做主治理国家了，作为母亲，有什么可以去怀疑的呢？无论怎样眷恋权力的人都无法抵制岁月的流逝，无法抵御生活的诱惑。慈禧太后确实准备结束一个时代，准备颐养天年，过上几年轻松日子，这是人之常情。

然而，大清国的政治现实并没有满足慈禧太后的期待。光绪帝亲政没几年，甲午战争爆发了，维新运动开始了。为了大清国的整体利益，慈禧太后不得不再次出山，帮助小皇帝料理国家大事。

如果仅仅从权力构成说，中国传统社会一直强调皇权至上、不可分割，皇权中心的一元化几乎是历代王朝不得不遵守的原则。晚清政局之所以出现帝后两宫共制的局面，完全是特殊条件所致。不过，如果我们以客观立场去观察慈禧太后在1894年后的作为，也应该承认，她对权力的使用是相当克制的。她并没有滥用自己的权力干预朝政，并没有越过皇上处理国家大事，她只是对皇上的决策保持最后否决权。这只是在替年轻皇帝把关。所以，尽管经历了那么多的政治波折和大风大浪，但在清代正史中从来没有皇上对皇太后的抱怨。皇帝至死都是感激皇太后的养育之恩和多年来的精心照料、耐心辅助。

光绪帝身体不好是一个众人皆知的事实。他自幼体弱多病，更重要的是作为皇上的他没有完成而且永远无法完成大位传承，甚至无法对皇后、嫔妃履行一个丈夫应尽的义务，这是男人无法说出口的尴尬，也是光绪帝后来性格稍有扭曲的一个重要原因。他的肾病由来已久，奇怪的是，他不仅肾功能有问题，而且在大婚前后开始长时期遗精，据他自己说到1907年已经有了二十年的病史。一个长期遗精的人当然不利于夫妇生活；一个没有夫妇生活的人，大概率会对性格形成某种程度的扭曲，这是为现代心理学所证明的规律。长时期遗精和长时期肾病对皇上确实构成一个很大的困扰，是他后来稍微有点儿抬不起头的重要原因。对于这样一个后辈，慈禧太后能够做的事情，除了安慰，除了劝勉，还能做什么呢？我们完全可以想象，慈禧太后只能从内心深处哀叹自己命太苦，为什么老天爷要把一切危难、一切坏事都留给她呢？ 青年丧夫，中年丧子，也就罢了。为什么辛辛苦苦几十年培育的这个养子，这么听话，这么有出息，身体却这么不好，让他无后，让他英年早逝呢？

一个本来非常温情的感人故事

光绪帝的病情大约从1898年秋天开始逐步恶化，好在他贵为天子，享受着帝国最好的医疗条件。经过宫廷御医、天下名医精心呵护治疗，患了肾病的光绪帝竟然在那个没有血液透析的医疗条件下活了十年之久，这本身就是一个奇迹。

谁也没有想到1908年秋天，当政治改革到了最吃紧的关头，年仅38岁的光绪帝病倒了，而且一病不起，一命呜呼了。关于光绪帝的死因，清代正史和医学专家的意见大体都是正常死亡，是长期受到肺结核、肝脏、心脏、风湿等慢性疾病的侵扰，致使免疫力严重下降、严重缺失，最终造成心肺功能衰竭，并急性感染而死亡。

历史巧合之处在于，当光绪帝发病的前一段时间，73岁的老太太慈禧太后在过寿时因吃了一点不合适的东西拉肚子，闹了好长一段时间。拉肚子在很多时候不会危及性命，这是对的。但拉肚子严重的情况下也可以置人于死地，这也是医学常识。特别是对体弱的老人而言，更是如此。

问题的蹊跷之处还在于，慈禧太后的痢疾已经很长时间了。如果不发生光绪帝死亡事件，相信皇太后也不至于突然不治。光绪帝的死亡对73岁的皇太后打击太大了，生命垂危中的老太太所有的希望均成了泡影，越想越伤心，越想越觉得自己一生太命苦，所以她在这个养子英年早逝后不到一天，也一命呜呼了。

这个解释来自清代官方正式文件和清宫档案，大意是说皇太后得知儿皇帝大行后，不禁悲从中来，不能自克，以致病势加剧，遂致死亡。这个解释合乎人道、合乎人情、合乎常理、合乎历史、合乎逻辑，唯一不合乎的是中国人最习惯最愿意接受的阴谋：一个并非亲生的儿子，怎么可能呢？

清廷的官方解释见诸《清实录》及一切官方文书，但是这个解释不被大清王朝政治上的反对者所认同。流亡美国的康有为在光绪帝逝世第二天就致电美国总统，要求美国政府带头不要承认大清新皇帝，理由就是慈禧太后谋杀了他们那个英明的光绪帝。

康有为的说法当然是没有根据的，不要说当年没有互联网，即便是今天有如此迅捷的联系方式，谁有把握在事件发生第二天得出这样斩钉截铁的结论？康有为的说法并不被西方世界所相信，美国政府更不会根据这样的传言去抗议中国。

◎慈禧下葬

然而奇怪的是，时间过了一百年，康有为终于在现代中国找到了知音。那么多严肃的历史学家不去相信清宫档案，反而依据康有为及当年那些笔记小说作者的指点，论证出光绪帝死于谋杀，死于剧毒。更荒诞的情节是研究者推论：这个谋杀光绪帝的人不是别人，正是其养母慈禧太后。阴谋论至此终于坐实，慈禧太后好像被钉在了历史耻辱柱上。其实，这本身就是一个笑话，并非历史。

慈禧太后归政记

如果从1861年“祺祥政变”开始算起，到1886年（光绪十二年），慈禧太后在大清王朝最高领导人这个位置上已经待了二十五年了，尽管这个位置只是“垂帘听政”，并不是名正言顺的最高领导人。然而一个女人，特别是一个无儿无女的寡妇，无论她对权力多么充满兴趣，二十五年的漫长岁月都会消磨掉这单调乏味的权力欲望。更何况，过去的二十五年，慈禧太后使中国发生了巨大变化。更准确地说，应该变化的都变了——向西方学习，踏上近代化的轨道，中国的发展大致上来说已经进入正轨；而不应该变化的都没变——大清王朝还是满洲贵族统治，不管汉人官僚拥有怎样的权力，满洲贵族集团的利益并没有因为中国的发展而动摇。一个时代就这样在中国历史上确立下来了，这个时代不管谁是名义上的皇帝，谁又能不承认这个时代其实就是“慈禧太后时代”呢？一个年过半百的寡妇还有什么不满足的呢？

慈禧太后的想法

1886年7月11日（光绪十二年六月十日），年过半百的慈禧太后似乎失去了对权力的兴致。这一天，慈禧太后在宫中召见小皇帝的亲生父亲，当时为大清国重臣的醇亲王奕𫍽，还有领班军机大臣、礼亲王世铎等满洲贵族中的当家人，陪同慈禧太后召见的是年仅15岁的小皇帝光绪帝。会议的主旨就是商量慈禧太后不再垂帘听政，将大清国日常事务的处置权还给小皇帝。

根据《光绪朝东华录》记载，当天会议之后发布的懿旨说，当年小皇帝即位时只有3岁，实在太小，无法亲政，大清王朝众多用人行政方面的决策，有不少是参与理政的王公无法拍板的，所以那时不得已允准廷臣之请，垂帘听政，并郑重约定一旦小皇帝典学有成，即行亲政。现在十二年过去了，小皇帝孜孜念典，德业日新，长大成人了，最近也能够亲自批阅奏章，论断古今，剖决是非，权衡允当。这当然是国家之福、人民之福，所以，慈禧太后在懿旨中表示有意借此机会卸任息肩，颐养天年。所以，慈禧太后在会议中和懿旨中都郑重且高兴地宣布，她将遵守当年约定，择期归政，请钦天监选择吉期，于第二年某个时刻举行皇帝亲政典礼。

如果我们不带有“恶的历史观”，如果我们从日常情理层面去体察慈禧太后此时此地的心情，我们应该相信太后的真诚，应该相信她的“退位”并不存在什么“微言大义”或矫情，更非虚情假意，而是其内心真实意思的表达。因为那个时候是大清国的鼎盛时代，接近三十年的洋务新政给大清国带来了一番新气象，先前经两次鸦片战争、太平天国运动所消耗的国力大致得到恢复，大清王朝似乎重新回到了一个新的盛世时期。慈禧太后在这个时候提出由小皇帝亲政，其实就是功成身退，就是要在青史上留名，要用事实正告那些一直诋毁她政治人格的反对派：我叶赫那拉氏虽为女流，但绝不是贪婪权力者。

我们之所以这样说，并不是刻意要替慈禧太后翻案，因为历史事实俱在，因为在那时大清王朝内部并没有谁对太后的权力提出过挑战，担负执政政治责任的满洲贵族集团对太后过去若干年的操劳大致还是满意的，所以也没有人对太后的权威提出异议。

从太后的立场进行分析，她之所以提出让小皇帝亲政，主要还是为大清王朝长治久安考虑，希望小皇帝在实际历练中提高能力、树立威望，并逐步建立自己的执政班底或团队。然而从小皇帝立场看，不论真的学到了多少知识，十五岁就担负起大清王朝的政治责任，委实有点儿太累太恐惧，何况这个位置迟早都是自己的，有老佛爷在前面罩着，帝国的一切用人行政，还是比较轻松愉快的。所以，当太后的决定一宣布，小皇帝当即长跪恳辞，醇亲王奕譞及军机大臣礼亲王世铎等亦以时事多艰，万几繁巨，小皇帝在皇太后指点下，日积月累，积少成多，精进不止，不断进步，是有了相当能力，不过学无止境，如果皇太后能够从缓归政，将小皇帝扶上马送一程，将来皇上躬亲庶务，必能贯彻无疑，益臻上理，有助于政治稳定社会发展，实为大清王朝之福、天下臣民之幸。

醇亲王奕譞是道光帝的第七子，他的大福晋是慈禧太后的亲妹妹，他们的第二子载湉就是现在的光绪帝。从亲情上说，醇亲王奕譞是慈禧太后的妹夫，是当今皇上光绪帝的亲爹，因此不论从哪个角度说，他的陈情与呼吁都是真诚的，都是为帝国、为小皇帝未来前途好。何况，醇亲王奕譞的学识才智不过中等，既无野心，更无锋芒，他之所以和礼亲王再三吁恳，情词亦充满对慈禧太后的信任，比较公平的说法就是他的平庸和谨慎。至于礼亲王世铎，他虽然长时期位居军机处领班大臣等显赫地位，但也属于那种比较平庸甚至比较无能的人。他对慈禧太后的忠诚不必怀疑，所以在慈禧太后当政的那些年，礼亲王世铎的政治待遇一直保持不变，以满洲贵族掌门人的身份协助皇太后处理朝政。

大家如此行为均出于挚诚，皇太后对此也有比较深的了解，但她主意已定，并不理会光绪帝及醇亲王、礼亲王等人的恳请。慈禧太后向他们解释说：十二年前“垂帘听政”乃非常之举，本属一时权宜。皇帝继统御极，仰承穆宗毅皇帝付托之重。现在皇上既然典学有成，正宜与内外臣工勤求治理，宏济时艰，自应遵从同治十三年（公元1874年）十二月初七日懿旨约定，即行亲政，以慰深宫期望之意。坛庙大祀，皇上均应亲诣行礼，以昭诚敬。慈禧太后的决定不再改变，仍命各方面继续准备，并命钦天监于第二年正月内选择吉期，举行亲政典礼，所有应行事宜及应复旧制之处，命各相关衙门敬谨查明成案与惯例，奏明办理。

这是慈禧太后宣布归政当天的事情，所有细节在《清实录》《翁同龢日记》等相关文献中都有比较详细的记载。后来的研究者对事实本身并没有提出多少不同看法，只是在对慈禧太后的心理动机上分析，大都遵循“恶的历史观”，揣测慈禧太后归政的诚意并不可靠，认为慈禧太后对权力的贪婪使她不可能真的放弃已经获得的至上权力。这种分析其实不过是以小人之心，度君子之腹，更是从来没有掌握过权力的书生之见或臆想。

根据翁同龢在日记中的记载，醇亲王奕譞在向慈禧太后当面请求从缓归政未准后，曾找帝师翁同龢等人商量对策及善后。醇亲王介绍了与皇太后面谈的情况，说皇上亦当面跪求，但仍然没有使太后回心转意。翁同龢说："这个事情至关重大，王爷宜率御前大臣、毓庆宫诸臣一起请求皇太后抽个时间接见并一起讨论。"醇亲王对于翁同龢的建议没有给予明确答复，只是表示待军机处开会商量后再作讨论。

在稍后召开的军机处会议上，礼亲王世铎介绍了事情的经过，表示懿旨难回，只好承旨去做。翁同龢对此似乎还是不死心，他依然建议醇亲王率枢臣继续面谏，争取慈禧太后收回成命。醇亲王表示今天时间来不及了，待第二天王公大臣会议会商后，再作表示。

散会后，翁同龢往访同僚孙毓汶，告诉他请求慈禧太后继续训政不如请从缓归政得体，而孙毓汶对翁同龢的建议唯唯诺诺，不知所云。是日夜，热情亢奋的翁同龢起草了一份奏折，准备第二天商之同僚同人。

第二天（7月12日，农历六月十一日），一切如常，翁同龢将他起草的奏折底稿交给同僚进行讨论。各位在阅读之后大致同意翁同龢的建议，遂定议连衔上，并以此请示醇亲王奕譞，奕譞以为然。当天各方面的酝酿基本成熟，但能否如愿还要看慈禧太后本人的意思。

不得不作出的让步

7月15日（农历六月十四日），醇亲王奕譞先上了一个折子，折子的前半段吁请皇太后体念时艰、继续训政，即便要归政，也应该等皇上二十岁时；后半段专言皇帝亲政后宫廷一切事务仍请太后裁决，上不问，始可专心典学云。醇亲王的这个折子似乎已考虑接受皇帝亲政的意思，所以翁同龢对这个折子的评价似乎不高，以为“意甚远”。

同一天，礼亲王世铎等重臣也奏请皇太后再训政数年；在大清王朝统治集团中拥有重要地位的蒙古亲王伯彦讷谟祜等也专折奏请皇太后从缓归政。这些呼吁、请求，可以说是帝国政治游戏，是政治粉饰，是对皇太后的拥戴。但是，慈禧太后并没有在这些呼吁请求后改变主意，她表示：“垂帘听政之举，实在是出于万不得已。十余年来深宫训导，欣见皇帝典学有成，特命明年正月内举行亲政典礼。这个决定经过反复审慎权衡，是最后决定，不容再有游移。天下之事，至繁至赜。皇帝亲政之始，容或有未及周知的事情，但只要各位重臣共矢公忠，尽心辅助，内而枢臣，外而疆吏，均是朝廷的重要凭借，协助皇上处理政务，责无旁贷。各位只要殚竭血诚，力图振作，于应办事宜任劳任怨，不要因循推诿，致负委任。至于皇帝求学，本无止境，一切经史之功，国际事务，仍由毓庆宫行走诸臣朝夕讲求，不惮烦劳，俾臻至善。总之，帝德王道，互为表里，皇帝亲政后，正可将平日所学付诸实践，以回应天下臣民对皇上的期待。”慈禧太后坚决否定了醇亲王奕譞等人关于她继续训政数年暂缓归政的建议，不愿就这个事情再作任何讨论。

醇亲王奕譞在奏折中提出宫廷政治内外并重，希望皇太后在归政后参照现在规制，凡宫中一切事宜，先请懿旨，再于皇帝前奏闻，以便皇帝能够专心于大政。对此，慈禧太后表示可以考虑，称皇帝很小的时候就接到宫中由她亲自抚养教育，十余年如一日，感情至深。所以即便皇帝亲政后，她也不会将所有事务全部推开，一定会利用自己的经验随时调护、随时提醒。皇太后表示这是她的政治责任，不容推卸不容否认。平心而论，慈禧太后的这个心情放在任何一个母亲那里都是可以理解的正确决定，不必赋予历史文献本身所没有的含义。

这一天，钦天监选择的黄道吉日提交上来了，小皇帝的亲政典礼定于第二年正月十五日，也就是1887年2月7日举行。

翁同龢是光绪帝的老师，两人关系很深，感情也好。如今皇上要亲政了，翁同龢也觉得自己的努力奋斗特别是多年心血就要有结果了。7月16日，他在给皇上例行上课时力陈时事艰难，总以精神气力为主，反复数百语，至于流涕，皇上颇为之感动。这一天，翁同龢还与各位王公大臣商量再上奏折，希望即便皇太后归政、皇上亲政了，海防及一切紧要事情仍应由慈禧太后作最后决定，并准许内外重要臣工封事直达储秀宫，像过去一样可以直接向皇太后请示汇报。对于翁同龢的这个建议，诸王以为然，但怎样建构这个新体制，诸位王公大臣以为还要与礼部商酌决定。

慈禧太后归政大概是没有办法转圜了，军机处和各位王公大臣现在能够做的就是劝说皇太后放慢归政步骤，或者答应在归政后仍然为帝国重大事务操劳。17日（农历六月十六日），军机处拟就一份奏折，首言“垂帘听政”虽然是大清过去几十年的权宜之计，但并没有违背大清规矩；次颂过去二十年，皇太后在大清王朝政治发展中的功德；末言外国交涉等各种事务及战守机宜等，期望未来还能仰承慈禧太后的政治经验和政治智慧。这个奏折中甚至有“为亘古未有之创局，即系亘古未有之盛事”二语，被翁同龢在当天的日记中嘲讽，以为不甚妥当。

翁同龢不仅忙着与诸位王公大臣商量怎样请求皇太后暂缓归政，而且利用他与光绪帝的特殊关系，当面劝说光绪帝一定要在皇太后面前诚恳请求，真诚希望皇太后能为大清王朝继续负责任。翁同龢等人的用意究竟有多少是发自内心，有多少是官场规则和礼仪，我们并不太清楚。我们知道的是，在光绪帝、醇亲王奕譞、礼亲王世铎及各位王公大臣一再呼吁奏请下，慈禧太后于7月19日（农历六月十八日）不得已答应勉为其难，同意在光绪帝亲政后再行训政数年，真的是扶上马再送一程。慈禧太后在懿旨中重申：垂帘听政，历稽往代，皆出权宜之举，行之不慎，流弊滋多，史册昭垂，可为殷鉴。早些天因为皇帝典学有成，特降懿旨，及时归政。这是深宫十余年来殷殷盼望之苦衷，天下臣民自应共谅。所以当这个决定宣布后，王公大臣等合词吁陈，均未允准。只是最近几天，皇帝及各位王公大臣再三恳请，情真意切，力陈时事艰难、军国重要，提出了不少应对方案，读后令人深省。所以当皇帝初亲大政、决疑定策，实不能不遇事提撕、期臻周妥，何敢固持一己守经之义，致违天下众论之公？只好勉为其难，答应于皇帝亲政后再行训政数年。俟数年后斟酌情形，再行降旨。

慈禧太后原本期待功成身退，为自己的时代画上一个完美句号，最终因为这些原因没有成功。

在各方压力下，慈禧太后收回成命，答应在光绪帝亲政后继续训政若干年。这个决定为后来的政治发展留下了非常大的变数，至少使中国传统社会的皇权中心发生了偏移，使许多事情变得越来越复杂、越来越难办。

不过，可能发生的这些问题，慈禧太后和清廷最高政治层也并不是没有一点预感，皇太后在决定接受群臣呼吁收回成命时，就命令军机大臣礼亲王世铎等专门研究在皇帝亲政后继续训政的制度安排，以免发生权力冲突，贻误大事。

根据慈禧太后的指示，军机大臣礼亲王世铎等人根据内阁等衙门提供的相关文献和规则，于1886年11月21日向清廷提交了一份皇帝亲政后继续训政的制度安排建议方案，规定在皇帝亲政后所有谒陵、祭祀等大典，均循旧制由皇帝亲自出席，或循旧制由礼部提出具体方案；凡遇皇帝召见、引见事宜，建议参照礼臣会议规制，暂设纱屏为障，皇太后在帐后升座训政；凡中外臣工呈递皇太后、皇上的奏折，均按照现在通行的规制书写；凡需接见的各部臣工，仍按旧制一律带领引见，至于皇太后是否出面接见，由皇太后届时自行决定；至于乡、会试等各项国家大考，仍建议循旧制由相关部门拟题，呈皇太后审定，由皇上宣布，录取结果也仍由皇太后把关；内外臣工所递奏折需要批示、批复的，拟照旧制均请朱笔批示，由皇太后审定后发下。

按照这个制度安排，光绪帝亲政后似乎还有一个政务处理见习期。在这个见习期中，大清帝国重大事项除礼仪性典礼由小皇帝亲自出席进行政治历练外，但凡涉及政治决策、人事调整等重大事宜，在这个见习期也就是继续训政期仍由皇太后最后把关，但小皇帝的参与确实越来越多。这大概就是皇太后和满洲贵族重臣的期望，希望十五岁的小皇帝在皇太后的带领下在政治上逐步成熟，或许能够像醇亲王奕譞所期待的那样，再过五年时间，待光绪帝二十岁的时候，他能够独立处理政务。到那时，为帝国操劳三十年的慈禧太后再从第一线退出。这样肯定更有利于帝国的稳定。

期待一个新时代

从大清王朝的政治立场看，这个制度安排可能更合乎逻辑和道理，更合乎大清王朝的利益最大化，所以在当时并没有人提出不同意见，一切都在按部就班地筹备着、进行着。

1887年2月7日（光绪十三年正月十五日）一大早，年仅十六岁的小皇帝一脸肃穆亲往大高殿拈香，寿皇殿行礼，然后率王公大臣、蒙古王公及六部九卿满汉高官前往慈禧太后居住的正宫慈宁宫门外行庆贺礼。礼毕，御太和殿，受王公大臣文武百官朝贺。礼成，光绪帝颁布亲政后第一份诏书，一是感谢过去十几年慈禧太后辛勤养育，二是感谢皇太后过去十几年孜孜不倦、励精图治，颂扬大清帝国在慈禧太后精心治理下纲举目张、物阜民康、丰功伟绩，为向来史册所无。

光绪帝的亲政诏书在谈到未来体制时，强调尽管自己遵照皇太后懿旨亲政了，但未来几年帝国重大决策依然如过去一样，由皇太后作最后决定，负最后责任，皇太后仍是大清王朝实际上的最高掌权者。光绪帝要求诸王贝勒、内外大小文武群臣，务当各抒忠赤、尽力报国；全国军民，敦本务实、共享升平。

慈禧太后继续训政从理论上说并没有使大清王朝的政治体制发生改变，只是随着小皇帝亲政，随着小皇帝成长，帝国政治最终决策权必将逐步向光绪帝移交，这是朝廷内外大小臣工都看得很清楚的。随着光绪帝亲政，慈禧太后尽管继续为帝国政治负最后责任，但如果不发生意外，她相信一个时代必将终结，而一个新的时代正在开始，所以她要主动让位，她要为自己的余下岁月寻找生活兴趣，甚至要为自己找到一个更合适的居所，一来方便自己生活起居，二来逐步远离帝国政治中心，让皇帝尽早“断奶”，逐步独立自主地处理帝国政务。

或许正是基于这种考虑，在光绪帝亲政后不久，两宫似乎就在进行这方面的安排，寻找一个山清水秀的地方。1888年3月13日（光绪十四年二月一日），光绪帝就此谕内阁，宣布将清漪园加以整修，并更名为颐和园，以备皇太后将来归政后居住。上谕说，过去二十余年，我圣母皇太后为天下忧劳，无微不至，而对自己实在考虑太少，现在想来实在有点不太合适，因念西苑距皇宫不是很远，往年乾隆爷曾经在这里驻跸，殿宇尚多完整，稍加修葺，可以养性怡神。园中万寿山前的大报恩延寿寺即是乾隆帝为庆祝其母六十大寿修建的。现在整理后由皇太后使用，敬踵前规，也是一个吉祥去处，只是将旧名清漪园谨改名为颐和园。殿宇一切亦将酌情加以葺治，以备慈舆临幸，更是作为慈禧太后六十华诞的贺礼。

对于光绪帝的孝心，慈禧太后当然高兴，但她也明确指示现在虽然寰宇粗安，也不敢稍有暇逸之心，还是应该一切从简。只要能够将国家治理好，国家强大了，人民富裕了，她的心也就安了。

慈禧太后是对大清王朝有过重大贡献的领导人，按理说重建一个住所也是正当之举，然而我们看到大清王朝的体制在这方面也有可取之处。在言官及一般社会舆论的监督下，光绪帝明确宣布此项工程并不动用国库中的经费，“工用所需悉出节省羡余，未动司农正款”，这个声明见于《清实录》，然而这个工程在后来却备受批评。

◎慈禧太后生活照

颐和园的整修工程是与光绪帝亲政、大婚，以及慈禧太后完全归政联系起来的，环环相扣。也就是说，之所以要整修颐和园，是因为皇帝真的长大了，成人了，要结婚了，要完全主持帝国政务了，为了帝国权力中心的一元化和唯一性，慈禧太后确实准备迁出皇宫了。1888年7月27日（光绪十四年六月十九日），慈禧太后发布懿旨，定于第二年二月归政。稍后，懿旨择定具体日期为二月初三。至于光绪帝的大婚典礼，皇太后在稍后发布的懿旨中择定为第二年正月二十七日。也就是说，当光绪帝完成大婚典礼成人仪式后不到一周时间，慈禧太后也就将帝国的所有政务统统交给光绪帝。

慈禧太后这一次应该是真的下定决心退出政坛，荡漾于山水之间，颐养天年。慈禧太后这个决定究竟有多少诚意，后来的研究者多有怀疑，这些怀疑是没有道理的。事实是，随着完全归政日子的逐渐来临，朝廷内部也其实有着不同声音。1889年2月20日（光绪十五年正月二十一日），御史屠仁守向朝廷递交了一份奏折，大意是建议慈禧太后在这次完全归政后，继续操控或者说实际上掌握政权，建议外省密折、廷臣封奏，仍按照训政时期的体制上书皇太后、皇上圣鉴，俟皇太后披览后再施行，并建议皇太后不要远离皇宫住到颐和园，继续住在慈宁宫，以方便对朝政的干预。

屠仁守的建议或许是出于挚诚和对大清朝未来的关爱，但是这个建议却惹恼了慈禧太后。慈禧太后看了奏折后极端震惊和愤怒，表示垂帘听政本属万不得已之举，鉴于前代流弊和教训，特饬及时归政，上符列圣成宪，下杜来世口实。这是不容再作讨论的事情。现在如果按照屠仁守的建议，归政伊始，又降懿旨，规定内外奏折仍书“皇太后圣鉴”，仍由皇太后指示，这不是让皇太后自坏规矩、自损名声吗？屠仁守的这个建议既与朝廷先前决策相违背，又开后世妄测訾议之端，所见甚属乖谬。此事关系甚大，若不予以惩处，无以为逞臆妄言紊乱成法者戒。根据皇太后的建议，屠仁守为此丢掉了御史职务，并被开除公职，宣布永不叙用，只好回老家教书去了。看来，慈禧太后的归政决心不必怀疑。

当然，这样说并不意味着慈禧太后从此完全从政治中脱离出去了。作为一个具有丰富政治经验的领导人和光绪帝的姨母兼养母，慈禧太后归政后仍然有办法继续为帝国政治出力，为光绪帝把关，而通关渠道不再是训政时期的权力二元，即所有奏折一式两份，分送皇太后和皇上，而是权力一元，由光绪帝独立处理政务，唯需要皇太后操心者，由皇上的生父，也就是醇亲王奕譞随时与皇太后单线直接联系，听取皇太后的意见。只是这个联系，并不是帝国体制中的硬性规定，更不会使训政体制继续下去。

慈禧太后希望完全归政的决心是坚定不可动摇的，其诚意也是不必怀疑的。现在看来，这个决定究竟是利是弊，也很难说。清末掌故《异辞录》在谈到这个事情时说，假如慈禧太后当时接受了屠仁守的建议，继续训政时期的一些做法，那么后来的甲午战争、戊戌维新肯定都会不一样，慈禧太后也可以避免第三次垂帘听政的尴尬，可免大阿哥入嗣之举，可免义和团之乱、八国联军入都，乃至《辛丑条约》规定的数十年期限，本息加在一起多达九万万两的战争赔款。

历史当然无法假设，历史就这样走过了。1889年2月26日（光绪十五年正月二十七日），18岁的光绪帝大婚礼成。几天后，3月4日（农历二月初三日），慈禧太后归政，光绪帝亲政。慈禧太后在宫中继续住了一个半月，就在光绪帝的陪同下前往颐和园。一个属于慈禧太后的完整时代就这样结束了，属于光绪皇帝的新时代就此正式揭幕。

从这个过程中，我们不难看到慈禧太后和中国农村中千千万万的老太太没有什么区别。她们养育了儿子，然后培养他成才，然后为他娶妻成家，然后就把这个家交给儿子和儿媳。比较理智的婆婆此后一般都不愿过多干预孩子的生活。从日常情理的视角就不难理解慈禧太后的选择和放心离开，就不会产生那些无端的猜疑和臆想。

当然，人们还想问的是：慈禧太后的时代真的就此结束了吗？后来的历史不是已经证明这个终结是不可靠的吗？是的。后来的变故出乎所有人的预料，慈禧太后也被历史牵着走。

恭亲王之死

1898年5月29日，即清光绪二十四年四月十日，夜幕降临时分，位于内城什刹海南边的恭王府内哭声一片，恭王府的主人，也就是大清王朝首席军机兼总理衙门大臣恭亲王奕䜣终于久病不治，撒手人寰，年仅66岁。依照中国王朝政治政随人亡的千年规律，随着恭亲王的逝世，中国政治必将发生某些变化，这是人们的普遍看法。

近代化倡导者

恭亲王奕䜣为宣宗道光皇帝的第六子，1850年受封为亲王。三年后，年仅二十岁的恭亲王充任军机大臣，开始了他在清廷最高决策层的政治生涯。当1860年英法联军向北京进犯的时候，奕䜣受命留守北京，负责与联军议和，代表清政府签订了《北京条约》，同意外国公使永驻北京，开放天津等为通商口岸。

经过1860年的外交危机，奕䜣对西方的看法发生了根本变化。他先前与外国人接触时，总是抱有蔑视的态度，并掺和着仇恨与恐惧。但自《北京条约》签订后，奕䜣的态度改变了。当他对英国人有更多了解时，就开始赏识他们的工作精神和工作态度，即便不是坦率地赞扬。奕䜣首肯英国人李泰国充任海关总税务司、信任李泰国之继任者赫德等，足以证明奕䜣对西方、对世界的看法已发生根本性转变。

《北京条约》签订后，中外交涉事务日渐增多，清政府原有的政治架构已经无法满足这种需要。1861年1月20日，清廷批准恭亲王奕䜣与大学士桂良、署理工部右侍郎文祥等人奏请，同意设立总理各国事务衙门，接管以往由礼部和理藩院分别执掌的对外事务。中国终于打开通往世界的大门。

根据相关规定，总理衙门由王公大臣或军机大臣兼领，并仿军机处体例，设大臣、章京两级职官。有总理大臣、总理大臣上行走、总理大臣上学习行走、办事大臣等。初设时，恭亲王奕䜣和大学士桂良及署理工部右侍郎文祥三人为大臣，此后人数略有增加，从七八人至十多人不等。大臣下设总办章京，满汉各两人；帮办章京，满汉各一人；章京，满汉各十人；额外章京，满汉各八人。

《辛丑条约》签订后，总理各国事务衙门按照条约规定改为外务部。至此，总理衙门前后存在四十年。其间，由恭亲王奕䜣担任首席军机和总理衙门领班大臣长达二十八年之久。

在恭亲王主持朝政的那些年，他与汉族出身的大臣曾国藩、左宗棠、李鸿章、胡林翼等人在慈禧太后的支持下，修补内部政治秩序，调整对外战略，基本放弃沿袭已久的宗藩体制，踏上向西方学习的道路，以屈辱的姿态韬光养晦，致力于和平外交，为大清王朝的发展赢得了一个难得的外部环境。在这约三十年的时间里，清王朝不仅平息了长达十余年的太平天国之乱，而且在对外交往中尽量放下身段，致力于构建大清王朝和平发展的外部环境。

和平的外部环境、稳定的国内秩序、相对开放的对外政策，当然有助于中国的发展。经过大约三十年的努力，中国在经济上不仅修复了因两次鸦片战争和太平天国革命所遭到的破坏，而且重振了大清帝国的雄风，大致恢复了中华帝国在世界民族之林中的地位。

◎恭亲王奕䜣

到19世纪90年代初，大清王朝的综合国力与军事力量虽不能与英法等老牌资本主义强国相比，但在亚洲的中心地位与大国气势毕竟得到了相当程度的恢复。国际社会比较公认的评论认为大清国依然是世界上几大强国之一，至少在亚洲尚无其他国家可以取代大清国的强国地位。清政府主持创办的福州船政局、江南制造局、开平煤矿等近代企业，不仅为大清王朝创造了财富，而且通过近代企业的发展，引进吸收了西方的思想文化和生活方式，中国终于迈出步入“近代”的脚步。

大清王朝生机与活力的恢复发展是无数中国人的集体创造，不过如果没有慈禧太后的认知，没有恭亲王奕䜣的主持，这一过程可能会是另外一番景象。所以，恭亲王奕䜣被誉为中国第一次近代化运动的重要倡导者之一。

在中国走向近代的征途中，恭亲王奕䜣确实起到过重要作用。然而必须指出的是，恭亲王在主张中国向西方学习的同时，始终不认为中国在整体上落后于西方，始终相信中国自古相传的政治体制在经过两千年的不断更新后，大有“历史终结”的意味。在他的政治理念中，中国不如西方只是暂时的和局部的，一旦中国人学习、掌握了西方近代科学技术，中国必将重新崛起，依然是世界政治格局中重要的一极。

政治操盘手

如果没有慈禧太后的认知与支持，恭亲王奕䜣当然没有重振大清王朝雄风的机会。事实上，奕䜣的政治命运始终与慈禧太后纠缠在一起，他本人也成为晚清政局中的关键人物。

1861年，两宫皇太后处置了肃顺等顾命八大臣之后，对清廷的权力结构作出新的安排。在新的权力结构中，慈禧太后的政治地位逐步上升，成为清廷的最高领导人。不过在最初那些年里，慈禧太后非常仰仗奕䜣，奕䜣不但拥有议政王头衔，而且担任总理衙门首席大臣，并入主军机处，兼领神机营。

恭亲王奕䜣在朝中的权力过大，在一定程度上对慈禧太后也形成了制约，于是两人产生了难以消解的冲突。1865年，当太平天国运动被平定后，慈禧太后借机罢免了奕䜣的全部职务，含含糊糊地指责他偏袒亲戚及在朝廷中行为欠慎。后因廷臣强烈要求，奕䜣得以再充总理衙门领衔大臣和首席军机，不再具有议政王头衔，不过依然是清廷决策层中举足轻重的人物，在一定程度上对慈禧太后起到约束作用。故当1884年4月中法战争不可避免时，慈禧太后借口奕䜣处理不善，将总理衙门和军机处大员全部撤职或降级，任命礼亲王世铎领衔军机处，庆郡王奕劻入主总理衙门，但实际权力掌握在光绪帝生父醇亲王奕譞手里，直至醇亲王1891年年初去世。恭亲王奕䜣由朝中重臣竟然一下子成了赋闲的亲王。

1894年甲午战争爆发前夕，为了应付日趋严重的国际局势和内外压力，在朝的一些要员想到了最具世界眼光的老政治家奕䜣。在他们的强烈要求下，慈禧太后同意已赋闲十余年的恭亲王奕䜣官复原职，主持总理衙门和军机处日常事务。

权力获得逐步恢复的恭亲王奕䜣是一个比较务实的政治家，在处理外交事务方面一贯以和解为基础，这也许得自1860年与英法联军打交道的惨痛经验。所以，重新出山的奕䜣和李鸿章一样，认为当时的中国不应该贸然与日本开战，而是应该尽全力寻求外交解决，依赖列强的干预与调停。当战争在主战派的不断鼓噪下终于爆发后，奕䜣依然期待能够在战争的间隙寻求外交妥协。当这种期待完全破灭后，他坚定支持李鸿章的不惜代价进行议和的思想，以便尽快为中国赢得和平发展的国际环境。

在奕䜣、李鸿章等人的艰辛努力下，中国虽然在《马关条约》中受到极大损失，但也由此赢得了此后短暂的和平。中国这条东方漏船在经过简单修整后又开始了自己的航行。

在甲午战争善后工作告一段落时，恭亲王奕䜣也曾想过利用这一次奇耻大辱进行内政改革，改变原来行政效率低下的状态，重建一个高效清廉的政府。无奈清政府积弊太重，而且奕䜣也真的老了，无论是体力上，还是精神意志上，都没有了十几年前的状态。他在勉为其难地维持着残局，只是希望大清王朝在他真正退出历史舞台之前不要再出什么乱子。他甚至考虑过退休，但每当提起这件事情时，总是被各种各样的原因所羁绊，即便是翁同龢也总是劝他为大清王朝根本利益着想，宜权衡大势，毋作进退之词。所以，指望年迈的奕䜣还能像先前几十年那样精力充沛推动、领导清政府进行变法维新，无疑是困难的。

奕䜣期待大清王朝不出乱子的愿望仅仅维持了不到三年。在这相对平静的三年中，奕䜣做了不少有益的工作，只是改革内政、重建高效廉洁政府的承诺并没有实行。中国这艘漏船随时都有分崩解体的可能。德国人不宣而战强占胶州湾后，这种可能突然加快。

对于恭亲王和总理衙门大臣李鸿章等具有丰富外交经验的政治家来说，胶州湾危机或许并不像国内激进分子所宣扬的那样，严重危害了中国的利益和安全。在他们看来，将胶州湾租让给德国，将旅顺、大连湾租让给俄国，将威海卫从日本人手里收回后转交给英国，将西南大部分地区向法国开放，这可能并不是一件可怕的事情，而是中国利用外国力量进行开发的机会。落后的中国要想后来居上，要想尽快改变自己的落后面貌，就必须大力发展自己的经济，利用现代手段去开发自己的资源。而要开发自己的资源，修建自己的铁路网，就需要大量资金。而资本的本性就是对利润的追求，中国不作出某种牺牲，就指望列强向中国提供贷款、技术，显然是不可能的。所以，德国人制造的胶州湾事件在大清王朝某些政治高层看来，虽然很不愉快，但也没到根本无法接受的程度，更没有由此引发中国将亡的预感。

然而，胶州湾事件激起了国内民众特别是中下层人士极其强烈的反对，以康有为为代表的年青一代知识分子，对奕䜣所领导的这个腐朽政府进行了严厉指责与批评。他们强调年迈的奕䜣知识偏狭老化、精力不济，并不真正了解国内外情况，致使中国一误再误，错过了一系列获得发展的良机。他们呼吁清廷尽早进行政治体制改革，重建新的行政体制和政府。

康有为的改革呼吁逐步赢得了清政府政治高层的关注，光绪帝命令奕䜣认真研究康有为的这些建议。但年老体衰、精力明显不济的奕䜣不仅无力推动和领导大清王朝的政治改革，而且他的思想里也不认为康有为这种极端激进主义的主张能够拯救清王朝。1898年1月11日，奕䜣主持总理衙门例会讨论光绪帝有关政治改革的指示，研究是否可以派遣康有为出洋考察。

在这次会议上，当朝帝师翁同龢竭力赞成光绪帝的看法，认为康有为是一个不可多得的人才，康有为的那些建议尽管有某些不切实际的理想成分，但总的来说还是很有价值的，值得予以重视。至于派遣康有为出洋考察各国政治，既是皇上的主张，当然应该可行。而礼部尚书许应骙则认为康有为人品低下，是不逞之徒，是千百年来中国传统的叛徒，坚决反对派遣他出洋考察。

双方争论相当激烈，奕䜣在后来的裁决中采取折中调和的办法，建议由总理衙门大臣对康有为进行一次面试，然后再作决定。

奕䜣的建议应该说是一种比较稳妥的办法。1898年1月24日下午，总理衙门大臣在西花厅接见康有为，双方就中国是否应该进行改革及怎样改革等问题交换看法。奕䜣因有其他要务或身体不适而没有参加这次问话。不过作为总理衙门领班大臣，奕䜣对这次问话的具体内容肯定知道得比较详细。

第二天，光绪帝召见总理衙门大臣听取汇报，翁同龢就双方所谈内容作了说明，并建议皇上召见康有为，就中国改革与发展等问题直接征求康有为的看法。光绪帝有意接受翁同龢的建议，但奕䜣以皇帝召见康有为这个级别的小臣不合祖制为由，建议先请康有为将自己的改革方案书面条陈，然后视情况发展而定。

奕䜣的建议合乎体制的要求，故而这一建议很难说是反对康有为的变法主张。不过，在康有为领导的变法运动后来被镇压下去后，康有为、梁启超等人在分析失败原因时总是将奕䜣的反对视为一个重要因素。

事实上，在甲午战争后的三年时间里，奕䜣领导的政府虽然没有在行政体制改革方面做出多少工作，但实事求是地说，奕䜣和他的政府对于那些必须进行改革的许多新举措还是持积极态度的，比如同意贵州学政严修的建议创设特科以广收人才，同意荣禄的建议增练新军以固国本，设武科以培养新式军官等，都具有重要意义。即便对康有为等人创办的强学会，虽然朝野上下要求严厉查封的呼声很高，但奕䜣的处理比较低调，在某种程度上保护了年青一代的爱国热情。

年青一代维新志士的维新主张，应该说在某种程度上代表了奕䜣的理想和追求。如果奕䜣再年轻些，按照他过去的思想倾向，他一定会全力支持这些年轻志士。不过，奕䜣的生命毕竟已进入最后的岁月，他的老成持重使他不可能对康有为的激进主义改革方案完全赞同。他不仅不能完全赞同，甚至反对清政府按照康有为的激进主义改革方案进行变革。他似乎已经意识到，清政府如果依照康有为的方案进行改革，那么很可能意味着清朝历史的终结。所以，他在弥留之际不忘谆谆告诫光绪帝，称自己通过对康有为的观察，总觉得康有为人品不太靠谱，其改革方案不太可行。清政府确实到了不改不行的关头，但任何改革都应该慎之又慎，尤其“不可轻信小人言”，不能因改革而葬送大清王朝，不能因改革而损害满洲贵族的利益。

几十年宦海生涯尤其是主持朝政的非凡经历，使奕䜣在晚清政局中居于重要的地位。他虽然多年来与慈禧太后有许多意见分歧，但他在甲午战争前重新出山，据说也是年轻的光绪帝为了制衡太后过于强大的权势而采取的一个阴谋。不过，奕䜣毕竟是道光皇帝的亲生子，他不会为了朝廷中的权力斗争而牺牲大清王朝的根本利益，所以在他重新出山后并没有完全听从光绪帝的摆布。相反在许多重要问题上，诸如甲午战争前的主和、战后的议和等事情上，他本着自己的信念，倾向于支持慈禧太后，反对光绪帝。他甚至觉得光绪帝身边的几个心腹尤其是那个老师翁同龢居心叵测。他在生命的最后日子里将他的这些见解都告诉了慈禧太后和光绪帝，这也为后来政局演变埋下了伏笔。

奕䜣的一生与慈禧太后确实存在着许多恩恩怨怨，慈禧太后也确实在许多时候存心打击、折磨奕䜣。这在先前的研究中都有很好的揭示，但是不可否认的是，先前的研究过多注意了他们两人之间的冲突，相对忽略了两人之间的一致。事实上，慈禧太后与奕䜣的矛盾是慈禧太后不太喜欢奕䜣对她的一些重要决策的否定与反对，但慈禧太后清楚奕䜣对大清王朝乃至对她个人的忠诚是不容置疑的，她更不会听进任何人的挑拨。

基于这样一种错综复杂的关系，奕䜣在晚清政局中的重要地位不言而喻，他的存在就是政局稳定的象征和保障。他一旦发生什么意外，就很难一如既往地保证政局的稳定。所以，当奕䜣患病的消息在京城和晚清官场中不胫而走时，有人高兴，有人失意，有人觉得中国政治必将因此而发生一次大的变化，有人则意识到奕䜣去世可能会对政局造成极大冲击，甚至将关系到大清王朝的安危。

最后布局

进入1898年，奕䜣的身体状况越来越差，而国内政治局面却因胶州湾事件而闹得沸沸扬扬。奕䜣在勉力处理好日常政务的同时，也在思考着怎样借助胶州湾事件带给人们的震动去激活人们的政治热情，重振大清王朝的辉煌。他希望清政府能够借助这个机会把某些制度进一步调整，但是他无论如何也不赞成康有为的那种激进政治体制改革。他认为如果采取康有为的激进改革方案，不仅会给中国带来新的混乱，而且势必削弱国家的行政能力，损害大清王朝的根本利益。他在生命最后岁月所念念不忘的变化、改革与康有为的主张有本质不同，他当然希望他的这种改革能够在他去世后继续获得执行。

5月26日，恭亲王奕䜣进入弥留状态，慈禧太后和光绪帝闻讯在此后几天里先后多次前往探视。在弥留之际的恭亲王出于对大清王朝的忠诚，对清廷的未来尤其是用人方面向慈禧太后、光绪皇帝表达了自己的担心。他希望年轻的皇帝能够很好地尊重慈禧太后；在用人行政上要格外小心，恪守成宪、维系人心；要与那些忠诚的大臣共同商量、治理国家，经武整军，富国强兵，相信大清王朝终有重振雄风的时候；不要急功近利相信那些政治小人的蛊惑，更不要将政府的权力交给翁同龢这样的人。恭亲王告诉光绪帝，大清王朝确实应该进行某些方面的改革，但这种改革只能是清朝旧有体制的完善，而不能另起炉灶从头开始。翁同龢在康有为的鼓动下所谓“从内政根本”进行改革的构想，以及在内廷设立制度局的想法，实际上都是要脱离原有的国家权力机关另起炉灶，意在“废我军机”。果真如此，以皇上的政治智慧和经验阅历，势必沦为翁同龢、康有为手中的傀儡，那样不仅对满洲皇族不利，对大清王朝也极其危险。所以，恭亲王奕䜣用生命的最后一点力气阻止光绪帝起用康有为，称“闻有广东举人主张变法，当慎重，不可轻任小人”。

对于翁同龢，奕䜣根据自己多年的共事与了解，认为翁同龢一味夸张，力主开战，一错再错，以致“十数年之教育，数千万之海军，覆于一旦，不得已割地求和”，将国家从甲午战争前的发展坦途引领到现在如此危险的境地，列强乘此机会大有瓜分中国之势，“德据胶澳、俄租旅大，英索威海、九龙，法贯广州湾，此后相率效尤，不知何所底止”？所谓聚九州之铁不能铸此错者，都是翁同龢误导之过。至于翁同龢的个人人品，恭亲王奕䜣也相当瞧不起，他告诉光绪帝和慈禧太后，此人“居心叵测，并及怙权”，如果不对他进行防制，将来一旦他与康有为等人联手，必将祸及大清王朝。

恭亲王奕䜣临终时对朝中人事的评价虽然只是对慈禧太后和光绪皇帝说的，但在当时似乎并没有什么秘密。作为正当红的军机大臣、帝王之师的翁同龢不会不知道这些谈话，即便不知道细节，也肯定知道个大概。

所以当光绪帝5月26日向他问及康有为时，他的本能反应就是抹杀他与康有为的任何关系，并指责康有为是“居心叵测”的政治小人。光绪帝或许是听了恭亲王奕䜣的忠告对翁师傅进行试探，而翁同龢的反应则是本能的自我保护。至于翁同龢将这些责难与冲突详细记载在自己的日记里，不过是为了将来某一天康有为真的出了事，能够由此证明他与康有为等人确实没有关系。而关于他和康有为几次直接的接触这样的大事，在他的日记中都没有反映。他何以要将皇帝对他的指责详细记载下来，原因不是很清楚了吗？

恭亲王奕䜣的政治遗言显然给慈禧太后和光绪帝留下不可磨灭的记忆，慈禧太后和光绪帝也尽其所能给了恭亲王至高无上的荣誉。只是历史的发展并没有向着奕䜣的期待走，晚清的政治走向却因他的不幸逝世而发生了急剧的变化，一场政治风暴在他去世后短短十三天就正式开始了。奕䜣最不希望看到的急剧性政治变革却在他刚刚去世后就突然提速。历史的偶然性在这里又一次促成了历史的必然。

奕䜣的去世本在意料之中。他在久病了几个月之后去世，按理说已给慈禧太后、光绪帝乃至清廷中的重要决策者留下了足够的应变时间。但不知道是什么原因，慈禧太后和光绪皇帝并没有急于安排继任者，清政府的日常运作实际上因奕䜣逝世陷入某种程度的程序性混乱。

恭亲王奕䜣对慈禧太后有某种程度的制衡作用，对年轻的光绪帝有着仁慈的保护功能，对朝廷中各派政治势力更有着一种难得的亲和力。说他守旧，他有新思想，是他主导和推动了中国的第一次近代化运动；说他趋新，他又不相信康有为等人类似于“全盘西化”的政治改革方案，怀疑乃至讨厌康有为这帮年轻政治人物的个人操守；他甚至非常讨厌貌似趋新的翁同龢，认为翁同龢对年轻皇帝已产生了不良影响。日本驻华公使矢野文雄根据与李鸿章、张荫桓的交谈得出，慈禧太后原来就是喜欢革新派的人，而光绪帝常常掣肘于左右守旧派，反而比较守旧。经过甲午战争的刺激，光绪帝幡然醒悟，倾心于革新，于是帝后之间的感情亦由此而加深。特别是恭亲王奕䜣逝世，在一定程度上打破了先前帝后之间的权力平衡，权力中心亦由此发生了些微偏移，太后的权力明显增大，改革在太后的推动下加速进行。所以，如果往深处追溯后来新政的渊源，则不能不考虑恭亲王之死这个偶然因素。

奕䜣之死在朝野内外激起的巨大反响，深刻影响着中国的政治走向。朝中比较活跃且与恭亲王奕䜣生命的最后几年多有接触的大臣张荫桓在日记中记下了自己的担忧，认为政局走向可能因恭亲王的逝世而发生改变。四川维新志士宋育仁在得知奕䜣去世的消息后，顿足叹息，以为大局从此危矣。与翁同龢有师生之谊的张謇在得知奕䜣去世的消息后，预测中国政治格局将发生重大变化，但是怎样变就不得而知了。几乎所有关注中国政局演变的人都预感到政随人亡的千年规律不可逾越，中国先前几十年只注重学习西方的技术、发展经济的所谓洋务运动必将随着奕䜣的去世而寿终正寝，中国的政治体制必将随着中国经济基础的变化而进行调整，中国的政治局面也必将根本改观。特别是那些急于进行政治改革的年青一代如康有为等人，他们觉得奕䜣的死实在是一个难得一遇的良机，于是他们利用自己的政治关系，通过翁同龢促使光绪帝利用奕䜣去世后的政治权力真空从速变法，勿失时，明降谕旨，著定国是，宣布维新之意，痛斥守旧之弊，天下更始。

翁同龢罢官记

1898年6月15日，即清光绪二十四年四月二十七日，是当朝帝师、协办大学士兼户部尚书翁同龢的68岁生日。凌晨一时许，京城开始下起了小雨，渐渐越下越大，年迈的翁大人以为是个好兆头，喜而不寐。晨起，郑重其事叩头如仪，然后乘轿子入宫上班，批阅各地报来的奏折，治事如常。翁师傅万万想不到他的政治生涯竟然在这一天戛然而止。

早朝时，翁同龢如同往常一样与各位大臣准备进入会议大厅，突然宫中主管宣布翁同龢暂时不要进来。各位大臣进去后，翁同龢感到事情似乎有点不对头，遂独坐看雨，随手将一些看过未看过的奏折等文件五匣整理出来交给苏拉英海。

大约一个小时后，同人退，宫中太监向翁同龢宣读朱谕："协办大学士翁同龢近来办事多不允协，以致众论不服，屡经有人参奏，且每于召对时，咨询事件任意可否，喜怒见于辞色，渐露揽权狂悖情状，断难胜任枢机之任。本应察明究办，予以重惩，姑念其毓庆宫行走有年，不忍遽加严谴，翁同龢着即开缺回籍，以示保全。钦此。"

一个故事的不同解读

当天清廷还宣布了另外两项人事调整：一是召直隶总督兼北洋大臣王文韶迅速来京陛见，稍后以户部尚书入值军机处，兼任总理各国事务衙门大臣；一是命协办大学士兼总理衙门大臣荣禄接替王文韶代理直隶总督兼北洋大臣。这两项人事调整案显然与翁同龢开缺回籍密切相关，是清政府在四天前宣布“明定国是”进行变法维新后的一个重大举措，迅即引起国内外各种各样的解读，即便是后世研究者也对这一天所发生的事情看法不一、莫衷一是。

一种流传比较广泛且被人们长时期认同的说法是：这些人事调整预示着以慈禧太后、荣禄及军机大臣刚毅为中心的保守势力对光绪帝主导的维新变法运动不放心，罢免翁同龢就是刻意斩断光绪帝的左膀右臂。甚至有一些外国观察家认为将翁同龢免职实质上构成一次政变，它的重要性在于即使不是真正废黜了，也实际上废黜了光绪皇帝，因为二十天前清廷重臣恭亲王奕䜣的突然死亡，已使光绪帝失去了一位老一辈的庇护者，而慈禧太后又立刻进了一步，胁迫这位可怜的年轻皇帝革去了他最忠诚的支持者翁同龢的官职。同时，慈禧太后还强迫光绪帝下令，受任新职的高级官吏必须到太后面前谢恩。这就意味着，她将亲自垂询这些高级官吏对当前事件的见解，并亲自向他们颁发怎样处理这些事件的谕旨。

当时在中国的一些外国人还听说，清政府内部高层已在议论真正废黜光绪帝，而不止是实际上的废黜了，但是又惧怕牵涉到外国列强而引起复杂的局面，似乎已放弃了这种设想。他们根据这些传言甚至得出这样的结论，突然罢免当朝帝师翁同龢的一切职务，产生的后果是非常严重的，光绪帝可能已被剥夺了权力。这些解读基本上都是依据帝党、后党权力冲突的两分法，以为以太后为首的后党先发制人，夺回了权力。

其实，经过几天观察，许多人发现事情的真相远非那样简单，罢免翁同龢的一切职务、改组政府，可能并不是太后的意思，更不是所谓后党发动的政变。真相可能相反，当时占据主动地位的是光绪帝，而不是慈禧太后。人们很快发现，两宫之间的一致性远远大于他们的分歧，罢免翁同龢是两宫协调一致的政治决定。

更为重要的是，许多人开始意识到，在罢免翁同龢这件事情上，无论是慈禧太后占据主动，还是年轻的光绪皇帝占据主动，其结果都意味着新改组的政府已经摒除原先的保守与暮气，将翁同龢免职不是削弱光绪帝的权力，更不是保守派对革新者的打击，恰恰相反，是清除了翁同龢这个极端保守主义者，是为新政府将要进行的改革扫清人事上的障碍。国内外许多关心中国政治形势的人相信，没有翁同龢的新政府，在光绪帝的带领下和慈禧太后的协助下，一定会采取许多有意义的改革。美国新任驻天津领事向美国国务院报告称，被开缺回籍的翁同龢多年来一直身居要位，且深得皇帝宠信。他相当诚实，心地善良，但极端排外，“是顽固派中的顽固派”。对于中国政局的未来，美国领事一方面忧虑慈禧太后与光绪皇帝在治国理念上的差别迟早会引出麻烦，另一方面对中国的政治前途充满信心，相信随着慈禧太后重新掌握权力，李鸿章将很快再次复出并恢复其影响力，而李鸿章是中国高级官僚中少有的具有世界眼光的政治家。他们相信李鸿章主导的政府一定会进行一些有意义的改革，促进中国的进步与发展，缩小中国与西方文明世界的距离。

英国驻华公使窦纳乐根据自己与翁同龢直接交往的经验，表示翁同龢的出局不会影响中国的政治改革，恰恰相反，他的出局为中国的改革力量扫除了一个坚定的、受人尊敬的保守派。窦纳乐说，翁同龢是守旧派，他的影响是以不变应万变，以此反抗革新及进步。翁同龢思想极端保守和落伍，只是在个人修养方面，翁同龢有学者风度，受人尊敬，是“一位守旧的中国政治家最优美的典型”。

连连失误

与翁同龢有着很多直接交往的英国人赫德也表达了类似看法。他认为翁同龢总体上代表了旧的方面，他的出局应该有助于改革的进行。赫德说，翁同龢被开缺回籍是一个意味深长的事件，它意味着清政府对一种过于守旧的政策的放弃。这可能表明了宫廷内的争吵，皇太后要废掉光绪皇帝。赫德表示自己很为可怜的翁老头难过。翁同龢有很多卓越的见解，但是据说他利用了作为太傅的职权，过多干预了这位皇帝关于实行民众参政的主张。可惜的是，光绪帝没有把它实行得更温和一些。赫德既为翁同龢的结局感到遗憾与惋惜，也庆幸中国终于放弃了过于守旧的内外政策。这大概就是当时人们的一般看法。

其实，日本驻华公使林董早在1895年甲午战争结束不久就预料到，翁同龢与李鸿章的矛盾不可调和，他们两人之间迟早会有一拼。

当年12月3日，吏部右侍郎汪鸣銮与户部右侍郎长麟被突然免职，永不叙用。由于两人均为翁同龢的门生，故而当李鸿章获知消息后，辄对人说：此乃是对翁同龢进行的第一打击。而与李鸿章关系密切的罗丰禄等人认为，此事意味着李鸿章恢复势力的第一步。据林董说，翁同龢在任职总理衙门时经常露面，他也屡屡与其会面，但汪鸣銮、长麟的事情发生后，却很难再见到翁同龢。林董曾就此向各国公使询问，其他人也同样很难见到他。这大概是因为外交事务之困难，常出于意想之外，而令其不知所措。因此，翁同龢不能像往常那样，旁观于局势之外，放言高论。他在甲午战争后担负着巨大的外交责任，然而他并没有足够的外交经验，长此以往，翁同龢不能保其地位，必受挫折，这一点似乎可以肯定。而接替翁同龢充当外交责任的人选，在林董看来，非李鸿章莫属。所以甲午战争后被视为承担战败责任的李鸿章也一直等待着翁同龢出局。

李鸿章在等待机会，他并没有在甲午战争后很快与翁同龢闹翻。相反，在最初阶段，他们两人在表面上更加和气，甚至相互恭维。尤其是当李鸿章出访欧美归来后，他们先前势同水火的关系有了很大改善。被视为李鸿章门生的伍廷芳、罗丰禄跃升为出使大臣时，翁同龢对此不仅没有表示异议，反而大加赞赏。从其处理总理衙门事务的情况看，两人也未见有特别不和的现象，相反有了几分惺惺相惜、互相依赖的倾向。据法国公使施阿兰的观察和分析，翁同龢与李鸿章的关系之所以如此契合，是因为翁同龢已知道目前与李鸿章相争的害处，且厌恶与各国公使直接谈判，从而利用李鸿章，以李鸿章当谈判之冲；而李鸿章亦知目下与翁同龢相争乃失策之举，故利用翁同龢无勇气与各国公使折冲的机会，自当其冲，企图渐次恢复自己的势力。此乃相互利用之事，故外表相和，而内心不然。他们都在相互等待着对方的倒霉和失势。据日本驻华公使内田康哉观察，此为大清国官吏之常习，互相伺隙，何时昔日关系重演时，也难免会反目为仇。

◎帝师翁同龢

至于国内年青一代知识分子，他们对翁同龢被罢免一切职务的看法在当时虽有多种说法与评论，但大体上，他们并不像戊戌政变后康有为、梁启超等人所强调的那样，开除翁同龢意味着慈禧太后对维新变法运动不满，意欲制约主张变法维新的光绪帝的权力，真实的情况或许正相反。他们差不多都对清廷如此严厉处分翁同龢觉得有点过分，但也承认翁同龢可能真的代表了守旧的一面，其为守旧党之领袖或为事实。民间知识分子对翁同龢似乎一直没有多少正面的评论，一个流传很广的段子说翁同龢“满面忧国忧民，满口假仁假义，满腹多忌多疑，满身无才无识”。国内年青一代知识分子一般认为，翁同龢的出局或许有助于维新变法运动的深入开展。在翁同龢被罢官的第二天，康有为按照既定的安排觐见光绪帝，他不仅没有对翁同龢被罢官提出任何异议，相反却鼓励光绪帝为了能够顺利推行变法新政，应该更多地将那些守旧高官剔除出局。在他等候皇上召见时，巧遇新任直隶总督兼北洋大臣荣禄向他咨询怎样才能补救时局、顺利推行变法，康有为明确表示仅仅将那些守旧高官免职出局还不够，最好能够杀上几个一品大员。由此可见康有为此时似乎并不同情翁同龢的遭遇。

康有为在当年并不同情翁同龢，但他在戊戌年过去之后却一再表白对翁同龢的同情，表示对慈禧太后罢免翁同龢的愤懑。于是翁同龢的形象在康有为、梁启超那里又发生了一次根本性的颠覆，他们认为变法之初将翁同龢开缺回籍，是以慈禧太后为首的保守派意欲斩断光绪帝的左膀右臂，是慈禧太后、荣禄、刚毅等人在变法正式开始前的一个大阴谋。

参照这个说法，最近几年又有一个全新的解释，认为翁同龢被开缺不能归罪于慈禧太后，是光绪帝本人的意思。即便慈禧太后有责任，那也只是默许而已。

诚如梁启超在《戊戌政变记》中所指出的那样，翁同龢被开缺是戊戌年间政治改革成败的一大关键，因此弄清楚翁同龢为何被开缺，以及这一事件所导致的直接后果是什么，确实是戊戌维新运动史研究中的一大课题。

作为光绪帝的师傅，翁同龢不仅长期受到光绪帝本人的信赖和倚重，实际上也为慈禧太后所信任。试想，如果慈禧太后在过去不信任翁同龢，她会让他长时期在年轻的皇帝身边充当老师吗？所以说，翁同龢被开缺，不必从更远的背景去寻找。还是应该回到光绪帝所宣布的上谕上来，通过这份上谕的主线去贯穿大家都能看到的史料，看看哪些符合逻辑，哪些只属于戊戌政变后的政治宣传。

朱笔上谕所列翁同龢免职的原因主要是两项：一项是从远处说；另一项则从最近期的责任上说。先看第一项，该上谕开篇第一句说翁同龢“近来办事多未允协，以致众论不服，屡经有人参奏”。显然，翁同龢的免职是因为他“近来”工作实绩及效果不佳。那么这个“近来”究竟有多远？所谓“众论不服”的“众论”又指哪些？所谓“屡经有人参奏”的那些奏章又都说了什么？对于这些指责翁同龢是辩解，还是承认？所有这些似乎都是弄清翁同龢被免职的关键因素。

根据这些提示，我们不必远求，只需分析甲午战争后翁同龢主要担负哪些职责、他的工作效率如何，就可得知什么原因导致他从两宫最为信任和依赖的宠臣、重臣而变为被人指责、被人不断参劾、最终被两宫不得不疏远的人。

在甲午战争前，面对日本的步步进逼和不断挑衅，翁同龢是坚决主战的领袖人物，在他的影响下，年轻的光绪帝渐渐被莫名的激情所激荡，逐步走上了主战道路。可惜这场战争失败了，清政府不得不面对《马关条约》所规定的巨额战争赔款和巨大面积的国土丧失。当此关头，翁同龢提出“宁增赔款，必不可割地”的主张，清政府的决策者似乎也接受了这一主张，于是有三国干涉还辽的发生。中国借此收回了辽东半岛，却增加了更多的赔款。

在短时期内筹集这一笔巨大的战争赔款是战后清政府最主要的工作。曾经提出可以增加赔款而不愿割地的翁同龢，自然要对怎样才能迅速筹集到这笔资金担负相当大的责任，更何况他还以帝师身份兼任军机大臣、总理各国事务衙门大臣、督办军务处大臣、户部尚书、协办大学士等数职呢?

根据当时清政府的财政状况，要想依靠自己的财政结余去偿还这笔巨款是根本不可能的，清政府的唯一选择是向西方国家筹借。

清政府在战前向西方国家借款之事，基本上是由担任海关总税务司的英国人赫德负责经办的。于是当清政府在战后有意向西方筹借款项作为赔偿日本的费用时，赫德就提出了自己的主张。他希望将海关每年两千万两白银的洋税全扣，这样差不多十年的工夫，就可以将这笔巨额赔款全部了结。赫德的建议遭到了户部左侍郎张荫桓的反对。张荫桓以为如此办理肯定会影响政府的日常财政支出。接着，赫德提出向英国汇丰银行借款五千万两白银，除了偿还日本的费用外，还可以剩余一千数百万两白银作为办理其他事情的费用。

向英国的商业银行借款没有成为事实，因为当时俄、德、法三国自认为在联合干涉日本向中国归还辽东半岛的交涉上有功，企图以此强制中国向他们借款。而清政府内部如李鸿章、孙毓汶、徐用仪等人看到三国干涉还辽的外交意义，同样期待通过向俄国等国家进行借款，加深两国的关系，以便联合俄国等国制衡或者压制日本。

◎户部左侍郎张荫桓

经过反复交涉与争夺，甲午战争

后第一笔大借款由俄、法两国共十家银行分摊提供，总额折合白银一亿两，年息四厘，九四又八分之一的折扣，分三十六年偿还，以海关关税为担保。中国方面由总理衙门和户部共同负责，徐用仪、张荫桓等户部堂官等参与谈判，而担任户部尚书的翁同龢因故没有参加，这就为后来的纷争埋下了伏笔。

根据中俄法达成的共识，这次借款所附的政治条件是，俄国不但要插手中国海关，分享由英国人独占的权力，而且获得了不少通商优惠及在中国境内修建西伯利亚铁路的商业机会等；而法国获得了中国云南境内的大片土地使用权，以及投资开采矿产、修筑铁路及通商等方面的商业利益。

政治借款附带某些商业性的条件，按理说也是外交上的通例，况且吸引外国资本到中国投资、开发市场也未必就是一件坏事。不过，没有参与此次谈判的户部尚书翁同龢似乎并不这样认为。他的看法是，中国因这次借款“受亏不少”。基于这种认识，翁同龢批评徐用仪在与俄国人的谈判中一味屈从俄国人的要求，甚至同意俄国人提出的九三折扣率，致使中国蒙受了不该有的损失。他甚至与同样没有参与此次谈判的张荫桓联名致电中国驻俄公使，要求更改折扣率。作为清政府负责此次谈判的徐用仪当然也有自己的理由与感受，他既不承认自己屈从俄国人的压力出让国家利益，更没有因为翁同龢的特殊身份而接受翁同龢的指责。

同为军机大臣的徐用仪没有接受翁同龢、张荫桓的指责与劝告，他们之间自然发生了深深的误会乃至“超龋”与“忿争”。再加上那些自命清流不明事理的御史王鹏运之流接二连三地告状，徐用仪很快就被光绪皇帝罢免了职务。

1896年3月，《马关条约》规定的第二批赔款到期，清政府依然需要向西方国家借贷。鉴于第一笔借款中的曲折坎坷，清政府决定这次借款由翁同龢与户部左侍郎张荫桓具体负责。张荫桓在外交主张上有联英拒俄制日的倾向，而管辖长江流域的两江总督刘坤一、湖广总督张之洞也倾向于向英国和德国借款。他们分别致函翁同龢表达了这一看法，希望翁同龢通过这次借款保持各大国在中国的战略均衡态势。翁同龢接受了这些主张，他与张荫桓开始了与英、德方面的借款谈判。

这次谈判进行得非常艰难，英、德方面提出了相当苛刻的借款条件。经反复交涉，1896年3月终于达成协议，此次借款折合白银共一亿两，年息五厘，折扣九四，以海关收入作担保，分三十六年还清。清政府还同意，在这笔借款没有偿还完毕前，中国海关总税务司仍由英国人担任。

这次谈判的附加条件是英国通过《中英续议缅甸条约》掠夺了大片土地，扩大了在云南境内投资修筑铁路及在西江通航、通商等商业机会；而法国则获得了龙州至镇南关修筑铁路的合同。

两次借款的达成使中国付出了不少代价，尤其是各种折扣、佣金及政府内部的挪用、个别官员的贪污等，都使实际上偿付日本的数额大为减少。

如果照此下去，《马关条约》约定的数额必将大为增加，中国的负担将更加沉重。长痛不如短痛。翁同龢与户部满人尚书熙敬及户部左侍郎张荫桓等都觉得，这样拖下去不如将剩余的赔款一次性偿还，中国为此还可以节省一千数百万两白银的利息。

清政府接受了这一建议，并据翁同龢的建议，光绪帝委派李鸿章会同翁同龢及其他大臣一起负责这次借款。李鸿章提出鉴于过去几次借款困难，不再向各国政府借款，改向商业银行借贷。然而他们经过相当长一段时间奔波，发现这种想法根本不可能成为现实，中国只好继续向各国政府借款。

1897年12月，李鸿章向俄国政府提出借款一亿两白银，俄国财政大臣维特很快表示同意，但附加条件是中国应该满足俄国在满洲与蒙古享有修筑铁路及工业开发的独占权、中东铁路部分支线的修筑权及相关港口的修筑与使用权，中国还要承诺一旦海关总税务司一职空缺时，应聘请俄国人担任等。

英国政府得知俄国的借款条件时甚为愤怒。英国方面设法迫使中国同意向英国借款，并提出相应的附加条件。英国、俄国就向清政府借款问题展开了激烈的竞争，他们甚至为此使用了并不光彩的行贿手段。翁同龢、李鸿章、张荫桓等人或许并没有像那些捕风捉影的消息所说，接受过大笔贿赂，但似乎都多少得到过一些好处。这在后来的“倒翁”风波中，起到了相当重要的作用。这或许也是光绪帝由格外信任翁同龢转而不信任乃至厌恶其的原因之一。

一次性借款一次性偿还日本的方案最终没有实现。提出这一方案的翁同龢不仅背上了“办事多未允协”的责任，而且因其受贿嫌疑遭遇了“众论不服，屡经有人参奏”的后果。

不仅是这样，当翁同龢一次性借款一次性偿还的方案无法继续执行时，他又别出心裁向清政府建议，通过发行“昭信股票”作为筹措战争赔款的办法。昭信股票的发行是近代中国第一次发行国内公债。翁同龢和其他主持此次发行的大臣们没有相关经验是事实，但翁同龢等人对这件重大事务调研不充分、宣传不得力、工作太草率等致使昭信股票毫无诚信，无人购买，实在使大清王朝丢尽了脸面。光绪皇帝即便有心保他的师傅不丢官罢职，恐怕也“众论不服”。1898年3月24日，御史徐道焜上奏指责昭信股票流弊甚多，建议清政府速筹良法，亟图补救。3月29日，御史何乃莹上奏称昭信股票失信于民，弊端丛生。这种“屡经有人参奏”的办事大臣不被开缺，不被免除职务，清政府要开始推行新政何以能服人？所以，从这个意义上说，翁同龢于1898年6月15日新政刚开始第五天就被开缺回籍，实际上隐含有光绪帝杀一儆百的深意。光绪帝是要告诫那些官员，如果对新政推行不力，或横加阻挠，即便尊为帝师，也照样严惩不贷。也只有从这个意义来理解，才能弄清楚光绪帝何以在宣布免除翁同龢的职务后“警魂万里，涕泪千行，竟日不食”。他似乎也觉得因“这些工作中的失误”就将与自己朝夕相伴十数年的师傅开缺回籍太过残忍，但是为了新政的顺利推行，为了大清王朝的未来，也只好委屈自己的师傅了。所以，翁同龢被开缺回籍有着许多复杂的背景与原因，既有政敌的报复与暗算，也有他自己的失误和不检点，但根本原因却是慈禧太后与光绪帝为了新政顺利推行，为了大清王朝的根本利益而作出的选择。回想自商鞅、王安石乃至历朝历代的政治改革，哪一次没有拿自己的亲信、同道、朋友乃至亲人去祭旗？

真正的背后推手

这是从“近来”的远因上说，翁同龢的作为已经产生了许多弊端，诚如张荫桓告诉日本驻华公使矢野文雄的那样，翁同龢开缺之因，其源甚远。先是甲午战争爆发之初，翁同龢即力主开战。此战以来给中国酿成无数灾难。然后，翁同龢所主张诸政策多未允协，且于内部被视为骄恣专权的事例也为数不少。这类事情逐渐积累，遂演成今日之结果。

就近因而言，翁同龢已无法满足新政的政治需要。他已属于过去的政治人物，新朝新政必须要有新的气象，所以上谕中指责翁同龢近来“每于召对时，咨询事件任意可否，喜怒见于辞色，渐露揽权狂悖情状，断难胜枢机之任”。这些指责所隐含的内容非常具体，足以表明翁同龢已不再适宜继续担任推行新政、从事维新变法的政府首领了。恭亲王奕䜣去世后的政府必须进行改组，翁同龢就必然成为一个牺牲品。

张荫桓对日本驻华公使矢野文雄还分析说，翁同龢的“近来之事”之最大者是关于德国亨利亲王于1898年5月来华访问时的礼节安排问题。亨利亲王谒见光绪皇帝时，翁同龢执意反对皇帝与亨利亲王行握手礼，而皇帝则采用其他革新派官员的建议，与亨利亲王行握手礼。于是，翁同龢仗着自己的帝师身份对光绪帝大放怨词。这不能不引起光绪帝的反感。当光绪帝招待亨利亲王餉宴时，大臣理应作陪，而翁同龢也不屑为之。诸事凡不合其意者，恼怒之情溢于言表。此等事逐渐积累，不能不引起年轻气盛的小皇帝的反感。小皇帝执意罢免翁师傅的职务，也就在情理之中了。

过去的研究与史料记载都表明，翁同龢不仅同情康有为、梁启超等人鼓吹的变法维新，而且也正是他向光绪皇帝推荐了康有为，从而使维新变法运动在经历了几多曲折之后终于在1898年正式开始。翁同龢是康有为的发现者，没有翁同龢，即便康有为的变法维新运动仍然会以某种形式、在某种时候变成现实，但绝不会是已经发生过的那个样子。所有这些都是不可更易的事实。

不过正如史料所表明的那样，翁同龢赞成、支持康有为的维新变法思想，但他与康有为之间依然存在着很大的不同。他虽然也是公羊学的研究者和鼓吹者，但却不能赞成康有为的“孔子改制”与“新学伪经”两大根本学说。而这两个震动学界、政治界的“异端邪说”才是康有为鼓吹政治变革、向西方学习的思想基础。所以，当光绪帝1898年5月26日向翁同龢索要康有为关于变法维新的著作时，翁同龢竟一反常态，突兀地表白自己不与康有为往来。

翁同龢的这一反常回答肯定使光绪皇帝莫名其妙，因为光绪皇帝清楚地记得正是这位师傅向他不止一次地推荐过康有为，甚至不止一次地希望光绪皇帝能够破格召见康有为，听听这位年轻政治改革家关于中国未来的设计。后来还是在恭亲王奕䜣指点下，以光绪帝以皇帝之尊去接见康有为这样的年轻后生不合礼仪为由回绝了翁同龢的请求，改由总理衙门的大臣们在西花厅向康有为问话。第二天，正是这位翁师傅在皇帝的书房里向光绪帝密报了大臣们与康有为谈话的情形，使光绪帝对康有为的印象又增加了几分。光绪皇帝由此开始格外留意康有为这帮维新志士的一举一动，而这位翁师傅也开始“议论专主变法，比前判若两人”，每天向皇帝讲授的课程也由先前的儒家经典改为“日讲西法之良”。

可是刚刚过去三四个月，这位翁师傅怎能说他不与康有为往来呢？于是年轻的光绪帝不得不反问道，是什么原因使你不与康有为往来？翁答道，康有为此人居心叵测。这个回答更使皇帝感到莫名其妙，翁师傅你先前竭力推荐的所谓年轻有为的政治改革家，竟然变成了“居心叵测”的政治小人，那你先前是怎么考察的？你先前为什么不详说？翁同龢的回答是，先前没有看到过康有为的全部著作，最近得读他的《孔子改制考》方才得到这样的认识。这样的解释虽然可以自圆其说，但年轻的光绪皇帝肯定认为，这位师傅要么是在骗他，要么这位68岁的翁师傅确实老了。于是光绪帝决定当天不再与翁师傅理论，待明日师傅调整好情绪再说。

第二天，光绪帝重演昨日的故事向翁师傅索要康有为的著作。翁同龢并没有忘记昨日的回答，依然如昨日一样回答了皇帝的提问：一是康有为居心叵测，可能是政治小人；二是他自己与康有为没有什么往来。翁同龢的这种回答使光绪帝非常愤怒。皇帝清楚知道用人不当将会给大清王朝带来怎样的危害，何况将要提拔、使用的这位康有为将来还要负担这么大的改革重任呢？于是，光绪帝史无前例地对自己这位素来尊敬的师傅发火了，而翁同龢面对皇上的盛怒似乎没有丝毫悔意。他依然执着地表白自己的看法，并一再声称自己无论如何都不会进呈康有为的著作，并劝告皇上如果一定要康有为的著作，最好请总理衙门通过正式渠道进呈。盛怒中的光绪帝根本听不进翁同龢的建议，声称即便要总理衙门进呈，也必须由你翁师傅转达给总理各国事务大臣张荫桓。这就更使翁同龢感到困惑，张荫桓每天都可以见到皇上，皇上你为什么不能当面交代，何必一定要难为老臣传话呢？对于翁同龢的困惑，光绪帝根本不予理睬，他执意翁同龢必须这样做。不得已，翁同龢只好到张荫桓的办公地点转达了皇上的御旨。

这个故事发生在1898年5月26日和27日两天，故事的细节清楚地记在翁同龢的日记里。过去的研究者差不多都注意到了这个故事，但在解读上都认定这表明翁同龢与康有为在学术上确实存在着差别，或者说，翁同龢与光绪帝在用人、治国理念上存在差别。几乎所有的研究者都忽略了这个故事的背景，更忽略了翁同龢为什么要把这个故事记录到自己的日记里，因为遭到皇上的训斥毕竟不是一件多么光彩的事，更何况这只是他们师徒两人之间才知道的事情呢？

从背景上说，1898年5月26日、27日，正是清廷重臣恭亲王奕䜣弥留的日子。前面已提到，弥留之际的恭亲王出于对大清王朝的忠诚，对清廷的未来尤其是用人方面向慈禧太后、光绪皇帝等表达了自己的担心。作为正当红的军机大臣、帝王之师的翁同龢不会不知道这些谈话，即便不知道细节，也肯定知道大概，所以当光绪帝5月26日向他问及康有为时，他的本能反应就是抹杀他与康有为的任何关系，并指责康有为是“居心叵测”的政治小人。至于翁同龢将这些责难与冲突详细记载在自己的日记里，不过是为了将来某一天康有为真的出事了，能够由此证明他与康有为等人确实没有关系。

这是从远的方面说，至于这近的方面，翁同龢之所以急于辩解他与康有为没有来往，并指控康有为居心叵测，显然他已得知恭亲王对他与康有为的评价，既然恭亲王已向皇上指出不可听信“广东举人”

的变法主张，既然恭亲王已怀疑康有为的建议有取代大清王朝旧有国家权力机制的嫌疑，那么他为什么还要将自己绑在康有为的战车上呢？所以，翁同龢选择了舍弃康有为而自保的办法。

木秀于林，风必摧之。翁同龢的政治人格似乎也并不像奕䜣所分析的那样卑鄙，但他当红的身份与权力，特别是被官场公认的“好延揽，而必求为己用，广结纳而不能容异己”的为人处事风格，必然使他在得意之时人皆畏之，而在失意之时落个墙倒众人推的结局。

人之将死，其言也善。其实，人之将死，其言也真。一个将死之人已不存在什么思想包袱，更不担心那些复杂的人际关系。所以，恭亲王奕䜣在临终关头终于向慈禧太后和光绪帝吐露了自己对朝中人物的真实看法，这些看法肯定深深影响了慈禧太后和光绪帝在后来的一些重要决策。所以说，将翁同龢免职的考虑，光绪帝和慈禧太后至少在变法维新运动1898年6月11日正式开始前的某一个时刻就已决定。他们迟迟不愿动手的原因，一是要直接考察翁同龢是否像恭亲王所分析的那样卑鄙，二是寻求适当的方式以免给清廷带来更大的损失与震荡。

5月26日、27日，光绪帝当场考察了翁同龢的政治忠诚度，可惜翁师傅没有通过这次考察。不过，念在多年的师生情分上，光绪帝似乎并没有因这一次未通过就将翁师傅一棍子打死。他依然给翁师傅留下机会，期待翁师傅能够回心转意，协助自己励精图治，使大清王朝渡过难关，重建辉煌。可惜，翁师傅辜负了爱徒的期待。于是改组政府、重建新的权力运行体制的想法便由先前的酝酿进入实质性操作阶段，翁同龢的出局已成定案，至于何时进行只是在等待时机而已。

聪明反被聪明误

改组政府的想法无论在慈禧太后，还是在光绪帝那里似乎都有很久了。进入1898年，朝中大事接连不断：恭亲王奕䜣重病在身；对德、俄的交涉困难重重，不见进展；国内年青一代知识分子在康有为等激进分子的鼓动下不断向政府施加压力。旧政府实际上已没有能力去面对和处理这种困难局面，而关键人物就是恭亲王病重之后拥有极大权力的军机大臣翁同龢。外交困境按照恭亲王和当时一般官僚及公共舆论的看法就是翁同龢一手造成的，而翁同龢对此不仅没有丝毫悔意，反而鼓动康有为、梁启超那些年青一代激进分子向政府施压。于是政府改组的关键点不是别的，恰恰是怎样将翁同龢赶出政府。

4月28日，安徽布政使于荫霖向清廷上奏，公开批评翁同龢，指出正是翁同龢的一系列错误导致了中国外交失败和困难重重。他强调，德国强占胶州湾的外交失误，天下人都将之归于翁同龢和张荫桓，其实张荫桓出身微贱，贪滔著名，不足深责。而翁同龢为已故大学士翁心存之子，翁心存端正虚公，为有名儒臣，翁同龢承其先训，受恩至深，夙负清望，本应忠于朝廷，忠于国家，妥善处理外交事务，然后他的作为实在令人失望。胶州湾的外交危机事关重大，本不是一两个人就可以办理好的，自应联合政府内外文武百官的智慧以谋取国家最大利益，而翁同龢外则徇德人之请，内则惑于张荫桓之言，以至今日无所措手，已一误矣。至于对日战争赔款，而翁同龢又惑于张荫桓之言，遽借英、德商款，全数交还日本，以江苏、江西、浙江、湖北四省厘金作抵。事前不与四省商量，更不问四省以后度支如何应付、民生如何保证，事定之后，一纸公文责令四省督抚照办，四省各口岸商民无不惊诧。利权既失，又失民心，是再误矣。鉴于这两大错误，于荫霖建议尽快罢免翁同龢等人，速召张之洞、边宝泉、徐桐、陈宝箴、李秉衡等人重组政府，任以事权。这就明确将摈退翁同龢与改组政府直接结合起来了。

于荫霖的建议不能不在清廷高层引起议论，不能不引起慈禧太后和光绪帝的关切。不料一波未平，一波又起。5月17日，深受慈禧太后信任的重臣徐桐上书弹劾张荫桓在办理胶州案过程中误国、卖国，其实际攻击的矛头显然指向翁同龢。道理很简单，因为张荫桓在胶州案中只是一个配角，真正的主角是翁同龢。

同一天，兵部掌印给事中高燮曾也上书清廷，指责翁同龢主导的昭信股票流弊甚多，祸害极大。

紧接着，御史王鹏运于5月25日再上奏折，指责翁同龢是“权奸误国”，在外交、财政等各方面都犯有不可饶恕的罪过，将大清王朝推到了一个危险的边缘。他请求光绪帝和慈禧太后为大清王朝的未来着想，立即将翁同龢等人“声罪罢斥”，以弥后患而恃危局。

这一连串的弹劾奏折件件都攻击到了翁同龢的要害，几年的权臣生涯将其原本受人尊敬的帝王之师的名誉彻底糟蹋，翁同龢真的要开始面对内外交困的处境了。即便光绪帝有意保他这位师傅过关，恐怕也不能不让翁同龢尽快出局。

其实，早在4月28日安徽布政使于荫霖的奏折中就已提出过政府改组的方案，他向朝廷推荐了徐相国徐桐、闽浙总督边宝泉、四川总督李秉衡、湖广总督张之洞及湖南巡抚陈宝箴等所谓“五贤”。当时一般舆论公认徐桐为“守旧党魁”，是主持清议的重要人物；边宝泉与李鸿章矛盾极深，不谈洋务，不坐轮船；李秉衡亦属封建顽固派，对洋人的态度异常强硬；只有张之洞、陈宝箴为讲究西学和力图中国富强的新人物。

这些推荐虽并不完全可行，但肯定引起了清廷最高当局的注意。

与此同时，鉴于恭亲王奕䜣病情不断加重，翁同龢的势力不断扩大，大学士徐桐在杨锐与乔树楠等人的影响下，于4月底建议光绪帝调张之洞入京取代翁同龢主持政府，以削弱翁同龢的势力和影响。徐桐的奏折引起了光绪帝的重视，但他犹豫难定，调张之洞进京加强政府固然是个好主意，但以张之洞取代他的恩师翁同龢，至少在此时光绪帝还下不了决心。于是光绪帝将徐桐的奏折转呈慈禧太后，请太后定夺。慈禧太后经过一番慎重考虑，特别是考虑到病重中的恭亲王奕䜣的一系列忠告，她很容易就接受了徐桐的建议，决定召张之洞来京陛见，准备以张之洞取代翁同龢。5月7日，张之洞奉命乘船离开武昌，15日抵达上海，准备从那里直接赶往北京。

徐桐的建议和慈禧太后的决定及张之洞的行踪都被翁同龢所获悉。翁同龢当然不愿就此让出他的军机大臣、总理衙门大臣及户部尚书等职务，更不愿意由张之洞来取代他。于是，敏感的翁同龢与张荫桓密谋，以沙市发生教案尚未妥善处理为由，阻止张之洞入京陛见。

由张之洞取代翁同龢，从表面上看是徐桐推荐，实际上恭亲王奕䜣在病重期间，在向慈禧太后和光绪帝分析朝中人事格局时就已提出这一主张。他当时明确告诉太后与皇上，朝中内外重臣可以信赖并在将来可以担当重任的只有李鸿章、荣禄、张之洞和裕禄等几个人。而李鸿章由于最近几年承担甲午战败的“原罪”，一时尚不能让他负更多的责任，否则舆论上、民意上都很难协调。剩下的首选当然在张之洞与荣禄之间。

翁同龢设计破坏了慈禧太后和光绪帝调张之洞入京的计划，但他实际上已无力阻止改组政府的既定方针。他自以为高明的一系列愚蠢举动，实际效果却与他的主观愿望相反，只是在无意中又树立了更多的政敌而已。6月8日，刚刚料理完恭亲王奕䜣后事并对将要进行的改革略有布局的慈禧太后召见庆亲王奕劻、总理衙门大臣荣禄、军机大臣刚毅等皇族成员，商讨一些重大问题。这几个皇族出身的大臣平时就看不惯翁同龢仗势欺人的做派，对于翁同龢最近一连串的异常举动更觉得有必要向太后报告。于是，他们借口皇上最近在一些问题上似乎太大胆，有意将矛头引向皇上的师傅翁同龢。

对于庆亲王等几个人的用意，慈禧太后似乎也很清楚。她指责这几位皇族出身的大臣为什么不负起自己应该负的责任，为什么不在一些最为要紧的关头设法阻止？奕劻等人同声回答道：“皇上天性，无人敢拦。”而刚毅做得更过分，伏地痛哭，声称奴才曾经向皇上委婉表达过类似阻止意见，但从不被接受，反而屡遭皇上斥责。

慈禧太后沉思良久，又问道：“皇上敢如此做，难道是他一个人的主意吗？皇上应该和你们几个大臣商量才是啊！”荣禄、刚毅闻听此言立即奏道：要说皇上不和我们商量是事实，但要说是他一个人的主意则未必。皇上所做的这些事情都是他的师傅翁同龢在出主意。刚毅又凭借着自己的特殊身份向太后哭闹，希望太后能够出面劝阻皇上的一些做法。太后答道：现在时机尚不成熟，到时候，我自有办法。

太后的办法是什么？很简单，就是坚决将翁同龢剔除出去，她在寻找一切可以利用的机会。6月10日，经过连日来的秘密协商，光绪帝与慈禧太后已经就将要进行的改革和人事布局达成一致。这一天，光绪帝宣布了两项重要布局：一是宣布补授总理衙门大臣兼兵部尚书荣禄为协办大学士，并负责管理户部。补授荣禄为协办大学士，是将荣禄的地位提拔到与翁同龢一样高；荣禄负责管理户部，就是在实际上剥夺了户部尚书翁同龢的权力。同时调补刚毅为协办大学士，任兵部尚书；补授崇礼为刑部尚书。所有这些举措实际上都是一个趋向，即在张之洞暂时无法入京替代翁同龢的情况下，退而求其次，让荣禄、刚毅、崇礼等皇族成员暂时加入政府，接管权力。这明显传达出政府正在改组的信息，只是不希望这种改组震动太大，故而先任命荣禄接管翁同龢的权力，然后再寻找机会免去翁同龢的职务。这种权力交接的运作模式在政治实践中屡见不鲜。二是为了稳住翁同龢，不至于在权力交接的过程中出现意外麻烦，光绪帝命令翁同龢草拟《明定国是诏》。一切都在风平浪静中进行着。

6月11日一大早，光绪帝辞别慈禧太后返回皇宫，他宣读了翁同龢代为草拟的《明定国是诏》，标志着维新变法运动正式开始。

荣禄以大学士身份兼管户部，只是处置翁同龢过程中的紧急措施，至于由谁来接替恭亲王奕䜣及翁同龢两人留下的职务，清廷最高决策者仍在考虑。有一种建议是由庆亲王奕劻和荣禄主持内阁事务，前者弥补恭亲王逝世后遗留的空缺，后者代替张之洞取代翁同龢。对于这个方案，首先的反对者是荣禄本人。他认为按照大清王朝两百多年的惯例，在政府高层及中央各部中，满汉官员从来都是取平衡态势，庆亲王接替恭亲王已成事实，而接替翁同龢的，最好还是循惯例找一个汉人官员更为合适。

在当时有名望且有能力替代翁同龢的汉族官员中，李鸿章有能力、有名望，但他当时实在有点背，很难让他立即走上前台取代翁同龢；张之洞有能力、有名望，本来也是主持内阁的最佳人选，但在翁同龢的阻止下未能及时来京陛见，而棘手的沙市教案似乎也只有张之洞继续留在湖广总督任上方可放心。李鸿章、张之洞之外，汉族出身的高官可供入主内阁的人选委实不多，剩下有名望、有能力的只有时任直隶总督兼北洋大臣的王文韶。于是，清廷最高当局决策者经过周密协商，决定调王文韶加入内阁，取代翁同龢；调荣禄接替王文韶，出任负责拱卫京师、权力甚重的直隶总督兼北洋大臣。清廷新的权力布局至此终于完成，只待宣布。权重位尊的翁同龢终于像赫德所描述的那样，在一场“闪电”中被击倒了。

6月15日一大早，光绪帝在早朝时宣布了这一系列的人事变动，政府改组后的基本框架至此终于露出端倪。这也为后来改革方案的全面推展提供了前提条件，当然也为一百天后的政局变动埋下了伏笔。

袁世凯罢官记

武昌起义爆发后不久，清廷启用罢官归隐三年之久的袁世凯，并在随后不断加大他的权力，希望袁世凯能够在危难时刻作为中流砥柱，拯救王朝。

然而到了最后，重出江湖的袁世凯不仅没有力挽狂澜拯救大清，反而亲手将这个两百多年的帝国予以终结。更令人不解的是，作为大清王朝的内阁总理大臣，袁世凯并没有随着这个帝国的消逝再度归隐，反而成为此后中华民国的大总统。更恶劣的是，过了几年，袁世凯帝制自为，试图建立中华帝国。这一系列变动弄得人们眼花缭乱，不由自主想起袁世凯在辛亥年出山之初种种作为，可能与其三年前罢官归隐有关。而那次罢官归隐之所以发生，似乎又与摄政王心胸狭隘、容不得这位汉人能臣有关。袁世凯之所以见死不救，甚至乘人之危攘夺天下，可能都是公报私仇，报复摄政王载沣迫使其归隐山林的一箭之仇。这个冤冤相报何时了的复仇故事非常合乎逻辑，合乎中国人的审美趣味和期待，于是这个故事讲了一百年也没有人怀疑。其实，这个故事是假的，与真实的历史相去甚远。

宠臣失宠

袁世凯是慈禧太后在李鸿章之后最为信赖的汉大臣，在慈禧太后最后几年掌握着相当的权力，对当时的一系列政治改革做出过重要贡献。当然他也得罪过不少人，多年来弹劾他的奏章一直不断。这种弹劾在专制政体下当然是一种政治威胁，然而被弹劾者如果真能经得起查，经得起考验，那么这些弹劾不但不会减分，反而会加分，成为被弹劾者升迁被重用的机会。

随着预备立宪在全国的推行，袁世凯于1907年奉命离开经营多年的直隶，调往中央参与军国要政，出任军机大臣兼外务部尚书。他与从湖广总督任上调来的张之洞一起，成为慈禧太后和光绪帝在生命最后岁月里最为倚重的汉大臣。张之洞任军机大臣兼管学部。

四十多岁的袁世凯是大清王朝的政治明星，年富力强的他与年迈的张之洞形成巨大的落差。他们都是两宫的心腹和仰赖对象，但从两宫立场说，对张之洞是回报，对袁世凯是期待，期待他在未来岁月中为大清王朝再建奇功。

袁世凯确实没有辜负两宫的期待。在那两年时间里，清廷的政治改革、经济改革，尤其是袁世凯主管的外交活动，获得了非凡成就，举国上下一片欣欣向荣的景象。在政治改革方面，经过几年实践，地方的谘议局运转逐渐成熟，中央层面的资政院也在发挥着相当大作用，只是资政院毕竟不是正式议会，人们的政治期待就是能够早点儿召集正式国会，步入常态国家。各地的呼吁和内外大臣的建议符合朝廷的利益和国家利益，所以朝廷在1908年8月接受了这些建议，明显加快了立宪步伐。8月27日，朝廷颁布了《钦定宪法大纲》，同时发布《九年预备立宪逐年筹备事宜清单》，定九年后召开国会。现代中国的一丝曙光终于在东方地平线上显露出来了，中华帝国和平转轨为一个常态国家好像已经为时不远。

正像中国老话所说，祸兮福所倚，福兮祸所伏。正当举国欢庆这一政治进步时，或许是因为太过劳累，或许是因为太高兴了，光绪帝自1907年秋天开始犯病，1908年11月初病危。13日，慈禧太后发懿旨命令将醇亲王载沣之子溥仪领到宫中，作为接班人培养。第二天（14日），朝廷又以皇上的名义发布一道上谕，宣布此后朝会大典等重要典礼上诸王的座次及排序，都将摄政王排在最前面。这当然意味着摄政王载沣将担负起王朝的重要责任。

同一天（1908年11月14日），大行皇帝龙驭上宾，年仅38岁，因毕生没有生养龙子龙女，不得已过继他的弟弟——也就是现在这个摄政王载沣——的长子溥仪为嗣，继任为新皇帝。因为这个小皇帝年龄太小，所以只是被抱养到宫中进行培养，王朝政治只好交给小皇帝的父亲摄政王载沣以监国的名义进行打理。所有军国政事，均由摄政王监国作出决定，裁度施行。当然，慈禧太后也对摄政王监国有个限定，即要求他遇有非常重大的事件，必须请光绪帝未亡人隆裕皇后给予最后决定。换言之，隆裕皇太后对于日常事务不予过问，只是在非常事件上拥有最后的否决权。在作了这些安排后，慈禧太后撒手西归，结束了长达四十八年的政治统治。此时距光绪帝去世不过24小时。

袁世凯是慈禧太后的红人、宠臣是不必怀疑的，他在两宫生命的最后岁月鞍前马后作出许多贡献。然而，在一朝天子一朝臣的君主专制体制下，旧时代的宠臣袁世凯能够成为新朝的重臣，其实是令人怀疑和忐忑不安的。尤其令人困惑的是，在光绪帝去世同一天，正在美国的康有为就大胆宣布，皇上的突然死亡是袁世凯的阴谋和加害。他甚至为此致电美国总统西奥多·罗斯福，指控袁世凯试图变换中国君主，扰乱中国，因而请求美国政府联络各民主国家，对于清廷的非法行径予以谴责，对于清廷的权力变动不予承认，设法遏止袁世凯等政治势力上位。

康有为的说法当然没有多少证据和道理，只是当年流传较广的一个说法而已。不过，从中国政治的特有运转规律看，在两宫相继去世后，袁世凯还真是遇到了巨大麻烦，他确实在一夜之间失宠了。

袁世凯的失宠，当然是对接替慈禧太后和光绪帝主持大清国朝政的摄政王而言。这里面的真实情形可能不是我们过去所理解的那个样子。不过有一点确实不同，在两宫管事的时候，无论反对袁世凯的力量多么强大，都能被袁世凯柔性化解，也能被两宫压住；而现在摄政王不仅无意继续压住这些反对的声音，而且在某种程度上还期待着这种声音。毕竟一个新的政治架构刚刚建立的时候，一个强大的老臣对于新朝的主子无论如何都不是一件好事。

反对袁世凯的潜流一直不断，在慈禧太后活着的时候就如此。1908年10月3日，号称刚正不阿的御史江春霖向朝廷上了一个折子，具疏弹劾袁世凯权势太重、尾大不掉，对朝廷是个威胁。其理由是袁世凯在9月15日（农历八月二十日）五十大寿时大肆张罗，拉帮结派、结党营私。江春霖给出的罪名很大，也举了许多例子，建议朝廷汲取以往权臣祸国的经验教训，防患于未然，严加惩处袁世凯。

江春霖是清末有名的御史，向来以敢言敢与权臣死磕而出名。晚清自庆亲王、袁世凯、徐世昌，至孙宝琦等大大小小权臣，不管著名不著名，权大还是权小，江春霖职责所在，从不姑息。据说他平生仅弹劾袁世凯一人就有八次之多，只是他的那些证据实在有点儿捕风捉影，不够牢靠，所以一次又一次的弹劾并没有戳到袁世凯的痛处。袁世凯反而在他的这种另类监督下步步高升步入青云。这一次也不例外，慈禧太后和光绪帝对江春霖的举报并不认同，只是根据江春霖举报中的内容对袁世凯略有提醒，袁世凯又一次躲过了一劫。

但现在情形不一样了。两宫不在了，小皇帝太小了，摄政王载沣又是那样年轻，所以一旦有什么风吹草动，真的没有什么人能保护袁世凯这样的权臣了。谁让你如此锋芒毕露树大招风呢？于是一场新的围攻在两宫去世不久就开始酝酿了。12月2日，宣统小皇帝即位。19日，为表示新朝恩泽，朝廷下令嘉奖庆亲王世袭罔替，嘉奖世续、鹿传霖、张之洞、袁世凯等重臣为太子太保。这原本只是中国王朝政治的统治手段，但在江春霖等御史看来又有问题。江春霖向摄政王上了一个密折，认为庆亲王在庚子事变中虽然稍有功劳，但自当国以来，政以贿行，官以私进，如袁世凯、徐世昌、杨士骧、赵秉钧、冯汝骙、唐绍仪、袁树勋、增韫等，莫不以重贿破格擢用。而袁世凯尤为其心腹，他们借新政之名，引用私党，遂令官场相习成风，以奔走为事，钻营为能。江春霖向摄政王举报庆亲王、袁世凯等相互勾结，结党营私，提醒摄政王设法反制庆亲王尤其是袁世凯。

配合江春霖的举报，晚清政治舞台上另外一个不甘寂寞的著名御史赵炳麟也趁机发难。他上书监国摄政王，密陈袁世凯包藏祸心、结党营私、挟制朝廷，如果让袁世凯继续留在军机处，他日必生意外之变。赵炳麟建议监国摄政王趁着袁世凯势力尚未高度集结时突然行动，将袁世凯逐出军机处。赵炳麟预言，只要清除了袁世凯，那些与其进行利益结盟的政治小人必将闻风而散；反之，如果听之任之，袁世凯的政治势力必将急剧扩大，到了那个时候，根深蒂结，再想动他就很难了。监国摄政王或许也得像先皇帝那样面对袁世凯这样的权臣敢怒不敢言，忍声吞气、俯首帖耳。

江春霖、赵炳麟以袁世凯戊戌年出卖先皇帝的由头刺激监国摄政王，有点儿文不对题，不过他们所说的袁世凯培植势力有政治野心，真的使监国摄政王有点儿焦虑。据说，摄政王在批阅这几份奏折密报后极为震怒，责成秘书班子拟旨将袁世凯开缺。

在君主专制体制下，最高领导者当然最忌惮大臣功高震主、专权跋扈。江春霖、赵炳麟的举报挠到了摄政王的痒处。不过当摄政王拿此事和庆亲王、世续等皇族成员商量时，这几位皇族要员都不太赞成。经过协商，满洲贵族最高层达成妥协：第一，袁世凯开缺回籍养疴，即免去袁世凯的现有职务，让他回老家休养，理由是袁世凯一直治不好的脚病；第二，调满洲贵族那桐进入军机处，填补袁世凯开缺后的遗缺。

不过，无论是江春霖的举报，还是赵炳麟的密报，在朝廷给袁世凯的开缺决定中都没有提及，甚至连一点影子都没有。这份免职令反而刻意强调军机大臣兼外务部尚书袁世凯在过去许多年夙承先朝、屡加擢用，为朝廷重臣，原本应该在这新旧转换的特殊时期发挥更大功用、承担更多责任，不意袁世凯现在的足疾越来越严重，步履维艰、难胜职任，不得不免除其现有职务，让他回老家专心静养，以体现朝廷关爱体恤之意。

◎袁世凯解职后，在家赋闲垂钓自娱

从朝廷的这个命令中，我们根本感觉不到袁世凯犯了什么错误，有了什么问题，只不过是因为袁世凯患了足疾、步履维艰，无法继续任职，需要休息而已。

朝廷的处理当然没有达到江春霖、赵炳麟等御史的最低限度要求，朝廷甚至根本无意使用“罢斥”之类的字眼。这个御旨给人的感觉就是对一个有功之臣的病休和惋惜，所以江春霖、赵炳麟等御史看到这个御旨非常生气。据说赵炳麟在朝廷的御旨颁发后又上了一道密折，建议监国摄政王必须坚定去袁决心，必须缜密从事，必须任用正人，必须解散党羽等。还有传闻说赵炳麟在与监国摄政王对谈时，甚至建议公开宣布先皇帝手诏，杀袁世凯，起用袁世凯的死对头岑春煊掌控禁卫军和军咨府，起用康有为、梁启超等袁世凯的死敌为朝廷顾问，罢斥庆亲王等。这些说法和传闻当然非常荒唐，因为作为监国摄政王，他太清楚他的哥哥先皇帝的真实情形了，太清楚袁世凯是个什么样的人了，所以对江春霖、赵炳麟的建议并不予以采纳。朝廷对袁世凯只是采取开缺回籍的处理，让这位刚过半百的老臣回到老家好好休息一段时间。谁也想不到仅仅几年后，袁世凯又会成为朝廷所仰赖的重要人物。

一个化不开的心结

作为清廷政治的新核心，摄政王载沣在慈禧太后和光绪帝的多年关照和栽培下，不至于幼稚到相信康有为的造谣和宣传，他当然清楚1898年是中国政治转折的关键点，知道袁世凯是有密可告但并没有告，袁世凯在康有为这些改良主义者和清廷两个方面都是道德无缺。假如袁世凯当年真的像康有为所指责的那样不堪，那么就很难理解袁世凯在戊戌之后的升迁和不断被重用。

问题在于，康有为在外面的宣传，使社会上对摄政王载沣掌控清廷政治权力后的政治走向有了诸多猜测，舆论上一般相信摄政王载沣一定会为他的哥哥光绪帝报仇雪耻，整治袁世凯。其实这只是外界的揣测，并不代表真实的历史。

摄政王载沣与袁世凯之间确实有矛盾，只是这个矛盾并不那么幼稚和简单。按照一般规律，新主人上台后总是要从平反冤假错案开始，大赦天下、提升心腹、收买人心，重振王朝新气象。这是中国历代王朝政治的一般规律。在比较平和的情形下，摄政王载沣掌控权力后，正确的选择应该是尽量向流亡在国外的康有为、梁启超等人开放政权，像民国初年新政府所做的那样，不管康有为在1898年做了多少对不起太皇太后和光绪帝的事情，其在国外流亡的这些年毕竟始终以保皇为号召，毕竟没有与革命党联手对付朝廷。现在慈禧太后不在了，康有为、梁启超等人回归主流社会的可能性至少在理论上出现了。如果摄政王此时顺应潮流，从这些方面入手，相信在民族和解、民主重建、民生提升这几个方面一定能够在先前君主立宪改革的基础上再出发，宣统元年的情形一定是另外一个样子。

然而摄政王没有按照这种历史惯例和常规进行，他在太皇太后去世后不久，就利用手中的权力拿太皇太后当年的宠臣、重臣袁世凯开刀，结果适得其反，人心丢失了一大半。

摄政王之所以拿袁世凯开刀，当然不是他认为袁世凯有负于他的哥哥光绪帝，主要的还是袁世凯在政治上坐大，功高震主，已经严重影响了朝廷的政治安全，是清廷内部少壮派无论如何都不能继续无视和容忍的。

我们知道，袁世凯是继李鸿章之后汉大臣中的第一人，甚至在某种程度上他的手腕比他的老师李鸿章更厉害。他不仅拥有清政府的绝大多数权力，更重要的是，袁世凯对财富表现出的那种潇洒与大方，使他在清廷内部攀缘结交了许多重要关系。在大清国，谁都知道袁世凯是慈禧太后的大红人，是朝廷倚重仰赖的重臣。

袁世凯炙手可热、天下无敌，在强权人物慈禧太后和光绪帝的掌控下，当然没有问题。因为只要主子有本事、有权谋，再能干的奴才也只能是奴才，不会变为主子。有本事的奴才会得到主子的青睐。这种青睐不过是让奴才多管些事多出些力，并不意味着主子准备把这个家交给奴才。主子随时可以将这个能干的奴才废了，因为只要抽掉这个奴才的活动平台，再有本事的奴才也没有办法。袁世凯在慈禧太后、光绪帝的时代，无论拥有多大权力，其实都是在给大清国办事，在给朝廷办事。袁世凯这个分寸把握得很好，所以慈禧太后和光绪帝从来没有感到袁世凯对他们会有什么威胁。

但现在的情况不同了。现在是弱势的摄政王执政，而摄政王在过去几年中，就屡屡与强势的袁世凯有冲突，且每每被袁世凯打败。他们之间的怨恨已经积累很久，摄政王不想继续使用袁世凯这个能臣了，袁世凯似乎也不想为这个新主子服务了。现在，相互有点怨恨的双方终于找到了爆发的突破口。

摄政王与袁世凯之间的怨恨，主要还是因为以袁世凯为代表的汉人高官，尤其是军事高官的崛起，不仅损害了满洲贵族统治集团的利益，而且在很大程度上也威胁了摄政王的政治统治。在慈禧太后的默许、纵容和支持下，清廷在过去几年的政治改革中，确实准备走上行政中立的政治道路，准备像东西洋立宪各国一样，最大限度地消弭人们生而不平等的出身问题，所有的人享有生而平等的政治权利，除了君主之外的政治职位对所有人开放，不再以出身决定一个人的升迁罢黜。清廷的这个政治选择当然有孙中山等革命党人“驱逐鞑虏，恢复中华”的政治压力，但从本质上说也表明清廷和满洲贵族中大多数人开始觉悟。行政中立的原则既没有表明汉人高官的政治优越，也没有再规定满洲贵族的政治优先，但是毫无疑问，满洲贵族在政治架构中永远只能是一个非常小的比例，虽然这个政策在表面上并不是要损害满洲贵族的利益，但在客观效果上肯定对满洲贵族不利。这也是后来会出现一个令人奇怪的“皇族内阁”的根本原因。

清廷的行政改革在客观上符合汉族官僚的利益，然而在慈禧太后、光绪帝主导的新政和预备立宪政治改革过程中，汉族高官尤其是袁世凯还没有为汉人谋私利的主动意识。这有两方面的原因。一是汉人孙中山领导的革命党一直在海外宣扬种族革命和民族革命，民族分野在当时的国内政治界已经成为一个非常敏感的政治问题。袁世凯等汉人高官既然已经获得了政治上的一定发言权，他们无论如何也不会有意识地将自己与孙中山的革命党联系在一起，至少不愿让自己的政治作为成为满洲贵族保守派攻击的把柄。二是汉族官僚无论高、中、低哪个层面，都占有绝对多数，既然已经占据绝对多数，他们更没有必要在这方面挑起满洲贵族集团中保守派的怨恨。基于这两个原因，以袁世凯为代表的汉人高官无论在当年的政治改革中怎样竭力争夺、出风头，他们都没有引起清廷最高政治层的反感。慈禧太后、光绪帝很坦然、很欣赏地看着袁世凯等汉人高官拼命工作，相信他们绝不是为汉人的私利而工作，而是为大清国的久远利益、为朝廷的长治久安而工作。

慈禧太后和光绪帝的判断是对的，但是满洲贵族中的保守势力特别是那些少壮派，他们眼见原本自己可以不劳而获、可以不才而得的位置、权力都被这些能干的汉人高官抢走之后，其心中的醋意难以言说。于是他们与汉人高官，与袁世凯的钩心斗角、相互倾轧终于从潜流公开化。这就从事实上验证了孙中山在海外所宣传的“满汉冲突”。

1906年9月，袁世凯奉命进京参与中央官制改革的讨论。在袁世凯授意下，编纂官制局提调孙宝琦、杨士琦等人认为，中央官制改革的关键是行政中立的原则。在那时尚没有党派冲突的前提下，他们认为影响行政中立的关键在于官僚身份的认定及出身。他们建议取消军机处，设立责任内阁。将来的责任内阁主要是对议会负责，而不是对朝廷对皇上负责，这当然是君主立宪的应有之义。这样就可以保证行政中立，但显然削弱了朝廷和君主对行政的控制，当然也削弱了满洲贵族统治集团对政府的控制，因而也就激起了满洲贵族统治集团的普遍反对。

满洲贵族统治集团中的少壮派认为，袁世凯等人的这些建议具有非常险恶的用心，像体制外的孙中山等革命者倡导的那样，反对满洲贵族对中国的统治。他们与孙中山的区别只在于，孙中山是用武力、暴动的方式从外部攻击大清王朝，而袁世凯等人则是用改革的名义、用和平的手段从内部瓦解大清王朝政治统治的合法性与正当性。于是这些少壮派针锋相对地反对废除军机处、设立责任内阁的建议，反而参照立宪国家行政中立和军队国家化原则，提出设立陆军部，统辖全国军队，将各地督抚的军权统统收归中央。

这个主张从理论上说当然没有什么问题，只是结合当时的政治背景看，显然是针对袁世凯这样大权在握的督抚，是假借立宪的名义削弱汉人高官对军事权力的掌控。换言之，即便袁世凯这样的汉人高官心里并没有像孙中山那样是想着汉人、满人的身份区别，但在满人眼里，已有“非我族类，其心必异”的意思了。据说，在这次讨论中，袁世凯等汉人高官与满人高官之间唇枪舌剑、互不相让，气氛高度紧张。

孙中山等人在外面的宣传肯定影响了满洲贵族统治集团中的相当一部分人，使这些满洲贵族产生恐惧。这部分人真的开始怀疑汉人与满人的离心离德，不过清廷最高统治层如慈禧太后和光绪帝，并不像少壮派那样担心。

他们认为既然身份认同已经成为政治变革中的大问题、大障碍，那么就应该解决这些问题，让这些问题不再成为政治改革进程中的大问题、大障碍。所以在稍后的讨论中，清廷一方面比较明确地否定现在就立即废除军机处设立责任内阁的建议，另一方面宣布废除过去中央各部院“双首长制”，即宣布废除满尚书、汉尚书的区分，在新官制方案中实行满汉平等的原则。中央政府任命的新尚书不再区分满汉，只是在最初一批新尚书名单中，还是满洲贵族出身的高官占了多数，汉人所占的比例反而不如满汉“双首长制”的时候多，这当然使许多汉族官僚感到郁闷。

除此之外，满洲贵族统治集团中的少壮派对袁世凯等人揽权深感不满或者说不安。他们想着法儿要求清政府通过改革的方式去剥夺汉人高官对权力的占有。他们不再像慈禧太后、恭亲王奕䜣等当年对汉族出身的高官如曾国藩、李鸿章等人那般信任和仰赖，反而接受孙中山的宣传，以为满汉之间处于利益冲突之中。他们要求限制官吏的兼差，这在客观效果上当然是要打击袁世凯这样能干的汉族官僚。所以到了1906年年底，原本热情推动政治改革的袁世凯反而成为“被改革”的对象，于是他自觉请求清政府免去他的所有兼差，并主动交出北洋军队统帅权，支持设立陆军部。他似乎期待以此换取满洲贵族统治集团中少壮派的信任。

袁世凯的退让并没有换来满洲贵族统治集团中少壮派的信任，他和少壮派之间的较量角逐、暗中较劲愈演愈烈。当然，袁世凯处于被动状态，少壮派则采取咄咄逼人的进攻态势。他们暗中煽动言官御史捕风捉影、栽赃诬陷，交章弹劾袁世凯权重势高、贪私误国，甚至恶意预言袁世凯迟早要像历史上的曹操、刘裕那样篡位夺权。仅1907年，据说举报袁世凯的信件就有五六封之多。

清流们的攻击当然没有影响慈禧太后对袁世凯的信任，慈禧太后、光绪帝和此时主持朝政的庆亲王知道袁世凯究竟是个什么样的人。他们对袁世凯的信任不仅没有因为满洲贵族少壮派和清流们的攻击而稍减，反而愈加信任袁世凯。1907年9月，清廷调任袁世凯为军机大臣兼外务部尚书，与刚刚调任来的湖广总督张之洞一起协助庆亲王主持中央政府日常事务，成为慈禧太后、光绪帝最信任也最离不开的重要人物。即便在为光绪帝选择皇位继承人及选择摄政王载沣这样的重大问题上，慈禧太后都曾认真听取袁世凯的意见，这是满洲贵族统治集团过去所不曾有过的。

慈禧太后对袁世凯的信任是不必怀疑的，袁世凯对清廷、对皇上、对慈禧太后的忠诚也是真诚的。只是慈禧太后和皇上的突然去世，反而使这种信任成为袁世凯的政治包袱和压力。

本来，在慈禧太后向袁世凯征询皇位继承人问题时，袁世凯竭力认同由3岁的溥仪继承皇位，支持载沣为摄政王为监国。他这样做的目的可能会有多方面的考虑，但毫无疑问，袁世凯期望自己的真诚拥戴能够化解他与满洲贵族统治集团中少壮派的矛盾，大家能够携起手来帮助摄政王监国载沣领导国家度过这段最困难的时期。

然而遗憾的是，袁世凯的拥戴并没有换来满洲贵族统治集团少壮派的理解与和解。这些少壮派集中在摄政王周围，不断向摄政王施加压力，要求处死袁世凯，以防止袁世凯利用手中曾经拥有的军权发动政变，篡夺大清王朝的统治权。

国家刚刚遭受慈禧太后、光绪帝两位主要领导人大丧这样重大的打击，如果立即就对慈禧太后、先皇帝十分信任的大臣下手，决非国家之福，弄不好就会社稷动荡，甚至引起内乱。因为不仅有孙中山等革命党人在外面虎视眈眈，寻找一切机会，即便是袁世凯曾经统率的北洋新军，也绝非满洲贵族统治集团少壮派说拿来就能拿来的。即便拿来，也不一定就听话，甚至可能起来推翻他们。

果不其然，当满洲贵族统治集团中少壮派军人密谋收拾袁世凯的时候，袁世凯在北洋的政治盟友和追随者就在保定府发动了一场小小的兵变，弄点颜色给摄政王和那些少壮派看看。结果摄政王就没有完全答应少壮派的要求，而是于1909年1月2日将袁世凯开缺回籍养病了事。这不仅使袁世凯对这些不中用的满洲少壮派更加瞧不起，而且可能连带着对摄政王的大清王朝产生了不信任不堪辅助的政治心理。可能就是从此时，袁世凯开始与满洲贵族统治集团离心离德。摄政王用自己的手为大清王朝制造了最强有力的敌人。

一个重大外交失败

袁世凯开缺回籍的原因当然不是那么简单，可能还有许多人们至今并不明白的背景与原因，甚至是当时国际大环境的产物，是列强在远东竞争的必然结果。

我们知道，袁世凯是慈禧太后在生命最后岁月最为仰赖的重臣。他与汉大臣张之洞分享着中央政府日常运作的权力。张之洞的主要职责在内政，而袁世凯以外务部尚书的身份主管着大清帝国的外交事务，与外务部总理大臣庆亲王合作密切。

经过几十年的发展，特别是《马关条约》之后的大发展，列强在中国的投资越来越大，在中国经济生活中所占的份额也越来越突出，中外之间的交往越来越密切，中国的内政越来越多地受制于外交，外交博弈成为清政府当年最重要的一门功课。这也是袁世凯在政治上地位凸显的一个重要原因。

从列强的视角看，英国在甲午战争之前原本与中国关系最为密切，两国的贸易往来、文化往来也是列强中最为突出的一家。然而在甲午战争中，英国先是借给了中国“高升号”运兵船，中国的用意可能有拉英国人下水的意思。然而当“高升号”出事之后，英国人不仅不愿与日本人翻脸，反而越来越倾向于日本，中英关系渐行渐远。英国与日本在1902年缔结同盟条约，这也是日本稍后敢于与俄国发生正面冲突、敢于发动日俄战争的重要原因。

在欧洲，英国是德国的宿敌。中英关系的疏远导致了中德关系的亲近，特别是在《马关条约》谈判过程中，德国人拉着俄国人、法国人，多多少少为中国说了一些好话，帮过中国一些忙，尤其是三国干涉还辽，不管怎么说还是符合中国的利益。

日俄战争的结果使英日同盟在远东占尽了上风，远东的战略格局因英日同盟而被打破。英日同盟对远东的垄断当然不符合后起大国德国和美国的利益，所以为了抵制英日同盟，德国人于1906年动议组建中美德三国同盟。

德国人三国同盟的建议引起清廷的高度重视和兴趣，只是清廷考虑到英国和日本对这个三国同盟可能产生的激烈反应，因而迟迟不敢答应德国人的建议。

中国的自我孤立鼓励了英国和日本，几经折腾，日本竟然与俄国握手言欢。1907年7月30日，日俄两国签订《日俄密约》，规定中国东北地区南部为日本势力范围，北部为俄国势力范围。前者被称为“南满”，后者被称为“北满”。俄国人承认日本对朝鲜的占领，日本则承认俄国在外蒙古有着自己的特殊利益。

日俄和好并走向结盟改变了远东的政治格局，稍后甚至出现了英、法、日、俄四国同盟的雏形。英国与俄国于同年8月31日签订协议，确定各自在华势力范围。他们联合统治着远东，使德国还有美国都感到格外失落，于是德国人再度推动中美德同盟，美国人对此也变得非常积极。

对于德美两国的建议，此时主持中国外交事务的袁世凯高度认同。袁世凯认为，如果美国在中国东北地区的贸易和投资有很大上升，占有重要的经济地位，那么按照美国信奉的现实主义外交原则，一定会成为牵制日俄在东北势力的力量。东三省总督徐世昌认为，假如要想让美国帮助中国抵制日本，那么就要向美国人提供有足够吸引力的投资机会。奉天巡抚唐绍仪认为，中国应该通过铁路建设和银行贷款等经济计划，去吸引美国资本进入东北，用美国的政治势力和经济影响力去抵消日本对南满、俄国对北满的控制。

基于这样一种战略考虑，清政府委派经济官员陈锦涛在美国向华尔街的金融大亨宣传在东北的投资机会和前景，表示中国正在进行政治改革，向中国特别是向地域广袤的东三省加大投资是一个明智选择。因为中国东三省必将成为世界上一个能够容纳相当多剩余资本与产品的市场，向中国东三省投资，肯定比向世界其他许多地方投资更加明智、更有把握。

袁世凯、徐世昌、唐绍仪的分析确实是有道理的，陈锦涛在美国的宣传也起到了一定作用。鉴于这样一种现实，特别是恰值美国政府提出退还庚子赔款的一部分，此时在中美之间构建更加紧密的外交关系，并由这个紧密的关系去制衡日俄，或许是可能的。这个外交方略虽然有着传统中国“以夷制夷”外交理念的深刻影响，但在那时也是一个没有办法的办法。

根据这些情形，清政府于1908年10月批准袁世凯的建议，任命唐绍仪为特使出使美国，公开的理由是感谢美国政府退还部分庚子赔款，而实际上是为缔结中美德同盟进行谈判。为了使这个谈判能够顺利进行，清政府又给了唐绍仪另外一个权限，即与美方洽商东北开发贷款即“满洲银行贷款”，以此贷款引诱美国政府同意与中国结盟。

为了防止不必要的干扰，中国对中美德三国同盟的消息严格保密，并制造了一些迷惑日本人的假象，比如刻意强调唐绍仪兼充考察财政大臣，赴日本及欧洲诸大国，将诸国经理财政办法，详细调查，随时奏闻，以备中国此后在与各国进行税则等经济谈判时参考。然而日本和英国的谍报网委实强大，他们竟然在唐绍仪出访前就获悉了清政府相当详尽的计划。日本人当然不希望中国与美国、德国结盟，所以日本政府决定加快与美国的秘密谈判，以重大让步阻止美国与中国结盟。1908年11月30日，也就是唐绍仪到达美国前夕，日美两国签订了《鲁特—高平协定》。在这个协定中，美国明确承认满洲现状，其实就是默认日俄等国在满洲的特殊地位和特殊利益。日本当然也为此作出重要让步，同意在满洲实施门户开放、机会均等的原则，也就是同意美国资本在东北地区自由进出。

日本人略施小计便将唐绍仪和他的代表团拖在日本动弹不得。等唐绍仪一行赶到美国时，黄花菜都凉了，一切生米都做成了熟饭。袁世凯的中美合作抵制日本的外交布局，就这样被日本人轻易给破掉了。中美合作彻底破产，中国依然在远东被孤立、被忽视，唐绍仪赴美使命以彻底失败而结束。

唐绍仪抵达美国的时间为12月1日，即美日协定签订的第二天。即便如此，美国留学出身的唐绍仪在美国应该还有外交活动的空间，无奈此时中国内部发生了重大变故，慈禧太后和光绪帝在一天之间突然相继去世。信息高度透明的美国对中国这个神秘国家的政治变动根本摸不着头脑，他们当然不会相信康有为等人编造和想象的那些荒诞故事，不会相信摄政王会为其兄长报仇雪耻，但在政治前途并不明朗的时候，美国政府并不愿意与唐绍仪进行什么实质性谈判，其实也就是不愿意与中国政治强人袁世凯有过分密切的接触。美国的国家利益使他们宁愿冷静观察中国政局的变动，宁愿错过，不愿做错。于是，唐绍仪和他的代表团悄然回国。中美德联盟成为泡影，中美外交也迅速降温。

唐绍仪的外交失败是日本人的阴谋，日本人的目的是要收拾如日中天的袁世凯。袁世凯若将中美德三国结成一个紧密同盟，吃亏的肯定是日本。袁世凯之所以急于与美国和德国达成同盟，主要目的就是抵制日本对东北的蚕食与控制。现在，唐绍仪的外交失败了，在东北对日本的抵制也就无从谈起了，清政府内部的亲日派再度抬头。他们期望以和平手段阻止日本向中国渗透，所以袁世凯的命运也就由此注定，他不下台怎么可能呢?

对于清政府来说，外交失败实在是一个说不出的苦果。袁世凯由此承担责任请求辞职，也是一个政治家负责任的表现。只是这个外交失败的理由实在拿不上台面，所以在袁世凯、在朝廷只能心照不宣。由此也就能够理解，尽管那些言官拼命弹劾袁世凯，但他们对于秘密外交实在知道甚少，他们所说只是些无根游谈。表面上看，朝廷将袁世凯开缺是接受了他们的建议；实际上，朝廷是利用他们的弹劾掩饰了一个重大外交失败。因此，监国摄政王也就不可能按照江春霖、赵炳麟及满洲贵族中的少壮派、强硬派的建议将袁世凯处死，只是让袁世凯低调地返回故里。由此，也就能很好理解三年后袁世凯重出江湖、续写辉煌的故事了。

毁誉摄政王

在谈到晚清立宪运动时，摄政王载沣是一个无论如何也绕不开的人物。他在两宫相继去世后全权负责清廷日常事务，他的看法与做法直接影响了宪政的方向与步骤。过去很多人将他塑造成一个懦弱的、优柔寡断的王爷，一个对大清王朝终结负有不可推卸责任的人，即便不是亡国之君，也是亡国之君的父亲。这些指责不仅稍嫌苛刻，而且不合乎历史事实。

一个不错的王爷

有清两百多年历史上，曾经先后出现过两个摄政王，这两个摄政王一前一后，前者协助幼主奠定江山，后者替幼主结束了王朝。有人说这是清廷的宿命，是历史无法探究的问题，也有人从两个摄政王的出身、能力方面予以解释，想要论证的是后一个摄政王太过年轻，能力也不太行。这个说法其实还需要研究。

摄政王载沣是光绪帝的亲弟弟，当光绪帝确定无法生养后代的时候，载沣其实就成了光绪帝最亲近的人。载沣在光绪朝晚期开始介入政治，是晚清王爷中第一个走出国门、开过眼界的人，虽然他那次出行的内容不算太光彩，只是代表清廷到德国进行赔罪，事由就是德国公使克林德在1900年被义和拳弟兄杀死了。赔罪的事情当然只是一个外交礼节，大清国的皇叔身份还是让德国人高看一眼。载沣在这次外交活动中开了眼界。稍后中国开始了新政，开始了预备立宪，载沣的这些外国见闻和经验，使他在晚清最后十年大致具有开明、开放的形象，他个人的才干也逐步展现了出来。

如果从慈禧太后方面说，载沣是慈禧太后的亲外甥，他的婚姻是慈禧太后一手包办的。载沣的福晋也就是溥仪的母亲是荣禄的女儿，也是慈禧太后的养女。由此，两宫在生命最后时刻将大清国交给摄政王载沣，是一个必然的选择，因为不可能还有比载沣更亲近、更合乎两宫利益的人。

至于年龄，过去许多研究者都说清朝结束的一个重要原因是摄政王太年轻，少不更事。其实这个说法是不成立的。摄政王载沣生于1883年，1908年接手国事时已经26岁。这个年龄今天看来或许年轻，但这个年龄与慈禧太后当年接手帝国事务时的年龄刚好一样。

所以，从年龄、能力、眼界上说，摄政王载沣是一个不错的王爷，在1908年替儿子溥仪暂时管理帝国事务，应该说没有什么不可以。

“有计划政治”的信念和坚持

摄政王并不是独占帝国事务的全权，根据慈禧太后和光绪帝的安排，载沣的名分是摄政王监国，在小皇帝宣统未成年的时候代为处理日常事务。慈禧太后娘家侄女、光绪帝的未亡人隆裕皇太后最后把关，拥有重大事务否决权。

◎摄政王载沣

清廷在过去几年已经为中国的未来制定了一个比较有希望的蓝图，摄政王接手之后只要萧规曹随，按照既定规划进行办理，一般不会出现多大问题。所以，摄政王在接手大清国日常事务管理的当年并没有出现多大问题，无论是老臣，还是政治新锐，都对中国未来给予很高期待。

中国的未来，从当时的情形说，就是1906年开始的预备立宪。经过两年的筹备和有条不紊地推展，已经有了相当成绩。1908年公布《钦定宪法大纲》，发布《九年预备立宪逐年筹备事宜清单》，逐年开列每年应该完成的事项。按照这个清单，预备立宪从颁布《钦定宪法大纲》的光绪三十四年（公元1908年）开始，九年时间，也就是光绪四十三年（公元1917年），中国就将进入一个完全的君主立宪国家。这是当时中国朝野的一个愿景，也是一个最具可行性的目标。那一年，光绪帝年方37岁，再过九年，也不过46岁。所以实行这个目标难度并不很大。

问题出在意外上。让人措手不及和意想不到的是，年轻的光绪帝和年迈的慈禧太后在一天时间里相继去世。摄政王接手后，立宪党人对于能否继续执行既定的九年计划，一开始确有怀疑。特别是当日本利用中国弱势不断向东三省移民时，当日本对东三省的觊觎蚕食不断加大时，立宪党人对于先前与朝廷达成的九年立宪共识开始有点反悔，开始尝试着改变。

立宪党人反悔的背景说起来复杂，其实又很简单，这与他们小瞧摄政王有关。按照九年规划，按照《钦定宪法大纲》，在整个立宪过程中，在立宪完成后，君主依然是大清国至高无上的权力拥有者，只是皇上不再独享权力，另有一个民选或半民选的御用国会，帮助皇室出出主意；还有一个拥有“有限权力”的责任政府，这个政府由议会选举、皇帝批准。按照这个模式，立宪完成的大清国就是日本明治维新的模式，这是先前的共识。这个共识的前提是皇帝为明主圣君，能力风采都不弱于明治天皇。光绪帝显然具有这样的潜质，甚至已经就是，至于现在的小皇帝就难说了，因此立宪党人利用一切机会要求加快立宪步伐，以期通过国会和责任政府分享权力。这就是几次国会请愿运动的背景。

面对立宪党人不断提升的政治压力，摄政王从容应对。他认为社会各界的爱国热情，对政治、对国家利益的高度关注，都值得肯定，值得鼓励，但是他提醒各位代表注意当年朝野九年预备共识的前提是国民程度获得适度提升，所以九年预备的主要内容也就是扩大教育的基础，提高人民的识字率。

现在如果强行召集国会，会徒增纷扰，除给民主宪政留下阴影外，恐怕很难有什么好的结果。他劝各位代表一定想想当年朝野共识建立的不容易，一个“有计划政治”是共识各方都应该遵守的承诺。

君主立宪就是要构建一个各方共赢、权力共享的合理体制，现在离成功还很遥远，就因为一个偶发事件改变计划，恐怕并不可取。这是摄政王面对第一次国会请愿运动所作的表示。不过他重申，宪政必立，议院必开，朝廷之所以慎重筹划，以九年为期，就是要根据国情，分清轻重缓急先后之序，届时达成一个值得中国人夸耀的真正的立宪体制。

摄政王拒绝了第一次、第二次国会请愿运动，但是他内心深处对于立宪党人内心深处的想法，还是有所感触，有所感动，当然也有很大震动。摄政王发自内心地不愿与臣民为敌，他看到了一年来各地抗捐抗税群体事件此起彼伏，几无一日消停；至于孙文和那些革命党利用秘密结社策动的各种骚乱也很令人头痛，件件都影响着清廷的政治统治。清廷政治统治的基础就是这些立宪党人，现在如果这些统治基础再对统治发出怨言，那不仅是立宪党人的悲哀，而且可能就是大清王朝的末日。所以，摄政王在拒绝提前召开国会的同时，并不主张对国会请愿运动进行镇压，反复交代在向请愿代表说明不能提前召开国会的理由时，一定要注意方式方法，注意措辞，注意以理服人，注意保护请愿代表的政治热情。

错误援引《钦定宪法大纲》

摄政王对有计划政治的坚持是对的，如果连达成共识的东西都无法坚持，那还有什么事情能办成？但是到了1910年准议会机构资政院按部就班准备开院议政的时候，新的外交危机再度引爆，日俄两国在圣彼得堡背着中国签订类似于瓜分东三省的协议。紧接着，日本又逼迫朝鲜订立合并条约，朝鲜半岛的统治权完全归属日本。这两个消息传来，立宪党人极为震惊，国内民众甚至许多先前老成持重的官僚也都有点儿坐不住了，思来想去，还是想到了加快立宪步伐这条正途，于是有了第三次国会请愿运动。

第三次国会请愿运动不同于前两次，除了立宪党人为主体，各省督抚、学生、商人等都有不同程度的介入，大家都担心中国发生朝鲜那样的亡国事件。这对摄政王构成极大的压力。

大清国所面临的现实危机深深刺激了当家人，所以当第三次国会请愿运动发生后，当各省督抚、王公大臣、中央各部院大臣相继加入施压队伍后，摄政王也就不再像过去那样坚守“有计划政治”信念，特别是在资政院作出加快立宪步伐、建议朝廷尊重民意提前召集国会、组建责任政府的决议时，摄政王觉得已无话可说，表示既然如此，那就商量一个提前进行的办法。后经会议政务处王大臣会议反复商讨，摄政王于1910年11月4日宣布接受各方面呼吁，将先前九年立宪规划缩短为五年，即于1913年（宣统五年）召集国会，成立正式的责任政府。摄政王强调，现在距离召集正式国会只有两年时间了，全国上下都应该加紧进行各项准备，先将官制厘定，预行组织内阁，编订宪法。

摄政王基于各方面新变化，对立宪党人的要求所给予的积极回应赢得了国内外的欢迎，此后大半年，国内政治氛围有了很大改善。革命党人心灰意懒，革命陷入低谷，看不到希望，他们在黄花岗最后一搏后，或流亡海外，或隐匿国内。国人的政治热情已被清廷立宪步伐所吸引，人们坐等君主立宪新时代，革命成了明日黄花。

根据立宪国家的一般情形，进入君主立宪时代的一个标志是成立一个责任政府，然后由这个责任政府分享君主部分治权，负责国会选举等具体事务。按照这个计划，清廷于1911年5月8日宣布第一届责任内阁。这原本是中国人最为高兴的一天，是大清国的新生，想不到弄成了一个大乱，一个两百多年的帝国就此结束。

第一届责任内阁的根本问题是摄政王错误援引1908年《钦定宪法大纲》中皇权至上，皇权享有任命百官的权力、他人不得无端干预等规定。这些规定是对的，但是有两点摄政王忘了：一是现在的小皇帝和摄政王本身没有办法与大行皇帝比；二是如果摄政王任命一个具有真才实学的能人内阁，而不是任命一个凭借皇族、贵族血缘关系上位的内阁，谁又能说这不是皇上的权力呢？

摄政王或许有自己的苦衷，但这个被讥笑为亲贵内阁、皇族内阁的机构，不仅葬送了大清，而且足以表明摄政王对君主立宪有认知、也明白，但好像做不了满洲贵族统治集团的主，无法革自己的命，无法说服满洲贵族遵守分享权力的政治游戏。

—第四章—

成也文人，败也文人

尽管不是所有中国人都赞同甲午战争后的维新选择，然而由于实实在在的危机深深刺激着，中国朝野在《马关条约》签订后，并没有犹豫徘徊，而是迅速放弃了先前“跛足的现代化方案”，转身向东，学习日本，开始了一个维新时代。

党争与想象的保守派

戊戌年（1898年）的经济体制调整、政治架构调整，尽管在政策制定过程中也有许多争论，但总体而言，改革都在稳步推进，光绪帝渐渐表现出领袖风范，他内心深处希望模仿的，应该是引领日本走向富强、走向现代国家的明治天皇。假如不发生政治意外，二十八岁的光绪帝应该能够实现自己的理想。然而遗憾的是，戊戌年出了一个康有为，他的天才，他的想象，让政治局面走向了另一个方向。

偶然事件导致历史进程转向，在历史上的例子举不胜举。康有为在上清帝第五书无果后，原本按计划返回广东，继续他与朋友合作的移民巴西生意。不料他在向翁同龢辞行时，翁却告诉他：“毋行，吾今晨力荐君于上矣，谓‘康有为之才过臣百倍，请举国以听’。上将大用君矣，不可行。”

对于翁同龢的诚恳挽留，康有为感激至深。他在后来的一首诗中比较真切地留存了这次晤面对其后来的深刻影响。诗中写道：

胶西警近圣人居，伏阙忧危数上书。
已格九关空痛哭，但思吾党赋归欤？
早携书剑将行马，忽枉轩裳特执裾。
深惜追亡萧相国，天心存汉果何如？

诗意虽然比较隐晦，但多少透露出他与翁同龢谈话的信息。他把自己与翁同龢的关系比喻为汉朝的韩信与萧何，说翁同龢深夜挽留，就是汉朝萧何月夜追韩信，是大清王朝礼聘能够辅佐江山的能臣贤相。他在这首诗的“题记”中说得更明白：“胶变，上书不达，思万木草堂学者，于十一月十九（12月12日）晓，束装决归。是日朝，常熟力荐于上，凌晨来南海馆，吾卧未起，排闼汗漫舫，留行，遂不获归。”不过这次见面及翁同龢的话，均不见于翁的日记。

翁同龢，甚至还有张荫桓等朝中大臣欣赏康有为，推荐康有为，并非虚言。戊戌年正月初三（1898年1月24日），总理门总办根据清廷政治高层的决定，书面通知康有为第二天到总理衙门接受王大臣的面询。翌日下午三时，康有为如约前往总理衙门所在西花厅，在那里接受了荣禄、李鸿章、翁同龢及刑部尚书廖寿恒、户部左侍郎张荫桓等人的问话[①]，康乘此机会将先前并没有送达的《上清帝第五书》

① 据张荫桓回忆，他确实参加了这次谈话，但“语未终，余以有事去，不知作何究竟”；而据其日记，张荫桓那天先是陪同恭亲王奕䜣、庆亲王奕劻接见英国公使窦纳乐，“并无成见，不欢而去”。接着，又陪同两位王爷接见俄国公使，“俄使亦如是云”。两使既去，约康有为来见。李鸿章、翁同龢、廖寿恒见之，“余与荣相续出，晤长素高论。荣相先散，余回西堂料理问答。灯后归”。而康有为在自编年谱中谈及此次问话，“至昏乃散，荣禄先行。是日恭、庆两邸不到”。

直接呈递给政府最高当局。

西花厅问话至今没有发现翔实的档案记录。从已知史料记载的内容上看，康有为将自己多年来的见解尽情发挥，各位大臣也就自己所关心的问题与康有为进行了探讨。但从气氛上看，康有为似乎并没有在各位重臣面前赢得多少好感。

多年后，康有为回忆这次问话时，也隐含着这样一种气氛。在他慷慨陈词地讲述了自己的变法主张后，荣禄似乎也是不经意地提醒他“祖宗之法不能变”，而康有为也不客气地回应道：“祖宗之法，以治祖宗之地也，今祖宗之地不能守，何有于祖宗之法乎？即如此地为外交之署，亦非祖宗之法所有也。因时制宜，诚非得已。”康有为的辩论自然有足够的道理，但如果他当时确实以这种口气回应荣禄的提问，即便荣禄有宰相之腹，也很难容忍康有为这样的小狂生。由此也为后来的政治发展留下了伏笔。狂傲之人一般说来必有狂傲的本钱。康有为在那个时代确实属于通知中西古今的博学之士，而且具有救世济民的情怀，所以当光绪帝在恭亲王去世后加快变革时，康有为理所当然成为光绪帝希望咨询的“专业人士”。

6月16日，光绪帝召见康有为。这既是康有为毕生第一次见到光绪皇帝，也是其一生中见到的唯一一次。可是这次会见似乎给康有为留下很深的印象，他在后来的岁月里无论是炫耀自己的辉煌，还是鼓励他那些追随者，他都反复强调这次召见的重大意义，这是康有为的重要政治资本。

16日清晨，康有为入东宫门内的朝房，等候光绪皇帝的召见。在那里，他遇见已获任命的直隶总督荣禄也在等候面见皇上谢恩。

荣禄当然知道康有为是在等候皇帝的召见，于是他问康有为："以子梁梁大才，亦将有补救时局之术否？"

康有为重申他几年来的思考，答道："非变法不可。"荣禄接着问道："固知法当变也，但一二百年之成法，一旦能遽变乎？"

康有为直截了当地说："杀二品以上阻挠新法大臣，则新法行矣。"

康有为与荣禄的这段对话细节不见于康有为后来编著的自定年谱，但自定年谱也承认他在朝房等候光绪皇帝召见的时候确曾与荣禄"谈变法事"。但由于后来政变的原因，特别是因为荣禄后来成为政变的实际主导者，因此包括康有为在内的所有后来解读者都将这段对话的情景作了恶意的解读，以为康、荣二人由此真正结仇，并由此导致了后来一系列的变故。这种解释虽然可以自备一说，但实在有点儿以小人之心度君子之腹的嫌疑。

根据康有为自定年谱追忆，这次会面主要是光绪问，康有为答。光绪似乎静静听康有为侃侃而谈。康谈到，如今西方列强环视中国，步步紧逼，试图分割中国，中国的危亡就在眼前。对此，光绪接着说："皆守旧者致之耳。"

听了皇帝的叹息，康有为对道："皇上圣明，洞悉病源；既知病源，则药即在此；既知守旧之致祸败，则非尽变旧法，与之维新，不能自强。"

对于康有为的这种说法，皇帝表示赞同：今日诚非变法不可。至于应该怎样变，这就是今天的谈话内容，他当然希望康有为尽其所知谈谈自己的看法。康有为说："现在的问题似乎已经不是变法还是不变法，而是小变还是大变，是枝节的改良，还是根本的彻底的变革。”康的意思很明显，他不赞成枝节的改良，他期待彻底的变革。他称少变而不全变，举其一而不其二，连类并败，必至无功。这就像一座宫殿，既然它的基本材料已经败坏，那么小修小补已经很难从根本上挽救其倾覆。正确的办法谁都知道应该是拆而更筑，乃可庇护。然更筑新基，则地之广袤，度之高下，砖石楹桷之多寡，门槛窗棂之阔窄，灰钉竹屑之琐细，皆须全局统算。然后将设计方案交给施工者，新的建筑就可成功了。在设计上如果存在缺陷，那么新的建筑即便建起来了，也很难经得起风雨的考验。对于康有为这些并不难懂的道理，光绪皇帝表示赞同。

在谈到开民智问题时，康有为提到，今日中国之患，主要在于民智不开，所以尽管中国人口众多，但真正有效率、能够使用的各方面人才实在是太少。造成这种局面的原因可能很多，但一个最直接、最根本的原因就是国家以八股、科举考试作为选拔人才的唯一途径，可能严重妨碍了有经世实用之才的成长。学八股者，不必读秦汉以后之书，更不必考察世界各国的实际情况，只要熟读那些八股经典及熟悉作文章的套路，再凭借自己的运气就可以通籍累致大官。所以满朝文武人才济济，但这些人才无以应对外交难题，从而使中国的外交陷入日趋被动的境地。扪心自问，这都是八股考试的必然结果。在一定程度上也可以这样说，甲午战争的失败，尤其是台湾及辽东半岛的割让，不割于朝廷而割于八股；二万万战争赔款不赔于朝廷而赔于八股；胶州、旅大、威海、广州湾之割，不割于朝廷而割于八股。所有这些，都可以看作八股的危害。

对八股科举考试制度的非议在清朝已有很久的历史。自清中期以来已有许多志士仁人看到了八股制度扼杀人才的危害，但国家选拔人才制度的稳定性，也使这一尽管有着无数弊端的制度长期有效地运转，因此无数的青年才俊正在八股科举的考试征途中跋涉，任何时间下令取消这一制度都会造成一批无辜的牺牲者，所以清政府的最高决策层对于是否继续沿用这一人才选拔制度一直犹豫不决。不过，为了弥补这一制度的缺陷，清政府自发现这一制度的缺陷后也采取了一些补救措施，诸如早些年就开始实行的幼童出洋留学、鼓励各方面的特异之士脱颖而出的特殊政策等，也或多或少地弥补了这一制度缺陷。只是从总体上说，不对八股科举进行根本改革，便无法为人才成长提供一个优良的环境，所以康有为继续前人与时贤的讨论，在光绪皇帝召见时再次提及八股考试的弊端，直接刺激政府最高层的敏感神经，应该说还是有价值、有意义的。光绪皇帝赞成康有为的这些分析，他接过来说："然。西人皆为有用之学，而吾中国皆为无用之学，故致此。"

康有为对曰："皇上既知八股之害，废之可乎？"

光绪皇帝明确回答："可。"

康有为再对曰："皇上既以为可废，请上自下明诏，勿交部议。若交部议，部臣必驳矣。"

光绪皇帝曰："可。"

根据康有为的记录，君臣之间还谈到经济改革、货币制度、股票发行、用人行政等问题，由于这些问题并不是康有为的专长，因而光绪帝听得似乎有点儿不耐烦了，于是让康有为"下去歇歇"，并嘱咐他“尚有言，可具折条陈来”，似乎已无意再与这位“康圣人”面谈了。而康有为听了光绪皇帝结束谈话的命令之后也如释重负，匆匆告退。这次谈话前后大约一个小时[①]。

康有为这次与光绪皇帝的谈话目前尚未见到清政府方面的官方记载，所有内容与情形都是康有为后来的追忆。这里显然有后来的感觉与变异，但大体上应该说比较真实地反映了当天谈话的大概情况。基于这种判断，我们很容易看到康有为这次面见皇上的对奏不仅不成功，甚至可以说是一次败笔。他所谈论的范围没有超出他自己先前的奏折和其他文章，其深度更不及他的著述。他的口头表达能力在光绪皇帝的气势压抑下似乎也没有获得发挥，甚至他的那些并不太标准的官话可能都影响了他的表达。至于那些见解，某些方面有自己的特长，更多方面似乎并不特别优秀，只是与时贤的见解大体相似略有不同而已。像废八股、改科举的主张与理由，他似乎并没有严复的分析有条理、有深度。

如果从学理上说，康有为许多议论都显得偏颇、偏激，然而正因为如此，康有为的许多看法有着“片面深刻”的特性，不论人们能否接受，都必须正视其存在。谈话第二天（6月17日），光绪帝将御史宋伯鲁一份关于科举制存废问题的奏折批转枢臣研究拟旨，而协办大学士兼兵部尚书刚毅则建议将此事交给负责这方面事务的礼部去讨论并提出方案，光绪帝突然想起康有为昨天的忠告，明确告诉刚毅：

① 《康南海自编年谱》追忆为“逾十刻钟”，而当时在康有为之后等待光绪帝召见的张元济称康与皇上的谈话进行了大约一个小时。

"若下礼部，彼等必驳我矣。"而刚毅则认为："此事重大，行之数百年，不可遂废，请上细思。"刚毅的固执激怒了光绪帝，帝闻言厉声斥责："汝欲阻挠我耶？"刚毅乃言不敢。及退朝，刚毅仍提醒皇帝此事重大，最好由皇上请示慈禧太后之后再做决定。刚毅的建议似乎也是一种审慎的选择，本身并没有什么过错。皇上也只好接受。但光绪皇帝命枢臣拟旨的消息不知何故传了出来，京师哗然，人人争传废八股，喜色动人。这实际上都为重大决策的进行留下了隐患，只是康、梁等人当时不自觉而已。

刚毅的反对只是一种程序上的反对，作为一名军机大臣和总理衙门大臣，他劝光绪皇帝对这已经实行数百年的重大制度进行改革时取审慎态度，似乎也没有大错。但是，当时的康有为出于焦躁的心情当然无法理解刚毅等人的言行，他认为刚毅对废科举的阻挠就是对新政的阻挠。当然，他也不敢直接攻击刚毅，于是找到了与刚毅关系比较密切，且对废八股这一重大举措也持异议的礼部尚书许应骙作为攻击的目标，以期通过攻击许应骙而达到攻击刚毅的目的。

6月20日，康有为利用言官特权，代山东道监察御史宋伯鲁、杨深秀草拟一封弹劾"守旧礼臣"的告状信，上书清廷点名指责礼部尚书许应骙守旧迂谬，阻挠新政，甚至不惜人身攻击，称许应骙品行平常、见识庸谬、妄自尊大、刚愎自用、贻笑邻使。身为掌管教育的文学之官，却对皇上准备进行的科举制度改革心怀不满、腹诽朝旨，在礼部堂上公开宣称政府已经决定设立的经济科之无益，甚至扬言务欲裁减其额，使之推广困难，就之者寡，然后其心始快。此外，该奏折还指责许应骙凡见诏书有关乎开新弃旧下礼部讨论执行者，便多方阻挠；其接见门生后辈，辄痛诋西学；遇有通达时务之士，则嫉之如仇。奏折强调，皇上日患经济之才少而思所以养之，而许应骙日患经济之才多而思所以遏之。至于许应骙在外交方面的失误，奏折更是耸人听闻地编排许应骙笑话百出，不胜枚举。所以，该奏折建议清廷最高当局应该将阻挠新政的许应骙解除职务，既为守旧误国者诫，庶几内可以去新政之壅蔽，外可以免友邦之笑柄。

许应骙的人品、见识是否如此低劣，我们不必完全相信康有为的指控，因为朝廷的内部决策环节绝不可能像康有为所想象的那样简单。不过，待光绪皇帝收到康有为代拟的弹劾奏折后极为愤怒，因为事实确乎验证了康有为的判断：不要将废八股的决定交给“部议”，否则他们就会利用自己的权力提出驳议。光绪皇帝在这份弹劾奏折上批道：“御史宋伯鲁杨深秀奏礼臣守旧迂谬、阻挠新政一折，著许应骙按照所参各节明白回奏。”即要求许应骙对弹劾奏折所涉及的问题说说清楚。

皇上的谕旨必须执行，许应骙找到刚毅，希望他能在皇上面前美言几句以保护他过关，至少他也希望刚毅能够给他出出主意，怎样才能渡过这一难关。

刚毅对废八股确实也有自己的看法，他确曾当面建议光绪皇帝慎重考虑，所以他对许应骙的请求并不感到意外，在他力所能及的条件下，他也曾向光绪皇帝为许应骙“乞恩”。在他得知弹劾许应骙的奏折出于康有为之手后，他也曾劝许应骙应该反守为攻，不要只急于辩白自己，更要敢于揭露、攻击康有为。

遵照刚毅的建议，6月22日，许应骙“明白回奏”，对康有为代拟的弹劾奏折所指责的几件事情进行了全面辩解。按照他的辩解，没有一件可以成立。比如弹劾折指责他“腹诽朝旨，在礼部倡言经济科无益，务使裁减其额，使得之极难，就之者寡”一节，许的辩解是：查严修奏请创设经济科一折，系下总署核议，臣与李鸿章等以其延揽人才转移风气起见，当经议准复陈。若臣意见参差，可不随同画稿，何至朝旨既下，忽生腹诽？再者说，诽存于腹，该御史奚从知之？任意捏造，已可概见。应该承认，许应骙的这个解释合乎逻辑，估计也是合乎事实的。按照这种解释，许应骙不仅不是经济科的反对者，而且是最早、最有力的支持者。

至于原奏中指责许应骙在接见门生后辈时痛诋西学，遇有通达时务之士则嫉之如仇一节，许应骙也做了完全相反的解释。他强调他个人来自风气开化最早的广东沿海，洋务夙所习闻，数十年来讲究西法、物色通才，如熟悉洋务的华廷春、精练枪队的方耀、善制火器的赖长等，均由他先后保奏朝廷，委以重任。方今时事多艰，需才愈急，凡有一技之长堪资实用者，他作为礼部尚书从来不愿失之交臂，即平日接见门生后辈，无不虚衷谘访，以便发现人才，冀有所益；并不时训导诸生务求实际、无尚虚华，从来没有痛诋过西学、仇视过通达时务之士。紧接着，许应骙谈锋一转，称原奏指责他仇视通达时务之士也不能说毫无依据，他回想之后认为这项指责可能是指他对康有为的态度。他解释道，康和他是同乡，稔知其少年时代即无行乡里，名声极坏。待到康有为通籍旋里，屡次与乡里人士发生冲突，为众论所不容。始行晋京，意图幸达，终日联络台谏，贪缘要津，托词西学，以耸听观。即我许应骙的寓所，康有为也干谒再三，只是我甚鄙视其为人，概予谢绝。这大概就是弹劾奏折中所说的“仇视通达时务之士”的例证。许应骙在回奏中还说，此后，康有为在广东会馆私自立会，聚众至二百余人，我许应骙作为礼部大臣恐其滋事，复为禁止，这就是我许应骙修怨于康有为之所由来。所有这些，都是许应骙与康有为之间的私人关系，许应骙要借此说明康之所以要弹劾他，完全是因为他们二人之间的私人恩怨。

至于康有为的问题，许应骙在这份奏折中说得更多，他指责康有为是政治小人，狂妄至极：当朝廷下令康有为准备入对时，康即以大用自负，甚至向乡人扬言，他即将奉旨充任总理衙门章京，不无缺望。显然，若康有为果真如此，这可是中国官场最忌讳的。许应骙还借前协办大学士李鸿藻的话说，“今之以西学自炫者，绝无心得，不过借端牟利，借径弋名”。许应骙指出，现在康有为逞厥横议，广通声气，袭西报之陈说，轻中朝之典章，其建言既不可行，其居心尤不可测。若不将康有为罢黜回籍，任其久居总署，必刺探机密，漏言生事；常住京邸，必勾结朋党，快意排挤，摇惑人心，混淆国事，关系非浅。

许应骙反守为攻的攻击，应该说具有相当大的杀伤力。康有为当然并不像许应骙所指责的那样邪恶，清廷似乎也没有立即听取许的建议对康有为采取什么措施，但在那些久居官场的老政治家眼里，政治边缘人出身的康有为所从事的一切除他的爱国真诚外，似乎也有着不可估量的个人野心。凡此，都为康有为后来的政治处境埋下了伏笔。戊戌新政之所以百日夭折，从这里多少可以获得新旧党争所带来的信息。

由康有为策动的对所谓守旧派的第一次主动进攻实际上以失败而告终，光绪皇帝在收到许应骙的回奏后似乎很快原谅了许应骙，他在就此所发布的上谕中指出：许应骙遵旨明白回奏一折，该尚书被参各节，既据逐一陈明并无阻挠等情，即着毋庸置议。礼部有总司选举学校之责。该尚书此后遇事务当益加勉励，与各堂官和衷商榷，毋负委任。

康有为当然不会就此止步。6月30日，康有为再借御史宋伯鲁之口上书清廷，重申守旧之徒阻挠新政、反对八股考试制度改革，是因为他们的利益受到了侵害，守旧之徒舍此无所为学，一旦改革，失所凭借，必有起而力争者。任何改革从来都是利益分配的重新调整，总是要以某些人或某些利益集团的损失为代价，所以康有为郑重建议光绪皇帝和清廷最高决策者不要因这部分人的反对而动摇，并申下谕旨，如有奏请复用八股试士者，必系自私误国之流，重则斥革降调，轻亦严旨申饬，庶几旧焰消沮，人心大定。期待以政治压力消灭一切政治反对派。

康有为这两份代拟奏折虽然没有明言守旧、阻挠新政者为谁，但鉴于其前此与许应骙等人的政治冲突，政治场上的对号入座在这里发挥了作用，具有相当政治敏感性的许应骙、文悌等自然知道康有为所指为谁。于是，同样具有政治豁免权的御史文悌反守为攻，于7月8日上折严参康有为、宋伯鲁及杨深秀等人“以言官结党”，触犯国朝之大禁，建议清政府重新考虑康有为是否可用，应如何办理。至于宋伯鲁、杨深秀等言官的行为，在文悌看来也显然违反了言官的行事准则，建议清廷重新考虑他们二人是否堪胜御史之责。由此开启戊戌年间规模颇大的另一次新旧党争，并由此深深影响了后来的政治进程。

根据文悌在这份弹劾奏折中的陈述，满洲正黄旗出身的文悌与康有为早有交往，至少在京师保国会成立不久，他就担心康有为等人的这一政治举措居心不良。他指出，根据他的了解，保国会之会规设议员、立总办、收捐款，竟与会匪无异。因此清政府如果对保国会这类政治组织不予取缔，其结果必然是四民解体、大盗生心，借此以集聚匪徒、招诱党羽，因而犯上作乱，必然给大清王朝的政治稳定带来极大的危害。文悌强调，康有为的保国会“名为保国，势必乱国而后已”。所以，他建议清政府对保国会严加取缔，对康有为等人绳之以法，将一切危害社会稳定的不利因素消灭在萌芽状态之中。

按照康有为的说法，宋伯鲁、杨深秀的许多奏折确为他或其弟子所代拟，宋伯鲁、杨深秀作为享有政治豁免权的言官，其行为确乎有失言官的行事准则，这都是不容辩解的事实。问题在于，以宋伯鲁、杨深秀的名义弹劾许应骙的奏折及许应骙的“明白回奏”已经得到光绪皇帝的批准，清廷已经相信许应骙的解释，不仅没有追究许应骙所谓阻挠新政的责任，而且事实上默认了许应骙对康有为等人的揭露。现在文悌以御史的身份旧事重提，但在揭发康有为等人问题时似乎并没有提供多少有说服力的证据。所以，当文悌的奏折呈递到军机处之后，对康有为等人素来有所不满的大臣们一度非常高兴，他们以为有了这份弹劾，康有为的政治前途大概也就走到头了。因此，他们迅速将这份弹劾奏折呈递给光绪皇帝，希望光绪皇帝能够根据这份奏折的建议，罢斥驱逐康有为，并追究宋伯鲁、杨深秀等人的责任。

对康有为心怀不满的军机大臣们高兴得太早了。光绪皇帝于7月

8日阅读了这份奏折后十分恼怒，因为光绪皇帝很容易看出这份奏折明显受到了许应骙的指使，如果按照这份奏折的建议进行处理，除了引起不必要的新旧党争，似乎于新政的推行并无益处。于是光绪皇帝采取以其人之道还治其人之身的手段，借用文悌原折中“整肃台规”的理由，不是罢斥驱逐康有为，而是将文悌革去御史的职务，命文悌回任御史之前的原衙门行走。

光绪帝主导的戊戌变法确实并不止于经济体制、富国强兵，他确实在思考怎样稳步有序推动政治变革，重建一个新体制。8月2日，光绪帝发布一道谕旨，鼓励大小臣工就当前的改革与新政各抒谠论，以备采择，同时规定中央各部院司员有条陈事件者，可由各堂官代奏；一般百姓（士民）有上书言事者，可赴都察院呈递。要求中央各部院堂官不得碍于旧制拘牵忌讳，稍有阻格，以便符合朝廷最近期“迩言必察”之至意。用开放言论的办法广泛征集各方面的意见。

开放言论的上谕赢得了下层官吏的欢迎，原本对现实政治高度关注的年青一代官僚自然会充分利用这一条件上书言事，表达自己的看法。礼部主事王照在光绪皇帝的上谕发布之后写了一份极具内容的建议书，向清政府政治高层提出自己对一些重大问题的看法。

按照王照1926年的回忆，他之所以在光绪皇帝开放言论的上谕发布后上书言事，主要是基于他实在看不惯光绪皇帝的权臣张荫桓的弄权与对皇帝的误导：是时光绪皇帝最亲信之臣，以张荫桓为第一。其人最奸贪，尝独吞洋债回扣，是年春慈禧太后命抄其家产，懿旨已出，张荫桓求庆亲王奕劻急进奉十五万，得以收回查抄之命，故张荫桓与太后势不两立。

按照王照的说法，张荫桓还利用光绪皇帝对自己的信任，肆意挑拨太后与光绪皇帝两宫之间的关系，致使帝党与后党之间不自觉成为张荫桓利用的工具。更有甚者，作为戊戌年间维新思潮的发动者和新政的主导者康有为，对张荫桓也信任有加，偏信张的一些看法与建议，俨然以帝党利益的代表者自居，肆无忌惮地与所谓后党进行斗争，进行一些无谓的冲突。而王照认为，在当时大清王朝体制下，本不存在什么帝党与后党，慈禧太后与光绪皇帝即便在某些问题上的看法有分歧，那也只不过是帝王家庭中的一些内部纠纷，并不会影响他们在一些重大问题上的看法。作为臣子，当然应该有忠君报国的政治信念，但是无论如何都不应该去挑拨最高政治权力中心的关系，更何况在改革这一重大问题上，慈禧太后从来都是坚定的支持者，如果没有她的支持，一切都无从谈起。至于慈禧太后的问题，王照认为太后只是对名分看得太重，为了大清王朝的长治久安，太后不愿意放弃权力，她更不愿意不在她的主导下进行什么改革。所以在王照看来，作为臣子的正确选择，是应该利用与光绪皇帝的亲近关系，劝说光绪皇帝时时处处尊重慈禧太后的意见，多请示多汇报，要时刻告诫光绪皇帝不要让那些别有用心的权臣、奸臣利用两宫之间的关系做文章。基于这样的看法，王照也曾利用与康有为的亲近关系竭力劝说康有为：慈禧太后本好名之人，若皇上竭力尊奉，善则归亲，家庭间虽有小小嫌隙，何至不可感化？

而自负的康有为根本听不进王照的劝诫，他很不高兴地回敬王照称："小航兄，你对于令弟感化之术何如？乃欲责皇上耶？"

康有为的傲慢堵住了王照通过他向皇上转达自己看法的渠道，而光绪皇帝开放言论的上谕却为王照带来了新的机会。他在这份奏折中提出三点建议：一是请旨宣示削亡之祸已在目前，竭力挽回犹恐不及，勿空言万全以贻误。

建议的第二点是请皇上奉皇太后圣驾巡幸中外以益光荣而定趋向。这是王照这份建议书最核心的部分。他指出，自从中西不可分离地进行交流之后，慈禧太后听政达三十年之久，忧劳备至，贡献良多，为中国社会的转型与发展做出了巨大的贡献，奠定了基础。皇上现在所进行的改革实际上都是继续皇太后所开创的事业，是慈禧太后倡导与执行几十年的基本国策的当然延续，慈禧太后对中国历史和大清王朝的贡献无论怎样评价都不过分，如果一定要进行比较的话，也只有对英国发展做出过巨大贡献的维多利亚女王可以与慈禧太后并列为东西方最伟大的太后。慈禧太后在国内外享有崇高的威望，当此新政开启、困难重重之际，皇上应该充分利用慈禧太后的政治资源和政治智慧，今者合万国之欢心以隆教养，正宜奉慈驾游历邻邦，借以考证得失，决定从违。王照的根本用意在于建议光绪皇帝主动尊奉慈禧太后为中国的最高实际统治者，借助于皇太后的政治资源、政治智慧与政治权威，以天子的身份再挟太后以令诸侯，如此既可轻易镇服那些权臣与各地督抚，又可使“好名”的皇太后心满意足，全力支持皇上的改革，维护皇权中心的统一。

第三条建议是请专设教部，以重教部而去纠纷。

三条建议的核心是第二条，也就是他不惜冒险劝说光绪皇帝不要与慈禧太后发生冲突，相反应该尊奉太后为最高的、最具权威的领导人，这样就可以有效地化解改革阻力，有力推动新政的展开。王照之所以提出这样的建议，是因为他从自己的切身感受，尤其是与康有为、梁启超、张荫桓等人的直接接触中深切地感到在当时的政治背景下并不真的存在一个反对改革的阵营。正如后来他所明白揭示的那样，戊戌年间的新政及政变，十之六七皆争利争权之事，假政见以济之。所以他告诫光绪皇帝不要上那些政治小人和权臣、弄臣等人的当，要维护皇权中心的至上地位与统一团结。可惜，光绪皇帝乃至慈禧太后等人都没有听进王照的忠言，历史的后来变故却刚好沿着王照如此不吉祥的预言而发展、而变迁。

王照的这份奏折本是响应光绪皇帝开放言论的上谕而作，他当然愿意以礼部主事的身份通过正常的渠道将这份奏折呈递给光绪皇帝，不料礼部满汉两尚书怀塔布、许应骙拒绝接受和代呈，王照如鲠在喉、不吐不快的忠言有可能因此而如泥牛入海无消息，其内心的不满可想而知。王照与怀塔布、许应骙等人据理力争，坚请由礼部代呈，表示自己在上书中的建议是否被皇上采纳应该由皇上决定，不应该由礼部主管官员代为拒绝，以遮蔽皇上的见闻。他的态度相当坚决，言语也相当决绝，许应骙后来向光绪皇帝描述为“咆哮署堂，借端挟制”恐怕稍有夸大，但双方的冲突一定相当激烈则是不争的事实。

怀塔布、许应骙拒绝代奏王照的上书，显然违反了光绪皇帝8月2日上谕的规定。从制度层面来说，怀塔布、许应骙当然不能这样做，而其之所以置皇帝上谕于不顾，据其后来的说法是为了维护帝国的整体利益，是因为他们看到王照建议皇帝奉皇太后圣驾游历邻邦日本，以为这个建议过于荒唐，是置皇上、皇太后的安危于不顾：妄请乘舆出游异国，陷之险地。日本素多刺客，昔俄太子出游及李鸿章奉使皆遭毒手。王照用心不轨，故臣等不敢代递。

王照上书受挫的消息自然也为康有为等人所关注。具有好斗性格的康有为对于王照上书受挫没有进行安抚，相反，他和他的朋友们却认为这又是他们与那些所谓守旧势力进行斗争的绝佳机会。康有为的弟弟康广仁鼓动王照说："皇上明目达聪，广开言路，岂容大臣阻蔽不达？"他建议王照就此继续上书，公开弹劾怀塔布、许应骙阻止他上书，于是在康氏兄弟的鼓动下，他再次上书，具折弹劾礼部尚书怀塔布、许应骙阻挠新政。

王照弹劾怀塔布、许应骙的奏折很快呈递到其所服务的礼部，而礼部在堂轮值侍郎看到王照的奏折内容，根本不敢收下。王照称，你们如果坚持不收不转，那我就只好直接提交给都察院，由此而发生的全部后果将由你们承担。在这两难情况下，礼部在堂轮值侍郎权衡利弊，只好将王照的弹劾奏折收下。

怀塔布、许应骙收到王照弹劾奏折后，经过缜密的研究，觉得如果再一味阻止王照上书，可能会造成政治上的被动，于是他们反被动为主动，将王照的第一份奏折及弹劾奏折等一并附在他们起草的一份奏折中呈递给光绪皇帝。他们在奏折中表示先前之所以扣押王照的上书没有上达，主要是考虑王照的奏折过于荒唐，其出游邻国的建议是置皇上及皇太后安危于不顾，并不具有可操作性。后在王照一再无理取闹的情况下，不得已只好将这份奏折呈递皇上御览，一切由皇上定夺。

9月1日，光绪皇帝就怀塔布、许应骙的奏折作出批示，称怀塔布等奏司员呈递条陈请旨办理一折，据称礼部主事王照条陈时务借端挟制等语。朝廷广开言路，本期明目达聪，迩言必察。前经降旨部院司员有条陈事件者，可由各堂官代奏，不得碍于旧制拘牵忌讳，稍有阻格。至于是非得失，朕心自有权衡，无烦该堂官等鳃鳃过虑。若如该尚书等所奏，辄以语多偏僻，抑不上闻，即系狃于积习，致成壅蔽之一端，岂于前奉谕旨毫无体会耶？怀塔布等均著交部议处。此后各门司员等条陈事件呈请堂官代递，即由各该堂官原封呈进，毋庸拆看。王照原呈，著留览。至于对怀塔布、许应骙等人究竟应该如何处理，光绪皇帝批给吏部按照相关规定议处。

遵照谕旨，吏部9月4日根据王朝成例，就礼部尚书怀塔布、许应骙等人阻格司员上书的责任向光绪皇帝提出处理建议：查律载，应奏而不奏者杖八十，系私罪降三级调用。吏部建议光绪皇帝根据这一成例进行处理，将礼部尚书怀塔布、许应骙，以及与此案相关的礼部左侍郎堃岫、署左侍郎徐会澧、右侍郎宗室溥颋、署右侍郎都察院左副都御史曾广汉等六人均参照应奏而不奏降三级调用的规定予以处理。

吏部的处理意见是根据清廷几百年来成例及大清律中的相关规定，应该说是一种比较标准也比较稳妥的处理，只是这种标准与稳妥显然不合乎光绪皇帝新政时期的精神与要求，显然不能达到光绪皇帝杀一儆百的目的。于是，光绪皇帝对吏部提出的处理意见极为不满，他在稍后发布的上谕中宣布将怀塔布、许应骙等六人即行革职，其理由是：朕近来屡次降旨戒谕群臣，令其破除积习，共矢公忠，并以部院司员及士民有上书言事者均不得稍有阻格。原期明目达聪，不妨刍荛兼采，并借此可觇中国人之才识。各部院大臣均宜共体朕心，遵照办理。乃不料礼部尚书怀塔布等竟敢首先抗违，借口于献可替否，将该部主事王照条陈一再驳斥，经该主事面斥其显违谕旨，始不得已勉强代奏。似此故意抑格，岂以朕之谕旨为不足遵耶？若不予以严惩，无以儆戒将来。故下令将怀塔布等礼部六堂官即行革职，并对王照不畏强御的精神给予表彰，赏给三品顶戴，以四品京堂候补。

光绪皇帝将礼部六堂官一并即行革职的决绝处分及对王照的奖赏震动了朝野，积极的反应是此后各部院主管对于臣民的上书一般说来再也不敢无故拒绝，行政效率有所提高；而一般士民特别是青年一代知识分子和年轻官僚，更加关心国政，勇于上书言事，就重大问题提出建设性的意见。在此后半个多月中，各衙门所收到的建议书越来越多，政治的开放度也越来越大，光绪新政获得越来越多的认同。

不过从消极的方面说，光绪皇帝对礼部六堂官的革职处分及对王照的提升也加剧了高层政治圈的分裂，那些原本并不有意反对新政的臣僚或因稳健或因政策性的不同看法而被推到了政治反对面。因此从这个意义上说，黜旧人、擢新人的政治举措既有助于新政的展开，也加剧了政治层面的分裂，为后来的政变提供了许多复杂的因素。叶昌炽在其日记中记载同人阅读了光绪皇帝罢免礼部六堂官及擢拔王照的上谕之后相顾错愕，以为自通籍以来未见此不测之赏罚。由此可见这一上谕在政治层面引起的震动。

多重误解误读

礼部六堂官被革职是戊戌年重大事件，这些被革职的大臣错不至此，因而为后来的变故留下了隐患。

在礼部六堂官被革职的同一天（9月5日），光绪皇帝对内阁候补侍读杨锐、刑部候补主事刘光第、内阁候补中书林旭、江苏候补知府谭嗣同四人赏加四品卿衔，命在军机章京上行走，参与新政事宜。

军机四章京的提拔是戊戌年政治生活中的一件大事，当然这件事并不是因为礼部六堂官，人事调整有一套完整的程序，而且也有一个并不算短的时间。杨锐等四人在政治倾向上都主张中国应该进行改革，都具有新思想和相当的行政能力，但他们在当时政治格局中所从属的阵营并不一致。杨锐字叔峤，祖籍四川绵竹，1857年生，时年四十一岁。杨锐于1885年中举，为张之洞幕府中第一亲厚之弟子，曾在张之洞身边工作多年。其后离开张之洞供职京师，成为张之洞在中央政府的一个重要耳目，多年来不间断地向张之洞提供京城中的重要消息。在政治倾向上，杨锐比较认同康有为的政治改革主张，为维新运动中重要组织蜀学会的首要人物，但对康有为过于激进及树敌太多也甚为不满，并不以为康有为是主导改革的理想人物，所以他与康、梁系的关系若即若离，他心目中最有能力主导中国全面改革的理想人物当然还是他的恩师张之洞。

与杨锐的情况相类似，刘光第生于1859年，比杨锐小两岁，时年三十七岁。刘光第字裴邨，四川富顺人，1883年中举，曾任刑部主事十余年，也是张之洞的亲信与心腹，对于康、梁学术思想与政治见解很不以为然，似乎也不愿与康有为有过多接触。他之所以被任命为军机章京上行走，与杨锐一样，都是陈宝箴接受张之洞的示意而保荐。

林旭的情况与杨锐、刘光第稍有不同。杨、刘为四川人，与曾任四川学政的张之洞关系密切，而林旭为福建侯官人，字暾谷，号晚翠，生于1875年，时年仅二十三岁。林旭少负才名，1893年十八岁中举，为晚清重臣沈葆桢的孙女婿，与康有为关系比较密切，自认为康门弟子，对于康的学术思想与政治主张也比较佩服，为维新运动中重要组织闽学会的会长。但是他的升迁与康有为并没有多大的关系，相反却是康有为的政治对手荣禄的幕中人物。

至于谭嗣同，他的出身与杨锐、刘光第、林旭都不同，他的父亲谭继洵官至湖北巡抚兼署湖广总督，因此他不仅拥有很好的行政资源，而且见多识广、博学多闻，青年时代就由于家庭原因远走新疆数年，后周游各省，历时十载，遍识天下英才，结交各方面的朋友，获益良多，与康、梁的关系也相对说来比较密切。1897年，当湖南维新运动蓬勃发

◎“戊戌六君子”之一的刘光第

展起来之后，谭嗣同应邀返回故里，协助湖南巡抚陈宝箴举办新政，参与时务学堂、南学会、《湘学新报》的创建与活动，是湖南维新运动中的重要人物。他在南学会的一系列演讲，慷慨激昂，声情并茂，对于唤醒湖南人的觉醒，对于湖南局部维新风气的形成起到过重要的作用，与湖南巡抚陈宝箴、按察使黄遵宪、学政徐仁铸及维新派的重要人物梁启超、唐才常等都建立起比较密切的关系。

在政治倾向上，谭嗣同不仅高度认同康有为的变法维新主张，而且在很大程度上比康有为走得更远，他甚至认为一个新的中国不应该重建君主立宪的政治体制，而是要废除君主专制体制。因为君主以天下为个人的私有财产，是一切罪恶的根源。他发誓要冲决网罗，荡涤旧俗，重建一种新的理想社会形态。

新进军机四章京的政治品格无可挑剔，就其政治倾向性而言，也基本上都认同以光绪皇帝为主导的新政改革，他们受命于光绪皇帝，效忠于光绪皇帝，这是他们一致的地方。但是，由于年龄、性格、出身及各自复杂的人际关系的影响，他们四人在行为方式等方面还是有着比较大的差异。相对来说，谭嗣同在政治上比较坚定与坚持，自然也就比较偏激与激进，受康、梁的影响也比较大；由于张之洞的影响，杨锐比较稳重与老成，在政治上比较倾向于稳健的改革，主张用新人而不弃旧人，举凡涉及人事的变动，强调以稳妥为主，不要人为地制造改革的对立面，不要将那些原本并不坚定反对改革的人推到改革的对立面；刘光第属于另外一种类型，他本性淳朴，富有正义感和事业心，但由于久居京师、熟悉官场，所以他在政治上和杨锐一样，不主张采取激进的变革措施，更没有康、梁式的凡事必须分出新旧的思维逻辑，而是强调任何改革都应该尽量团结所有的人，所有的改革措施都应该循序渐进，以社会的承受力为衡量改革力度的尺度。军机四章京中年龄相对比较小，也比较盛气凌人、恃才自傲的可能是林旭，光绪皇帝的赏识、荣禄的提拔、康有为的看重，都使林旭觉得有一种舍我其谁的自负，这势必在有意无意中恶化军机四章京与各方面势力乃至军机四章京内部的关系。据杨锐在家书中自述，根据分工，他与林旭同在一班轮值，谭嗣同与刘光第在另一班。他们每天的工作十分繁忙，对于所有发下来的条陈都必须仔细阅读、签署意见，分别决定是否可行，然后决定是否进呈御览。这些工作相当繁重，他们四人与其他章京的关系也已相当紧张，但他们四人之间也并不能够获得一致，每每发生不必要的分歧。据他的看法，谭嗣同与康、梁的关系最好，处处按照康、梁的意思去办，不过谭嗣同为人尚算正直，在轮值的时候“尚称安静”，按照规矩办事；而林旭“则随事都欲取巧”，对于所批阅的文件、条陈似乎并不太上心，签署的意见“有甚不妥者”，对此，杨锐必须三番五次地“强令”林旭修改，有时甚至强令修改三四次方能通过，杨锐担心这样下去他与林旭的关系很难相处。

◎“戊戌六君子”之一的林旭

随着改革的推进，行政机构的关停并转，以及创立，都是改革的应有之义。而且自甲午以来，知识界、政界，以及传教士、外国观察家，也都对中国未来的行政架构有过不少建议，总括起来，中国应该将行政、议政分开，应该有一个专责制度设计的机构。至于这个机构叫什么名字，康有为、张元济、李端棻、岑春煊、徐致靖、黄思永等各有建议，制度局、新政局、懋勤殿、集贤院不一而足，甚至也有人直接提出设议院，庆亲王奕劻、军机大臣王文韶、总理衙门大臣孙家鼐等也有不同的讨论。无论是集贤院，还是议政局、懋勤殿，其本质都是欲在现有的行政执行系统之外另外成立一个专门的议政机构，其功能说到底也只是为皇帝备顾问咨询而已。所以对这一新设机构最有兴趣的莫过于光绪皇帝本人，以及那几位新进的军机章京。因此，在外有康有为等人的鼓吹，内有新进军机章京的鼓动，原本就曾与翁同龢商量过设立制度局以统筹全局的光绪皇帝便不能不对这种舆论表示关切。9月13日，光绪帝终于下定决心于内廷设置懋勤殿，选集通国英才数十人，并延聘东西洋各国政治专家共议制度，统筹全局，将一切应举、应革之事全盘筹定，定一详细规则，然后施行。是日晨，光绪皇帝召见湖北自强学堂提调钱恂，试图通过与张之洞关系密切的钱恂了解张氏对设立议政局的看法，并向钱恂允诺"议政局必设"。为了郑重其事，光绪皇帝于同一天（9月13日）特派遣内侍持《历朝圣训》等相关图书送给谭嗣同，命谭氏查考雍正、乾隆、嘉庆三朝设置懋勤殿的故事并拟一上谕。光绪帝此时又多说了一句话，之所以让谭嗣同整理一份资料，是以便其赴颐和园面见慈禧太后时，有个讨论的依据。

重设懋勤殿以议新政在光绪皇帝那里或许是出于对大清王朝未来

命运的真诚考虑，但在另外一些推动者那里则未必不包含有某种其他目的。偏激的谭嗣同对于新政改革怀有挚诚之心，但守旧势力的庞大使他对新政的前途越来越灰心。为了冲决守旧势力的束缚，作为四位新进军机章京中最“亟欲举新政”者，他利用与光绪皇帝近距离接触的特殊条件“日言议政院”，成为最终说服光绪皇帝的重要人物之一。所以，当他接到光绪皇帝代拟上谕的指示后，很快便完成了任务。

代拟谕旨原本是谭嗣同的职责，但此次代拟谕旨对于谭嗣同来说却引起了极大的心灵震撼，他由此感到光绪皇帝与慈禧太后之间的关系可能确如康有为等人一直所认知的那样并不和谐，而光绪皇帝的权力也并不像新政开始以来历次诏书所感觉的那样至高无上，真实的情况可能是大权依然掌握在慈禧太后的手里，光绪皇帝不过是一个政治傀儡而已，“今而知皇上之真无权矣”①。退朝之后的谭嗣同将这种感觉告诉了康有为等人，并似乎向康等人透露了其代拟谕旨的部分内容。

谭嗣同的不祥感觉并没有迅速传染给康有为，更没有影响康有为的情绪，他的感觉甚至与谭嗣同的相反，康有为觉得光绪皇帝既然已下令谭嗣同代拟上谕，既然准备将这份上谕向慈禧太后提出，那么可见光绪皇帝已下定了决心，帝后之间的最终摊牌即将到来，光绪皇帝与慈禧太后的权力再分配肯定将因此而进行。于是，康有为于同一天代宋伯鲁草拟《请选通才以备顾问折》，建议清政府于内廷开设懋勤殿，由皇上亲自选聘天下通才十人入值懋勤殿，作为皇帝的高级顾问，并在此折中推荐黄遵宪、梁启超二人。

---

① 康有为后来也曾回忆说：“先是语复生以上无权，荣禄不臣，复生不信，至是乃悟。”

与此同时，康有为在京城政治场大肆活动，致使京城政治场人人咸知光绪皇帝已决定设置懋勤殿，以为今日谕旨将下而卒不下，于是益知慈禧太后与光绪皇帝之不相容。原本因大规模裁撤冗署、冗员而高度恐慌的京城政治场更加动荡不安，谣言四起。凡此，都无形增加了后来政治变动的概率。

其实，光绪帝此次前往颐和园看望慈禧太后并没有谈及此事，因为那几天慈禧太后正为礼部六堂官罢官而郁闷。几天来，怀塔布夫妇利用与总管内务府太监李莲英的特殊关系不停向慈禧太后哭诉自己的委屈，并离间太后与光绪帝的关系，称“皇上为左右荧惑，变乱朝政，求老佛爷做主”。而那些被怀塔布收买的大小太监也可能因为新政的改革最终将侵害他们的利益，于是他们也随着怀塔布在慈禧太后面前肆意诋毁由光绪皇帝主导的新政改革。

母子二人见面后，慈禧太后先向光绪皇帝谈到礼部六堂官尤其是怀塔布革职所产生的后果，尽管慈禧太后也承认怀塔布之类的满族贵族政客确为“老谬昏庸之大臣”，但出于政治层面的考量，她似乎也有意劝告光绪皇帝在人事处理上不可操之过急，不要将此辈老谬昏庸之大臣轻易罢黜，更不要将那些年轻的汉人政治新锐提拔到政治高层，更不能改变大清王朝的既成体制，由这些所谓“通达英勇之人”去议政。慈禧太后担心的是如果一味地在人事布局上进行变动，那么极有可能因此而失去人心，特别是失去满族贵族的信任。果真如此，满族贵族所组成的“寡头政治集团”就不可能对现有的皇权中心继续支持。

对于慈禧太后的指责与劝诫，光绪皇帝有些能够接受，有些则不免要解释与辩白。当他并不知道太后指责的背后故事时，他的这些解释与辩白不仅不能说服太后，反而激起了太后的愤怒，正好验证了几天来怀塔布等人在她面前的那些离间。于是慈禧太后毫不客气地批评光绪皇帝："小子为左右荧惑，使祖宗之法自汝坏之，如祖宗何？"

太后的愤怒终于勾起了光绪帝的满腹委屈，他边哭边向太后说："时事至此，敌骄民困，不可不更张以救，祖宗在亦必自变法。臣宁变祖宗之法，不忍弃祖宗之民、失祖宗之地，为天下后人笑，而负祖宗及太后之付托也。"

母子冲突仅在政策层面，并不会影响二人的感情。光绪帝也有反省，他觉得自己在这个事情上确实没有处理好。为了弥补缺憾，光绪帝在第二天（9月15日）找来颇通世故人情的新任军机章京杨锐，希望杨锐能够为他出个主意。

杨锐对皇上的请求坦然拒绝，他的理由是："此陛下家事，当与大臣谋之。臣人微言轻，徒取罪戾，无益也。"

杨锐的拒绝应该是基于对清廷旧有体制的恐惧，清廷旧例严格禁止官员议论、介入皇族内部的纠纷，特别是汉大臣更无权干预皇族的内部事务，这是体制使然。或许为了克服杨锐的这一恐惧，光绪皇帝特别向杨锐下达了一份密诏，以便杨锐将来因此而获罪时能够得到一定程度的解脱："近来仰窥皇太后圣意，不愿将法尽变，并不欲将此辈老谬昏庸之大臣罢黜，而登用英勇通达之人，令其议政，以为恐失人心。虽经朕累次降旨整饬，而并且有随时几谏之事，但圣意坚定，终恐无济于事。即如十九日朱谕，皇太后已以为过重，故不得不徐图之，此近来之实在为难情形也。朕亦岂不知中国积弱不振至于危，皆由此辈所误。但必欲朕一早 [旦]痛切降旨，将旧法尽变而尽黜此辈昏庸之人，则朕之权力，实有未足。果使如此，则朕位且不能保，何况其他？今朕问汝，可有何良策，俾旧法可以渐变，将老谬昏庸之大臣尽行罢黜，而登进英勇通达之人，令其议政。使中国转危为安，化弱为强，而又不致有拂圣意？尔等与林旭、谭嗣同、刘光第及诸同志等妥速筹商，密缮封奏，由军机大臣代递，候朕熟思审处，再行办理。朕实不胜紧急翘盼之至。特谕。”

有了皇帝的特许令，杨锐提出三点建议：

第一，杨锐建议清廷重建皇权中心的权威与秩序，由慈禧太后郑重其事地举行一次授权仪式，亲挈天下以授之皇上，而皇上也应该确认太后在王朝政治决策中的至上地位，即同意太后拥有政治决策的最终否决权，不宜固执己意；

第二，鉴于新政推行以来的秩序混乱，杨锐建议光绪皇帝要对所有将要进行的改革方案通盘考虑，宜有先后，宜有次第，不能再如过去一段时间那样，新政诏书联翩而下，臣民目不暇接，政治上虽然获得一些舆论的表面支持，而实际效果却极差；

第三，杨锐认为人事变动至关重要，在新政推行期间进退大臣不宜太骤，以免在政治上引起不必要的纠纷与反弹。

杨锐相信，光绪皇帝如果能够在这三个方面有所改善，其与太后之间的关系并不难协调，新政推行中的困难也不难克服。

鉴于光绪皇帝这一系列失误（或者说被慈禧太后看作是失误）的主要原因都是因为偏听偏信了康有为误导的事实，杨锐在这次面见中或书面的意见中建议光绪皇帝一定要尽快与康有为脱离关系，不要因康有为而贻误大清王朝的前途和危及光绪皇帝本人的地位，杨锐的原话是："康不得去，祸不得息也。"

光绪帝大致同意了杨锐的三点建议，但对于如何"去康"颇费思量，毕竟康有为没有犯下任何不可饶恕的罪行，毕竟在过去几年、几个月，康有为都在呼吁改革、推动改革，想"调虎离山"并不是那么容易的。9月17日，光绪帝发布一道谕旨，命康有为迅速出京，前往上海督办官报："谕工部主事康有为，前命其督办官报局，此时闻尚未出京，实堪诧异。朕深念时艰，思得通达时务之人与商治法。康有为素日讲求，是以召见一次，令其督办官报，诚以报馆为开民智之本，职任不为不重。现筹有的款，著康有为迅速前往上海，毋得迁延观望。"

应该说，清政府以光绪皇帝的名义公开发布的这份明诏，已经给康有为留了足够的面子，可惜的是这份明诏在不同的解读者那里却引起了不同的回应。康有为在多年之后的回忆中依然以为这份明谕表明政变已经发生或即将发生。他认为，"明诏敦促我出京，于是国人骇悚，知祸作矣。以向例非大事不明降谕旨，有要事由军机大臣面传谕旨而已。至逗留促行一事，非将帅统分逼挠，无明降谕旨之理，况吾为微官，报亦小事，何值得明发上谕？既严责诧异，便当革职，何得谓欲得通达时务之人与商治法，闻康有为素日讲求，反与奖语耶？又上召见臣工，无烦自明，乃声明召见一次，亦从来未有之事，故国人皆晓然"。

杨锐、光绪帝或许对明发谕旨的效果有过预估，因而杨锐在那几天找到与康有为关系特别密切的林旭做工作，希望林旭利用与康有为的关系，劝他早日离开北京。也可以相信，正是在与林旭交换看法的过程中，杨锐将光绪帝给他的密诏交林旭过目，以加深林旭的信任，使林旭能够对正在发生的事情引起足够的重视，能够在适当的场合与适当的机会劝告康有为不要继续如此激烈的举动。

对于杨锐的批评与指责，林旭默然无声，表示接受，相信他们二人也一同思考了一些善后办法，因为按照计划林旭将于9月17日被光绪皇帝召见，杨锐似乎要劝告林旭不要再给光绪皇帝出那些激进的主意，劝告林旭最好与康、梁等人保持一定的距离。这可能也是杨锐急于找到林旭通报情况的原因之一。

17日，林旭退朝后曾去找过康有为，但由于康有为没有在寓所，林旭也就没有继续等待，只是留有一个字条，称来而不遇，嘱康明日勿出，有要事相告。由此细节也可反证林旭手中没有光绪皇帝的成文谕旨，否则他当天无论如何也必须找到康有为宣旨。而且还可证明，光绪皇帝及林旭虽然觉得康有为必须迅速出京，但也没有急迫到必须当天执行的程度。

因懋勤殿、裁撤衙门等事情的连续发生，京城中各种谣言满天飞，康有为或许已经预感到局势正在出现某种危机，但对这两天所发生的事情如光绪皇帝颁给杨锐的密诏及林旭与光绪皇帝的谈话等肯定也不知道，否则他就不会外出不归，而是会在寓所等待消息。据康有为自己说那天晚上他在宋伯鲁家喝酒，同席还有他的同道李端棻、徐致靖，唱昆曲极乐，声调突变，曲终哀动，谈事变之急，相与忧叹。由于不知道发生了什么具体的事情，他们也只能在寻欢作乐之余发发感慨而已，并没有什么具体决策与举动。至深夜，康有为返回寓所，一是看到敦促他迅速出京的那份明降的谕旨，他对此似乎已有心理准备，故而也没有太在意；二是看到林旭留下的字条，由于字条也没有说什么具体的事情，他似乎也没有怎样介意，遂于醉醺醺中安然入睡。

第二天（农历八月初三日，9月18日）一大早，林旭如约前来拜见康有为，他先是向康有为转述了光绪皇帝9月15日给杨锐密诏的大致内容，劝说康有为遵旨尽快离京，前往上海督办官报。对于林旭的劝说及林旭转述的密诏内容，康有为或许半信半疑，在这种情况下，林旭或许向他通报了自己昨天面见光绪皇帝的情况，并概括口述光绪皇帝的口谕如下："朕今命汝督办官报，实有不得已之苦衷，非楮墨所能罄也。汝可速外出不可延迟。汝一片忠爱热肠，朕所深悉。其爱惜身体，善自调摄，将来更效驰驱，朕有厚望焉。特谕。"

从这份上谕的用词与语气看，正如许多研究者已经指出的那样，不像是成文朱谕，更像口谕，所以这段文字不仅在后来的引用者那里出现不少文字上的差异，即便是当事人康有为本人在后来的历次引用中，也有文字方面的不同。凡此，不能说都是康氏的伪造，如果真的要伪造，康势必会在各个版本中保持一致。这是最起码的常识。

真实的情况应该是，林旭作为唯一在昨天与光绪帝见过面的直接当事人的转述引起了康有为的高度关切，他肯定觉得这件事太不同寻常了，清政府既然以光绪皇帝的名义明降了谕旨，何以又让林旭面传光绪皇帝的口谕呢？朝廷究竟发生了什么事？难道圣明的光绪皇帝已经被以慈禧太后为首的守旧派所控制而不得自由了吗？基于这些无限的想象空间，康有为不敢继续猜想下去，于是他一面草拟密折谢恩，并宣称誓死救皇上，请林旭持还复命；又奏报自己肯定将在第二天启程赴上海督办官报，并启用官报官防；一面差人招来谭嗣同、梁启超、徐仁镜、徐仁录及乃弟康广仁等，一起商量应对之策。袁世凯的重要幕僚徐世昌不知何故亦来康有为的寓所，并与他们一起参与讨论。

政变，谁的政变？

当康有为组织这些门徒或支持者进行讨论的时候，大概林旭已持康有为的奏折离去，康有为凭借自己的记忆向他们转述了光绪皇帝先后向杨锐及林旭颁布的两道密诏。由于康有为始终抱怨大清王朝政治高层内部存在一个守旧派，因此他的转述与分析无疑会夸大危机的程度，以为由他鼓吹、由光绪皇帝主导的新政已经在以慈禧太后为首的守旧势力的反扑下彻底失败，圣明的光绪皇帝可能已经被那些守旧势力所干掉。在康有为的煽惑下，包括徐世昌在内的所有与会者都抱头痛哭。激于义愤，他们决心不惜牺牲自己去拯救皇上，并由此将他们心目中的慈禧太后由先前的守旧势力头目设想为真正的敌人。讨论的结果是尽快准备武力或设法动用清朝已有的军队武力解决问题。

对和平变革步履维艰早就不耐烦的康有为很早就期待军事解决问题，他以为他所信任也是对他最为信任的光绪皇帝如果能够拥有一支自己的军队，那么情况肯定会好些。据他后来的回忆，在新政开始之初，当清政府以荣禄替代汉大臣王文韶出任直隶总督兼北洋大臣的时候，他就敏感地意识到，这实际上是守旧势力在政治上无法阻止中国的变革之后转而在军事上所采取的一个重要步骤。后来，随着天津阅兵日期的日趋迫近，各种政治传闻层出不穷，他由此愈益担心守旧势力可能会借天津阅兵的机会除掉光绪皇帝，拥戴慈禧太后重新出山，他的忧虑也随之严重。至光绪皇帝下决心开懋勤殿征用通达时务之士以议新政的时候，因光绪皇帝一个小小的细节处理不慎，遂引起这些“小臣”不由揣测。

光绪皇帝一个小小的细节，就是9月13日准备向慈禧太后汇报关于懋勤殿的准备情况并准备征求太后的同意时，曾责成新任军机章京谭嗣同就大清王朝的往例寻找根据，以便慈禧太后当面问及时有所交代。这一原本正常的政治运作并没有多少深意，但被康有为等人解读之后却证实光绪皇帝只不过是一个徒有虚名的政治傀儡，大清王朝的所有政治权力依然掌握在慈禧太后一人手里。此事经过康有为的不断渲染，不仅使先前根本不相信这种说法的谭嗣同信以为真，就连康有为本人也被自己的猜测所迷惑，将自己的假设当作政治真实，于是他在此后的几天时间里连日草拟一份极端重要的奏折，建议光绪皇帝仿日本的军事体制，建立属于自己所统率的参谋本部，选天下虎罴之士、不二之臣于左右，上亲擐甲胄而统之；又建议光绪皇帝将光绪二十四年改为“维新元年”以新天下耳目；又建议光绪皇帝变衣服而易旧党心志；又请光绪皇帝迁都上海，“借行幸以定之，但率通才数十人从办事，百官留守，即以弃旧京矣。力言旧京旅大、胶威门户尽失，俄人屯重兵于旅顺，扼吾之吭，无可守矣。又北京连年水灾，城崩屡次，尘土坌天，泉恶脉坏，王气已绝。又旗人环拥，旧党弥塞，下则市侩吏胥，中则琐例繁礼，种种皆亡国之具，不易扫除，非迁都避之无易种新邑，不能维新也。精选参谋本部之兵、才武之将，以师兵铁舰为卫，居于上海通达之地，以控御天下，其于新政最便”。

如果抛开当时清廷内部复杂的矛盾，在一个比较和谐的皇权中心指导下，康有为的建议未尝不可以一试。中国的军事体制确实应该改革，旧有的朝服也确实不太适合当时的国际交往，至于北京的守旧氛围尤其是其资源短缺、污染严重也都是不争的事实，但是康有为这样直言不讳地向光绪皇帝建议，其后果无疑是严重的。这既是挑战慈禧太后从来不允许挑战的政治权威，事实上甚至康有为的主观目的也是要人为地造成清政府最高政治层的分裂。凡此，不但慈禧太后不能同意，即便是光绪皇帝一旦从整个大局来考虑，也不会同意康有为这种鲁莽的主张。

可惜的是，年轻的光绪皇帝并没有始终把握住全局，他被康有为这些比较新颖的见解所吸引，“皆然之”。这应该是慈禧太后得悉这些情报之后指责光绪皇帝的根本原因之一。

康有为在这里所提出的几项改革建议实际上在过去的几年里都有人分别提出，如迁都的问题，在《马关条约》签订前后曾经引起国内高层的普遍关注；至于仿行东西洋各国重建军队体制，不仅是甲午战败后国内思想界的共识，而且实际上已经进行过不少试验，其中最著名也最有成效的当属袁世凯所练的新军，这支人数并不太多的新式军队已经成为中国军队未来改革的模式。所以当康有为提出仿照日本的军队建制成立以皇帝为最高统帅的参谋本部的建议时，自然容易获得一心想富国强兵的光绪皇帝的支持。而必须考虑到的因素是，光绪皇帝支持建立参谋本部，是为了重建中国的军事体制；而康有为的主张除了此点，还明显具有未来一旦新政发生危机，或他假想中守旧派一旦准备动手的时候，他或他心目中的维新派就可以依靠这支自家军队出兵勤王，或一举将守旧势力摧毁。这是康有为始终没有向光绪皇帝说明的真实心迹，也是后来慈禧太后严厉指责康有为谋反而并不因此株连光绪皇帝的根本原因，因为康有为的所有谋反活动，实际上都是背着光绪皇帝干的。

重建一支属于自己的正式军队或收买一支现成的军队为我所用，都需要相当的时间，这一点康有为和他的弟子及追随者都很清楚。然而时不我待，政治局势的日趋恶化迫使康有为等人作出极端冒险的决策。他们一方面继续设法拉拢袁世凯和其他军队领导人，另一方面运用最便当的办法，组织或利用会党进行军事冒险。按照康有为等人的计划，只要他们能够调集一批绿林好汉，由这批绿林好汉出面发难，挟制慈禧太后，迫使慈禧太后同意放权或放手让光绪皇帝进行政治改革，这样他们的新政计划就可以继续进行。一旦被挟制的慈禧太后拒绝合作，不愿放权或不愿放手让光绪皇帝进行政治改革，他们就可以将挟制在手的慈禧太后废黜。

◎光绪皇帝画像

康有为的这些计划得到了谭嗣同等人的回应，或者说是谭嗣同等人最先提出这样的计划也未可知。谭嗣同出身世宦大家，按理说与绿林中的人物不应该有多少关系，但特殊的经历却使他和一般的世宦子弟明显不同。他为人豪爽，在先前参与湖南新政的那段时间里与两湖地区的会党建立了密切联系，实际上成为会党中的重要人物。所以，一旦谭嗣同觉悟到光绪皇帝不过是个傀儡，真正的实权人物还是慈禧太后，只有除掉慈禧太后才能推动中国维新运动的时候，他的正义感很自然地使他想到了那批绿林兄弟。

作为军机章京上行走，谭嗣同官品虽说不高，但无论怎样也是清廷的命官，他自己心中也应该很清楚，一旦启动利用会党发动政变的程序，废黜慈禧太后，不管其目的具有怎样的正义性，但实质上都是犯上作乱，所以在那些天里，谭嗣同的内心一定也进行着艰苦的自我斗争。他后来不愿出逃，静待清廷诛戮，实际上也反映出其内心的矛盾与惶惑。所以从这一点进行判断，谭嗣同虽然认同了康有为以武力解决僵局的计划，但在与会党的联系方面可能在一定程度上还是出于被动。

经过一番密谋，康有为、谭嗣同等人决定去找袁世凯试试。他们认为袁世凯具有维新思想，又是光绪帝刚刚提拔的政治新秀。在过去几年，袁世凯对康有为也很尊重，素有来往，他们觉得袁世凯应该愿意出来保护皇上，反对慈禧太后。9月18日晚，谭嗣同只身前往袁世凯在北京的临时居处法华寺，开门见山，明白告诉袁世凯："公受此破格特恩，必将有以图报。上方有大难，非公莫能救。"

袁世凯闻言失色，急忙辩白："予世受国恩，本应力图报称，况己身又受不次之赏，敢不肝脑涂地，图报天恩？但不知皇上难在何处？"有了袁世凯的表态，谭嗣同于是直截了当地告诉袁世凯，根据他们所获得的情报，荣禄最近向慈禧太后献策，将废立弑君，你作为荣禄的重要部下，难道不知道这件事情？

袁世凯称，在天津的时候，也常与荣禄晤谈，察其词意，颇有忠义，毫无废立弑君的意思。所以阁下所得到的情报恐怕与事实不符，肯定是什么人有意造谣，断不足信。

◎维新党人干将，军机处章京谭嗣同

听了袁世凯这些冠冕堂皇的言辞，谭嗣同根据康有为等人的先前分析，似乎觉得袁世凯与荣禄之间的关系绝不是袁世凯所说的那样简单与纯洁，他们二人长期交往并存在隶属关系，总不可能没有可利用的裂缝。谭嗣同接着说，你袁世凯固然是光明磊落的人物，但你不知道荣禄此人极其狡诈，他表面上对你信任，让别人都觉得他对你袁世凯很好，实际上荣禄在内心深处对你袁世凯猜疑、防范甚多。试想，你袁世凯辛苦那么多年，成绩显著，中外钦佩，去年你仅仅晋升一阶，这是什么原因？说白了，就是荣禄故意抑制你。

谭嗣同甚至不惜编造故事，称南海康有为先生与你的交情你是知道的，康先生非常器重你，曾在光绪皇帝面前保荐过你。但皇上说："闻诸慈圣，荣某常闻公跋扈不可用。"这个消息是确实的，知道的人也很多。至于我谭某亦在光绪皇帝面前迭次力保，均为荣禄所阻。就连皇上后来都说，袁世凯办事甚为明白，但不知为什么总有人说他不可用。说实话，你这次之所以能够获得破格提升，皇上费力甚大，你袁世凯如真心救皇上，我谭某倒有一策，不知你是否有兴趣？

袁世凯表示愿闻其详。谭嗣同遂出一草稿，如名片式，内有荣禄“谋废立弑君，大逆不道，若不速除，上位不能保，即性命亦不能保。袁世凯初五请训，请面付朱谕一道，令其带本部兵赴津，见荣某，出朱谕宣读，立即正法。即以袁某代为直督，传谕僚属，张挂告示，布告荣某大逆罪状，即封禁电报局、铁路，迅速载袁某部兵入京，派一半围颐和园，一半守宫，大事可定。如不听臣策，即死在上前”等语。

阅读了这份草稿并听了谭嗣同不动声色的解释，袁世凯大汗淋漓，魂飞天外，此类据兵谋反的主意，才真正是大逆不道。他不禁问道：“派兵围颐和园意欲何为？”

谭嗣同答道：“慈禧太后是最大的祸首与罪魁，不除此老朽，国不能保。这件事有我谭嗣同去办，你不必过问。”

慈禧太后是当时中国实际上的最高领导者，谭嗣同等人竟然准备对慈禧太后动手，这件事实在是非同小可。同时，袁世凯也深知，多年的训练与影响，慈禧太后的地位不仅在内外大臣的心目中至高无上，即便是一般的士兵，也对太后怀有无限的崇拜与景仰，以这种军队去捕杀太后，根本就不能成功。他告诉谭嗣同：“皇太后听政三十余年，迭平大难，深得人心。我之部下，常以忠义为训诫，如令以作乱，必不可行。”

谭嗣同对袁世凯的担忧不以为然，他自信地告诉袁世凯：“我雇有好汉数十人，并电湖南召集好将多人，不日可到，去此老朽，在我而已，无须用公。但要公以二事：诛荣某、围颐和园耳。如不许我，即死在公前，公之性命在我手，我之性命亦在公手。今晚必须定议，我即诣宫请旨办理。”

既然谭嗣同把话说到这个份上，袁世凯已无退路可言。但毕竟此事太过于重大，除恐惧之外，他也必须冷静地面对。久经沙场见过世面的袁世凯并没有被谭嗣同逼到死角，他从容地告诉谭嗣同：“此事关系太重，断非草率所能定。今晚即杀我，亦决不能定。且你今晚请旨，上亦未必允准也。”

对于袁世凯的疑虑，谭嗣同充满自信，他告诉袁世凯：“我有挟制之法，必不能不准。初五定有朱谕一道面交公。”

据袁世凯事后描述，由于当时他看到谭嗣同“气焰凶狠，类似疯狂，然伊为天子近臣，又未知有何来历，如显拒变脸，恐激生他变，所损必多，只好设词推宕”。他对谭嗣同分析道：天津为各国聚处之地，若忽杀总督，中外官民必将大讧，国势即将瓜分。且北洋有宋庆、董福祥、聂士成各军四五万人，淮练各军又有七十多营，京内旗兵亦不下数万，本军只七千人，出兵至多不过六千，如何能办此事？恐在外一动兵，而京内必即设防，上已先危。

对于袁世凯的设词，谭嗣同不以为然。他建议袁世凯：“公可给以迅雷不及掩耳。俟动兵时，即分给诸军朱谕，并照会各国，谁敢乱动？”

袁世凯又接着设词称：“本军粮械子弹均在天津营内，存者极少，必须先将粮弹领运足用，方可用兵。”

对于袁世凯的实际困难，谭嗣同也略表同情。他说：“可请上先将朱谕交给存收，俟布置妥当，一面密告我日期，一面动手。”从这段话分析，谭嗣同等人虽然在预案中意识到政局可能会发生转变，但似乎并没有危急到必须立即发动的份上，似乎还有从容准备的时间。谭嗣同的建议又引起袁世凯新的疑虑，袁告诉谭："我万不敢惜死，恐或泄露，必将累及皇上，臣子死有余辜，一经纸笔，便不慎密，切不可先交朱谕。你先回，容我熟思，布置半月，二十日方可复告你如何办法。"对于袁世凯的有意拖延，谭嗣同当然不会同意，他和康、梁等人先前似乎也考虑到这一点而有所准备，他一面告诉袁世凯："上意甚急，我有朱谕在手，必须即刻定准一个办法，方可复命。"一面从容地拿出一份所谓朱谕。此份朱谕为墨笔所书，字甚工，亦很像光绪皇帝的口气，内有"朕锐意变法，诸老臣均不顺手，如操之太急，又恐慈圣不悦，饬杨锐、刘光第、林旭、谭嗣同另议良法"等语。显然，这份所谓朱谕只是光绪皇帝交给杨锐的第一道密诏的抄本，且并不是逐字逐句的照抄，而是杨锐交给林旭看了之后，林旭凭借自己的记忆口述给康有为，然后再由康有为凭记忆默写出来的。

这份可疑的朱谕引起了袁世凯的联想，他以为即便这份朱谕为真，其大概语意一若新任军机四章京请求皇上急变法，而光绪皇帝设婉辞以却之者而已。于是袁世凯就此向谭嗣同提出疑问："此非朱谕，且无诛荣禄围颐和园之说。"谭嗣同回答道："朱谕在林旭手，此为杨锐抄给我看的，确有此朱谕，在三日前所发交者。林旭等极可恶，不立即交我，几误大事。谕内另议良法者，即有二事在其内。"

谭嗣同的解释应该是真诚的，但由此可知：第一，他并没有亲眼看到过光绪皇帝颁给杨锐的密诏之原件；第二，由于他的真诚，也使极富政治经验的袁世凯看到了谭嗣同及其背后那些人作伪的痕迹，从而使袁世凯可以更加从容地应对此事的发展，他已经没有谭嗣同刚到时的恐惧感了。他告诉谭嗣同：“青天在上，袁世凯断不敢辜负天恩。但恐累及皇上，必须妥筹详商，以期万全，我无此胆量，决不敢造次为天下罪人。”实际上是拒绝与谭嗣同等人合谋。

对于袁世凯的态度，谭嗣同也心知肚明，但既然已将所有的计划向袁世凯和盘托出，他也只好继续使用挟制的办法来对付，他再三催促袁世凯立即召开会议，拟订详细计划，以便他向光绪皇帝汇报。几至声色俱厉，愤怒异常。袁世凯也看到谭嗣同腰间衣襟高起，似有凶器，于是知道谭嗣同不从他这里得到准确的回答决不会轻易离开。稍加考虑，袁世凯告诉谭嗣同：“皇上很快即将巡幸天津，待至伊时军队咸集，皇上下一寸纸条，谁敢不遵，又何事不成？”

谭嗣同对曰：“等不到皇上巡幸天津即将废弑，势甚迫急。”袁世凯道：“既有皇上巡幸之命，必不至遽有意外，必须至下月方可万全。”

谭嗣同曰：“如皇上不出巡幸，将奈至何？”

袁世凯曰：“现已预备妥当，计费数十万金，我可请荣相力请慈圣，必将出巡，保可不至中止。此事在我，你可放心。”

谭嗣同云：“报君恩，救君难，立奇功大业，天下事入公掌握，在于公；如贪图富贵，告变封侯，害及天子，亦在公；惟公自裁。”

袁世凯闻言而怒，信誓旦旦地告诉谭嗣同：“你以我为何如人？我三世受国恩深，断不至丧心病狂，贻误大局，但能有益于君国，必当死生以之。”

对于袁世凯的这一表态，谭嗣同似乎比较满意，也愿意相信，遂起立向袁氏作揖致敬，并称赞袁世凯为奇男子。

有了谭嗣同的初步信任，袁世凯又说："你我二人素不相识，你夤夜突来，我随身所带来的员弁必生疑心，设或漏泄于外人，将谓我们有密谋。因你为近臣，我有兵权，最易招疑，你可从此称病多日，不可入内，亦不可再来。"对于袁世凯的这种安全交代，谭嗣同深以为然。谈话气氛也开始转变。

接下来，袁世凯询问两宫之间不和，其原因究竟何在？谭嗣同对曰："因变法罢去礼部六卿，诸内臣环泣于慈圣之前，纷进谗言危词，怀塔布、立山、杨崇伊等曾潜往天津，与荣禄密谈，故意见更深。"

听了谭嗣同的介绍，袁世凯说："何不请上将必须变法时势，详陈于慈圣之前，并事事请示；又不妨将六卿开复，以释意见；且变法易顺舆情，未可操切，缓办亦可，亦何必如此亟亟，至激他变？"

谭嗣同说："自古非流血不能变法，必须将一群老朽全行杀去，始可办事。"

如此血淋淋的话语给袁世凯极大的心灵震动，他在内心深处实在是无法认同谭嗣同等人的想法与做法，他觉得谭嗣同等人"志在杀人作乱无可再说"，且夜色已晚，遂托词还要赶着写明天将要用的奏折，请谭离去。

袁世凯的婉拒，制止了一场不必要的混乱，但对康有为等人来说，却是使私人圈子的一个秘密扩大了范围，毕竟袁世凯属于清朝的高官，谁知道袁世凯什么时候会说出这件事情呢？

等了三个小时左右，深夜三时许（实际上应该说是9月19日凌晨三时许），与袁世凯长谈而并没有获得实际结果的谭嗣同按照原先的约定来到金顶庙容闳的寓所，向康有为、梁启超及容闳通报与袁世凯谈话的情况。谭嗣同判断肯定不太乐观，他们得出的一个共同结论是袁世凯不可能“举兵扶上，清君侧”。虽然这一结果也在他们的预料之中，然而一旦被证实还是不免令人失望。“无如何”，康有为决计按照先前已确定的计划，尽早离开京城，赶赴上海，另想办法。

是日晚，翰林院侍读黄绍箕为康有为设宴饯行。席间，他们互相通报了相关情况，黄绍箕告诉康有为，据他所得到的消息（其实都不过是传言），现在局势非常危险，直隶总督兼北洋大臣荣禄对你非常恼火，估计荣禄可能会采取非常措施加害于你。为了康的安全，黄绍箕建议康有为改穿西服出京，直奔山东，不要经过荣禄的辖地天津；或易僧服避入蒙古。黄绍箕似乎相信，康有为只要躲过了荣禄的捕杀，就没有大的危险。黄绍箕的信息与建议当然同样引起了康有为的重视，这更促使他决心尽快离开北京这个是非之地。

辞别了黄绍箕，康有为郁郁寡欢地回到了南海会馆。不一时，林旭来谈，林旭告诉康有为，据他所知道的消息，英国与俄国今天已经开仗，今天晚上慈禧太后也突然提前从颐和园返回宫中。这一新的变化自然引起康有为的注意，他又开始侥幸地认为，外交危机的突然到来，或许能够缓解国内的政治冲突。他觉得慈禧太后等那些守旧势力无论怎样痛恨他们这些维新派，也不会在外交危机的严重关头发动政变，于是稍为安心，对于已经确定的离京出走计划又表示了犹豫。

康有为的犹豫在其门生弟子中引起了激烈的反响，他们似乎判断，只要康有为能够顺利逃脱，即便他们留在京城有什么危险，康有为凭借其与西方各国的关系，也一定会设法救助。于是谭嗣同拔刀以救皇上自任，促康有为快点成行；梁启超、康广仁等甚至下跪恳求康有为尽快微服出行。然而康有为此时似乎觉得既然已经发生了外交危机，他个人的危险可能不会很快就发生，所以他并不想立刻逃走，他说："死生命也，过去我在广州归德门之华德里行走的时候，有飞砖突然坠地，掠面而下，若移寸许，必死无疑。"以生死有命、听其自然的姿态面对或许真的将要到来的危机。

康有为的这种坚持无法获得其弟子门生的认同，他们似乎都感觉到他们以武力解决问题的计划可能已经暴露，康有为如果坚持在北京不走，清政府就有可能将他们一网打尽，这样他们就毫无反抗的可能，而且其罪名也将是非常难听的谋反、犯上等之类。

在弟子门生的强烈要求下，康有为同意留下梁启超、康广仁等人继续在京城"谋救"皇上，他个人被迫携仆人李唐于9月20日天未明时凄凉离京出走，丝毫没有奉谕旨赴上海督办官报的"钦差大臣"之感。

变革戛然而止

假如康有为只是一个无足轻重的人物，他的悄然出走在京城大概可以了无声息。但毕竟，康有为是风光一时的大改革家，朝野内外，甚至一些外国观察家、传教士，也对康有为极为关注，更何况，康有为是朝廷“在册高官”，是奉有谕旨的“钦差大臣”，他的悄然出走，可以瞒得了一时，但瞒不了很久。

康有为凄凉逃出京城的当天，清廷内部也发生了一连串的大事。

这一天，袁世凯第三次觐见光绪皇帝谢恩请旨，这似乎也是他在被迫接受谭嗣同来访并得知康有为谋围颐和园挟制皇太后的阴谋之后第一次离开他在京的寓所。经过一番痛苦思索，袁世凯没有向光绪皇帝透露康有为的任何阴谋。但也正如他自己后来所说的那样，出于对皇上的真情，他请求皇上最好调老成持重的张之洞来京主持政府的日常事务，请求皇上对那些年青一代政治新锐的激进政治主张可以听取，不过在政治实践上不要轻易实行，以免引起社会特别是政治场上不必要的恐慌，贻误富国强兵之大计。袁世凯的暗示是否使光绪皇帝有所明白，我们不得而知，但这种暗示肯定对清廷那一天的政治决策起到过某种促进作用。

这一天的另外一件大事是光绪皇帝按照先前的计划接见伊藤博文，他们二人的谈话虽然仅仅局限在外交的言辞，没有多少实质性的内容，但这一事件本身至少向世人表明清廷内部的政治运作一如既往，并没有发生什么大事。

光绪皇帝接见伊藤博文的活动在中午一时左右结束，紧接着庆亲王奕劻为伊藤博文举行了一个午餐会，双方也尽情谈至三时左右结束。大约傍晚时分，光绪皇帝向昨日回到宫中的慈禧太后例行请安，或者是回到宫中的慈禧太后本来就有话要找光绪皇帝说说。总之，这一天傍晚至夜间慈禧太后与光绪皇帝肯定见过面，而且二人一定也就最近一段时间所发生的一系列事件进一步交谈。因为大约一周前（9月14日），光绪皇帝为了在内廷开设懋勤殿的事情曾经专门到颐和园咨询过慈禧太后的意见，那时可能是由于刚刚将礼部六堂官罢黜，而礼部六堂官中的领军人物怀塔布不仅有荣禄在背后支持，而且其妻子很受太后的宠爱，故而太后可能会就此事说过光绪皇帝，二人之间为此很不愉快。然而事情过后，光绪皇帝也有所反省，他在稍后发给杨锐的密诏中实际上是要杨锐等人考虑，怎样能够找到一个既能推进中国的政治改革，又不使太后及那些所谓的守旧势力或既得利益者反对的举措。然而不管怎么说，9月14日两人的不欢而散是事实。至于太后9月19日突然提前回宫，也肯定是有些新的情况要与光绪皇帝沟通，有些事情要商量。所以，9月20日傍晚及夜间，帝后二人或许还有庆亲王奕劻在一起商量过最近所发生的一些事情，这些事情当然也包括康有为当天并不正常地逃离北京。

应该说，康有为既然作为清廷任命的钦差去上海督办官报，他就应该正大光明地离开北京，然而他的出走实在给人们留下了想象的空间，使人们不能不怀疑他自己是否真的有什么问题。康有为的出走在当天也肯定被最高当局所获知，慈禧太后也肯定就此询问过光绪皇帝。光绪皇帝当然可以给予比较圆满的答复，那就是他曾经通过内阁向康有为“明降谕旨”希望他离开京城前往上海督办官报。不过光绪皇帝无法解释的是，康有为既然是奉旨前往上海，何以偷偷摸摸？这或许是帝后二人之间要谈的第一件事。

慈禧太后要向光绪皇帝通报的另一件事应该是9月18日御史杨崇伊专赴颐和园向慈禧太后呈递的一份请求太后出园训政的奏折。由于这份奏折事关时局的发展与演变，故不妨照录如次：“臣维皇上入承大统，兢兢业业廿余年，自东瀛发难，革员文廷式等冒言用兵，遂致割地偿款。兵祸甫息，文廷式假托忠愤，与工部主事康有为等号召浮薄，创立南北强学会，幸先后奉旨封禁革逐，未见其害。乃文廷式不思悔过，又创大同学会，外奉广东叛民孙文为主，内奉康有为为主，得黄遵宪、陈三立标榜之力，先在湖南省城开讲，抚臣陈宝箴倾信崇奉，专以讪谤朝廷为事，湘民莫不痛恨。今春会试，公车骈集，康有为偕其弟康广仁及梁启超来京讲学，将以煽动天下之士心。幸士子读书明理，会讲一二次，即烛其奸诈，京官亦深知其妄，偶有贪鄙者依附之，而吐骂者十居七八。不知何缘，引入内廷，两月以来变更成法，斥逐老成，藉口言路之开，以位置党羽。风闻东洋故相伊藤博文即日到京，将专政柄。臣虽得自传闻，然近来传闻之言，其应如响。伊藤果用，则祖宗所传之天下，不啻拱手让人。臣身受国恩，不忍缄默，再四思维，惟有仰恳皇太后追溯祖宗缔造之艰，俯念臣庶呼吁之切，即日训政，召见大臣，周谘博访，密拿大同会中人，分别严办，以正人心。庶皇上仰承懿训，天下可以转危为安。”

从杨崇伊奏折中可以看出，他虽然请求慈禧太后出园训政，但并没有就此建议剥夺光绪皇帝的权力，他只是建议如同先前一样，请慈禧太后从幕后走上台前，用自己的政治经验和政治智慧帮助光绪皇帝，使中国政治能够尽快走上正轨。至于中国政治之所以在杨崇伊看来目前没有走上正轨，他在奏折中说得也很明白，那就是皇上自甲午战前开始听信革员文廷式的建议力主开战，此后又听信文廷式、康有为等人的煽惑，力主进行什么政治革新，结果却是斥逐老成，扰乱天下，使大清王朝的政治脱离正常发展轨道。

至于奏折中所说康有为、文廷式勾结“叛民”孙文，以及康有为建议清政府聘请伊藤博文为客卿等，杨崇伊也表示这是听自“传闻”，只是他强调最近的一些传闻“其应如响”，总是有所根据。所以在这种情况下，在杨崇伊看来唯一的可行办法是请慈禧太后出面纠正过去三个月所谓新政中的问题。因为道理很简单，如果指望光绪皇帝自己去纠正先前的问题可能是比较困难的。

在1898年中国的故事中，杨崇伊是一个非常关键的人物。如果说他的这份奏折触动了慈禧太后的敏感神经，那是因为他反复提及孙文，孙文的暴力活动确实已成为清政府的一块心病。杨崇伊在戊戌政变事件发生之后还有一份密折专送慈禧太后，并嘱慈禧太后连军机大臣都不要告诉。在这份密折中，杨崇伊分析了戊戌变法及戊戌政变的全部过程，并将之归为孙文的阴谋，称康有为谋逆只是孙文三策中的第二策，只是孙文全部计划中的一个环节而已。毫无疑问，杨崇伊的说法触动了慈禧太后的敏感神经。杨崇伊的奏折，特别是康有为鬼鬼祟祟的出走、袁世凯在召对时的暗示等一连串的反常事情，使光绪皇帝有所警醒。经过一番讨论，光绪皇帝在这一天晚上接受慈禧太后的建议、劝说，同意捉拿康有为归案，以便进一步弄清真实情况。所以这一天（9月20日）夜里拟定的旨是："谕工部候补主事康有为结党营私，莠言乱政，屡经被人参奏，著革职。并其弟康广仁，均著步军统领衙门拿交刑部按律治罪。"

9月21日一大早，步军统领衙门奉"密旨"派缇骑数百人分别包围了南海会馆及张荫桓的官邸严拿康有为兄弟，然而他们只是抓到了康有为的弟弟康广仁及康有为的门人程式谷（子良）、钱维骥（君白），并仆人王升、王贵、田叔等，并查获康有为收到的书函百余封、门簿一本等文件。而康有为正如我们知道的那样，已早一天悄然离京出走。

康广仁等人的被捕使事情发生了意想不到的变化。可以想象得到，当数百名武装缇骑将康广仁押往步军统领衙门之后，他们不可能不立即提审康广仁。审讯者问康广仁，康有为藏到哪里去了，康广仁从容对答已出天津前往上海。而在此后这一天的审讯中，没有材料说康广仁一言不发，相反却有传言称康广仁在这一天的审讯过程中竟"诬攀百数十人"。言下之意，康广仁有变节求荣或出卖同志的嫌疑[①]。

---

① 康有为后来根据各方面的传说记载：康广仁在步军统领衙门待了差不多一天，第二天早上四点钟的时候方由步军统领衙门移交给刑部，而刑部堂官亲自提审，依然关心的是康有为的下落，对这一点，康广仁并不忌讳，他答称康有为已经出天津前往上海，审讯者指责康有为何以私逃？康广仁便非常充满正义地称："是奉旨敦促，经奏报初四日启程，并非私逃。"堂官曰："汝兄不来，必不释汝，必写信令汝兄来方释汝。"而移交给刑部的第二天，康之门人及仆人均获释。

由于这一说法牵涉到对康广仁等一大批维新志士的历史评价，所以数年来从没有人怀疑康广仁这一天究竟说了什么或做了什么，而他的这些言行又对后来的政治发展产生过怎样的影响。

我们不必设想康广仁会出卖同志，更不必去猜测他会变节求荣。但我们可以相信的一点是，在步军统领衙门的一系列审讯中，康广仁作为维新志士一定是侃侃而谈，他甚至以毫不畏死的精神滔滔不绝，甚至可以说带有几分炫耀也带有几分遗憾地谈到了他们的计划，他甚至会说，如果不是你们这些该死的动手早了一步，那么我们就可以获得成功，我们就可能已经挟制了那个守旧的、保守的、该死的老太后，可能已经将政权移交到了光绪皇帝这样圣明的君主手里。可惜的是，你们这些家伙仅仅早了一步，所以我们的计划就没有实现。

康广仁的交代或者说陈述引起了清政府政治高层的高度恐慌，如果康广仁所说的这些都是事实的话，那么毫无疑问光绪皇帝必然负有不可推卸的失察责任，所以我们相信当光绪皇帝获知康广仁在审讯中交代的那些内容时，特别是当他得知康有为等人竟然背着他而又以他的名义搞什么谋围颐和园挟制皇太后的阴谋后，光绪皇帝真是跳到黄河也洗不清，因为他也确实与康有为这些人有过单独的接触，他确实曾经不顾许多大臣的反对而格外青睐这些政治新锐。现在，他出于最本能地保护自己的反应，也只有像杨崇伊奏折所提醒的那样，恭请慈禧太后再次出园训政，既能由此稳定大局，也可由此减少自己的失察责任。因此我们看到，尽管慈禧太后在这一天已轻松愉快地“驾幸颐和园”，光绪皇帝却又发布了一个使很多研究者多年来弄不明白的恭请慈禧太后训政的上谕：“现在国事艰难庶务待理。朕勤劳宵旰，日综万机，兢业之余，时虞丛脞。恭溯同治年间以来，慈禧端佑康顾昭豫庄诚寿恭钦献崇熙皇太后两次垂帘听政，办理朝政，宏济时艰，无不尽美尽善。因念宗社为重，再三吁恳慈恩训政。仰蒙俯如所请，此乃天下臣民之福。由今日始，在便殿办事。本月初八日，朕率诸王大臣在勤政殿行礼仪，著各该衙门敬谨预备。”

光绪皇帝的这个谕旨或许是他自己主动提出的，或许是与诸如庆亲王奕劻等诸王大臣一起商量决定的。总之从这个谕旨的口气看，这是一个已经决定了的谕旨，之所以公布是要告知天下臣民。而且从稳定社会的角度看，由于当时京城乃至整个中国的政治场都已对康有为促动的所谓新政有所厌倦，人们从这一系列改革中不仅没有得到多少真正的好处与实惠，相反却失去了许多。那时京城内外要求慈禧太后再次垂帘听政的声音应该说正像杨崇伊奏折中所说的那样已有不少，许多官场上的人似乎都觉得如果慈禧太后不出来收拾局面，那么继续让光绪皇帝掌控中国的最高权力，大清王朝极有可能很快玩完，更何况光绪皇帝恭请慈禧太后出园训政也是一种勇于负责任的表现呢？①

光绪皇帝政治立场的急剧性变化并没有立即平息慈禧太后的愤怒，大概在审讯康广仁及当天被捕的那几个门人的时候，他们已经供

① 苏继祖在谈到当时清廷的内部矛盾时，并不认为诸大臣与光绪皇帝有矛盾，诸大臣主要是对康有为不满，且以为康有为蒙骗、蛊惑了光绪皇帝。他说：“诸大臣并非皆与皇上有嫌，皆与康有为不两立耳。所以然者，忌之、恨之、畏之。盖康之上书曾有云‘缓变不如急变，小变不如全变’。又云‘变法尤需变人’。又曰：‘衰老大臣精力不足以辅新政。’兼之裁冗官，许言事，用新进，凡诸臣之求富贵保身家之道，将尽行蔽塞之矣，安得不以死命争之？非禁制皇上，不能去康有为也，故谤之诅之，思求其得以禁制皇上之道，不遗余力以谋之，遂激成八月之变。训政后，此辈皆告其戚友曰：‘数月来，寝不安，食不饱，今始有命焉，非我皇太后如何得了也。’”

出或者说陈述的某些阴谋尤其是谋围颐和园挟制皇太后的阴谋不仅使慈禧太后极端震怒，而且这些陈述很可能将光绪皇帝也牵连了进去，因为光绪皇帝并不知道这些阴谋，但康有为等人的用意不还是为了保护光绪皇帝的地位而除去慈禧太后吗？符合情理的推理应该是，当一切真相都没有弄明白的时候，光绪皇帝只能是设法摆脱康有为这一系列政治阴谋的干系。所以，不管是光绪皇帝出于主动还是被动恭请慈禧太后再次出园训政，而慈禧太后的最初反应只能是痛恨光绪皇帝不争气，竟然与别人一起谋害她。据记载，太后复厉声问："汝知之乎，抑同谋乎？"

光绪皇帝战栗对曰："知道。"

太后曰："既知道还不正法，反要放走？"

皇上即云："拿杀。"

这段记载虽然有不少"小说家言"，其时间上似乎也比实际发生的时间提前了一天，但这段记载大体上反映了慈禧太后获知康有为谋围颐和园情报后的心态，由此也就容易理解此后清廷的一系列部署及善后。9月23日一大早，慈禧太后在勤政殿举行重新出园训政的正式典礼，接受光绪皇帝及百官的恭贺。典礼毕，慈禧太后复于便殿召集群臣继续质询光绪皇帝，并将所抄皇上书房中及康有为寓中奏章说帖等件，逐条审讯，以诸臣质之。内有杨锐、林旭述上意催康有为迅速出京之函，慈禧太后大怒，问皇上，皇上不敢认，推托为杨锐的意思。其实，慈禧太后此时已从荣禄那里获知袁世凯的报告，对康有为、谭嗣同的密谋已有大概了解，但她似乎还不知道此事与光绪皇帝是否真的有牵连，所以她问皇上康有为的这一计划究竟是什么意思。

康有为谋围颐和园挟制皇太后的计划其实根本就没有明白告诉过光绪皇帝，因此光绪皇帝也就很难说出康计划的真实企图，只得将此计划的责任推到康有为一人头上。

康有为等人谋围颐和园挟制皇太后的计划确实震惊了慈禧太后，而且此一事件很显然不可能是康有为和几个身边的人物所能完成，而综合荣禄的报告及步军统领衙门、刑部的审讯结果，清廷最高政治层决定立即逮捕与康有为关系密切的张荫桓及杨深秀。这天上午八时左右，步军统领崇礼派遣翼尉率缇骑数人至张宅，“邀请”张荫桓到提督衙门接旨，实际上已将张荫桓软禁起来。

至于杨深秀的被捕，可能因其与康有为关系过于密切，康在百日维新期间的重要奏折有相当一部分是由杨深秀呈递，而且在康有为离京出走的前夕，杨深秀曾向康有为话别，通报过相关情况。至于平时，杨深秀从不隐瞒他对慈禧太后不放权的不满，他甚至当着文悌的面声称得三千杆毛瑟枪围颐和园有余也。待慈禧太后重新垂帘听政之后，杨深秀不仅诘问光绪皇帝被废之故，请求太后迅速撤帘归政，而且计划亲自前往董福祥处，劝以忠义，俾救主上。杨深秀是一个坦诚的人，他的这些计划并不隐藏在自己胸中，究竟是哪一个渠道将他的计划泄露给清廷最高层，我们并不清楚，只是可以肯定的一点是，由于他是一个坚定的光绪皇帝的支持者，又是一个坚定的慈禧太后的反对者，甚至不惜煽动军队进行所谓勤王，甚至自诩为骆宾王第二，期待满洲八旗中有徐敬业者出来推翻慈禧太后。凡此，都导致他于9月23日与张荫桓一起成为第二批被逮捕的人物。

9月24日，步军统领门续奉上谕：张荫桓、徐致靖、杨深秀、杨锐、林旭、谭嗣同、刘光第，均著先行革职，交步军统领衙门拿解刑部审讯。步军统领衙门当天即将张荫桓等七人拿获，稍经审讯，于第二天（9月25日）一并解送刑部，分别收监。至此，戊戌年间以康有为谋反罪名而受牵连人员已增加至十人左右，而康有为、梁启超、王照等人则通过各种不同的渠道逃离京师，开始了流亡生涯。

军机四章京的被捕，特别是光绪皇帝最为信赖的宠臣张荫桓的下狱，实际上表明了光绪皇帝已势必会被追究责任。在这种情况下，光绪皇帝事实上也已经无法正常工作，然而传统中国的政治体制是国不可一日无主，在没有确凿的证据证明光绪皇帝领导或指使康有为等人谋反弑后的情况下，慈禧太后即便权威再大，光绪皇帝的反对者势力再强，也无法从根本上动摇光绪皇帝的帝位，即无法很快找到一个能够替代光绪皇帝的皇权中心。在这种情况下，光绪皇帝既不能引咎辞职，也无法在第一线坚持工作、处理朝政，于是一个变通的办法应运而出。9月25日，皇帝诏曰："朕躬自四月以来，屡有不适，调治日久，尚无大效。京外如有精通医理之人，即著内外臣工切实保荐候旨。其现在外省者，即日驰送来京，勿稍延缓。"

光绪皇帝的身体不好，在当时实际上也是一个公开的秘密，至少在相当层面的大臣那里，这一点并不刻意保密。张荫桓后来在流放途中曾对此描述说，皇上病势渐成虚损，已入膏肓，服药无效，唯贴庆邸所进膏药稍可，庆邸已将呈进情节奏知太后。显然在相当层面光绪皇帝的病情并不太保密，不过在这急剧的政治变化敏感关头，光绪皇帝公开声称自己自四月以来实际上就是自新政开始以来屡有不适，调治日久，尚无大效，其政治方面的含义显然也大于真实的病情。因此皇帝的这道谕旨自然引起各方面的猜测，一个比较一致的看法可能是慈禧太后有意于废黜光绪皇帝，另立新的皇帝。

9月26日，清廷发布上谕称：所有官犯徐致靖、杨深秀、杨锐、林旭、谭嗣同、刘光第并康有为之弟康广仁，著派军机大臣会同刑部、都察院严行审讯。其张荫桓虽经有人参奏，劣迹昭著，惟尚非康有为之党，著刑部暂行看管，听候谕旨。至康有为结党营私，情罪重大，业将附和该犯之徐致靖等交部刑讯。此外官绅中被其诱惑之人，朝廷政存宽大，概不深究株连，以示明慎用刑至意。清政府公布的这一政策底线为后来处理康案及善后提供了方便。清廷还宣布，先前的改革暂且停止，不论是机构改革，还是政策调整，一律回到改革前，也就是回到光绪帝宣布《明定国是诏》的1898年6月11日前。

一场轰轰烈烈的变革至此戛然而止。

第五章

废八股改科举：知识人的失望与希望

中国的科举到了清末已有上千年的历史，这一人才选拔制度如同其他制度一样，其创设的本意是好的，也确实解决了先前察举制度的问题。只是由于这一制度经过上千年的演化、发展，其外在的形式不断僵化，其内容日趋教条，日趋成为扼杀人才的机制，其实际效果慢慢地走上了其创设之初的反面。

科举制度的弊端早在1898年戊戌维新运动开始之前几十年就已有人提出，只是由于这项制度牵涉到众多人的利益，改革起来实在太难，因此多年来议论归议论，执行归执行，人人都说科举考试摧残人才，不利于选拔人才，可是人人也都在这条艰难的道路上跋涉。

像张謇，从青年考到壮年，待到一登天子堂，他那心情的欢娱可想而知。至于康有为、梁启超，那个时代的所有精英，除了章太炎这样极个别的另类，没有谁不在这条艰辛的道路上跋涉。更具有典型意义的是严复，严复对西学的理解在当时中国无人能出其右者，他对中国文化的看法也相当独特，甲午战败之后他最早意识到中国的失败不是败在北洋，不是败在军事，而是败在中国文化上，败在扼杀中国人灵性的科举考试制度上。他在1895年发表的《救亡决论》中激烈批判科举考试制度，明确提出当今中国不变法则亡，而要变法则必须从废除八股科举考试制度始。虽然八股科举考试制度本身并不是国家衰亡的直接原因，但八股科举考试制度的直接后果是国家无可用之人才。所以他大声疾呼，中国要改革，要强盛，要自立于世界民族之林，莫要于痛除八股而大讲西学。

严复的这个态度应该说是相当坚定和决绝的。然而在涉及自己的身份和出处时，他这个已进入中年且饱学中西、盛名学界、誉满海军的北洋水师学堂总教习也只好一而再，再而三地参加那扼杀人灵性的科举考试，以便获得一个进士出身。所以，真要废掉科举考试这一人才选拔制度，也真是费思量。①

废科举方案的提出

以八股为主要内容的科举考试制度所存在的弊端在清廷最高决策层那里也不是一点都不知道，经过几十年的议论，这一制度所存在的问题是再明显不过了，但究竟应该怎样改革，是否可能一下子废除？在清廷最高决策层那里似乎很难下决心，因为这毕竟牵涉到无数青年才俊的出路，必须找到一个妥善的解决方案。所以，光绪皇帝在1898年6月11日宣布《明定国是诏》的时候，一是明确宣布创立京师大学堂，作为新知识教育的基地及将来青年知识分子获取功名的培

---

① 据梁启超在《戊戌政变记》中记述，他曾联合在京参加科举考试的各省举人百余人联署上书，请求政府废除八股取士这一制度。书达于都察院，都察院不代奏；达于总理衙门，总理衙门不代奏。当时各省在京参加会试的举人将及万人，皆与八股性命相依。当他们听说梁启超等人要求政府废除八股取士这一制度的消息后，极为愤怒，“嫉之如不共戴天之仇，遍播谣言者，几被殴击”。

养基地，似乎期待以新学堂的创办去取代旧的教育体制；二是将以八股为主要内容的科举考试制度的弊端大体指出，但对是否废除科举考试、怎样改革科举考试，并没有提出明确的看法，似乎依然期待能够寻求一个最佳的妥善方案。

清政府在涉及无数青年才俊前途的考试制度方面的改革上取谨慎态度无疑是对的，以先立后破的方式着手创建京师大学堂和各地的新式学堂，以便为青年学子提供一个过渡期的缓冲带，无疑也是政府应该采取的审慎态度。

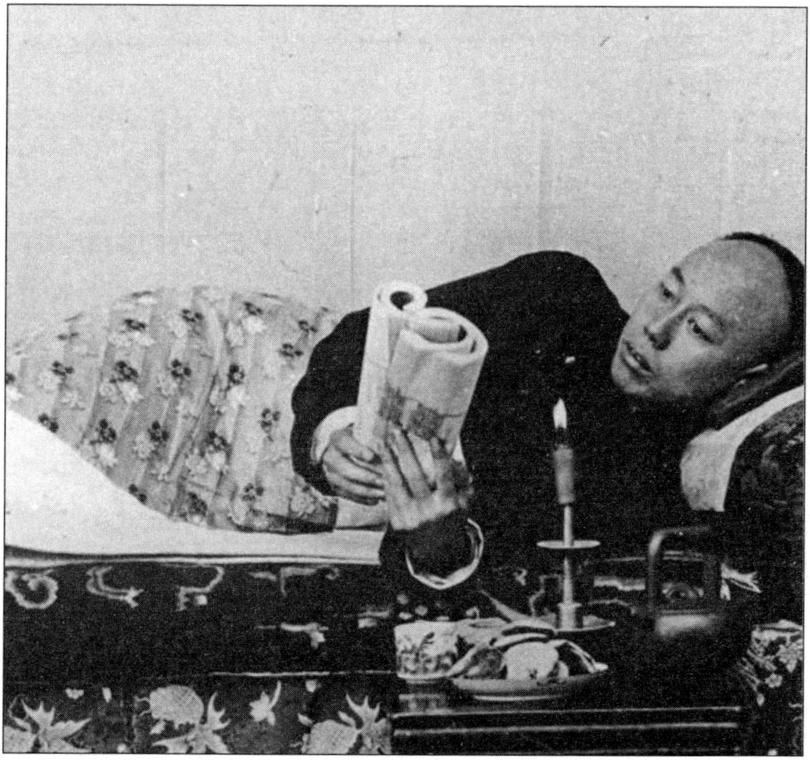

◎卧榻读书的清代书生，腐朽呆板的科举制度极大摧残士子的身心

然而，清政府对科举考试制度模棱两可的暧昧态度激起了主张变法维新的青年一代知识分子的极端不满。据《康南海自编年谱》，6月16日他利用面见光绪皇帝的机会，直接向光绪皇帝当面指陈八股科举考试制度的危害，他说："民智不开之故，皆以八股试士为之。学八股者，不读秦汉以后之书，更不考地球各国之事，然可以通籍累至大官。今群臣济济然无以任事变者，皆由八股致大位之故。故台、辽之割，不割于朝廷，而割于八股；二万万之款，不赔于朝廷，而赔于八股；胶州、旅大、威海、广州湾之割，不割于朝廷，而割于八股。"这就将中国之所以衰败的根本原因归罪于八股科举考试制度，这当然符合当时新知识分子群体的一般认识。

康有为的当面建议获得了光绪皇帝的高度认同，光绪皇帝也认为中国与西方国家目前最大的不同在于各自的教育制度，西方人所学的为有用的实学，而中国人所学则基本上是没有用的东西。这些没有用的东西当然是指以八股取士为主要内容的科举考试制度所考查的。

光绪皇帝的清醒认识激发了康有为的勇气，康有为请求光绪皇帝尽快发布废除八股取士的上谕，并自以为聪明地建议光绪皇帝不要将这份上谕提前交给大臣们讨论，否则，这些守旧的大臣必将提出许多驳议，很可能无法进行这样的改革。康有为这一策略性的建议也自然引起光绪皇帝的深思。

按照康有为的想法，他期望以皇上的一纸上谕废除沿袭数百年的八股考试制度，以雷厉风行的改革重建中国近代教育体系，彻底解决中国在人才培养上的问题，为中国的振兴提供源源不断的人力资源。为此，康有为在面见光绪皇帝表达自己的看法之后的几天里，连续写作几份要求清政府坚决废除八股考试制度的奏折，以便为清政府宣布废除八股科举考试提供舆论支持。面见光绪皇帝的第二天，康有为请其弟子梁启超以御史宋伯鲁的名义呈递一份奏折，要求清政府改八股考试为策论，强调八股取士的科举考试是大清王朝不断衰落的根本原因，现在采取的八股取士方式，一律不许用后世书、后世事，美其名曰清高雅正，实以其文空疏谫陋，其弊端已为天下人所共知。于是梁启超在这份奏折中竭力发挥光绪皇帝6月11日上谕中所蕴含的精神，强调应该令年青一代的知识分子以圣贤义理之学为根本，又广泛采纳西方学术中切合时务的内容认真研讨。以救八股考试的空疏迂谬之弊，以成通经济变之才。梁启超在这份奏折中提醒清政府注意，科举为利禄之途，于今千年，深入人心，得之则荣，失之则辱，为空疏迂谬之人长时期以来的安身立命之所，对它进行任何改革的难度都势必很大。正因为如此，朝廷如果不能痛下决心改变旧有的科举考试制度，那么政府尽管设置诸如经济常科等变通的人才选拔方式，然天下士人谁肯舍素习之考卷、墨卷而别求所谓经济常科？为此，梁启超在康有为的授意下，在这份代宋伯鲁草拟的奏折中请求清政府特下明诏，宣布自庚子年（1900）开始永远停止八股考试，自乡会试及生童科岁一切考试，均改试策论，除去一切禁忌，考察义理以观察其知识背景和知识深度，考察时务以观其经世济世的能力。

同一天（6月17日），康有为又以自己的名义向清政府呈递一份奏折，以自己追求科举功名的痛苦经历痛斥八股科举考试制度的荒谬，强调中国在甲午战争中之所以失败，其后之所以被抢去大片土地，之所以承担大量的战争赔款，并不是朝廷无能，而根本的原因在于八股科举考试窒息了士人的性灵。他强烈要求清政府立下明诏，废除八股科举考试制度，从此中国知识分子内讲中国文学，以研经义、国闻、掌故、名物，则为有用之才；外求各国科学，以研工艺、物理、政教、法律，则为通方之学。他建议政府第一步废除八股考试内容，同时加快新教育建设的步伐，宏开学校，教以科学，等到学校尽开，第三步就是逐步废除科举考试制度。这样，以中国之大，人才之多，“庶几人士专研有用之学，其于立国育才，所关至大”，中华民族摆脱屈辱，重振雄风也只在反掌之间耳。

6月18日，康有为再上书请停止刀石武科考试制度改设兵校折，就军事人才的培养提出建议，实际上也是对旧的教育制度进行批评，建议政府配合新教育体制的建立改用新式军事学堂训练将校。

6月19日，康有为又上书建议政府商定教案法律，厘定科举文体。在这篇讨论设立孔教会的奏折中，康有为也不忘攻击八股取士制度。他指出，弱国之故，民愚俗坏，亦由圣教坠于选举，四书亡于八股为之。“故国亡于无教，教亡于八股。故八股之文，实为亡国、亡教之大者也。”因此康有为请求清政府尽快厘正科举文体，立变科举八股之制。

与此同时，梁启超也联络各省举人联署上书，请求清政府特下明诏，停止八股取士，推行经济六科，以育人才而御外侮，攻击沿袭数百年的八股取士制度“非徒无用而已，又更愚之”；“非徒愚士大夫无用已也，又并其农、工、商、兵、妇女而皆愚而弃之”，以参加科举考试者的身份呼应康有为等人废八股的建议。

想象中的守旧者

康、梁等人为呼吁清政府废除八股取士制度可谓费尽心机，制造了足够的舆论，然而自6月16日起快一个星期过去了，光绪皇帝并没有像他当面答应的那样，“自下明诏，毋交部议”。废除八股取士制度似乎在朝廷中没有获得积极的响应，光绪皇帝似乎也忘记了这项新政之最重要的事情。

经过一番详细的了解，康、梁等人自以为找到了问题的症结，他们按照新旧思维的固定范式将光绪皇帝不能“自下明诏”的责任完全推到他们所认为的那些“守旧礼臣”的身上。康、梁等人将对废除八股持审慎态度的军机大臣刚毅视为眼上钉、肉中刺。当然，他们也不敢直接攻击刚毅，于是他们找到了与刚毅关系比较密切，且对废八股这一重大举措也持异议的礼部尚书许应骙作为攻击的目标，以期通过攻击许应骙而达到攻击刚毅的目的。6月20日，康有为代山东道监察御史宋伯鲁、杨深秀草拟一封弹劾“守旧礼臣”的告状信上书清廷点名指责礼部尚书许应骙。

弹劾奏折中所涉及的问题一共分为两类：一是许应骙在礼部堂会曾经反对废八股；二是许应骙在外交活动中曾“贻笑邻使”。后者带有捕风捉影的性质，军机处在上报时似乎也不太相信，做了若干技术性处理[1]。而前者似乎确为事实，许应骙似乎确实在礼部的公开场合表示过对废八股体制的不满。如果从言论的责任上说，许应骙在政府决策的过程中而不是决定之后当然有权表达对一项重大决策的看法，或同意或反对都是他作为礼部尚书的权力，但是当光绪皇帝真的动怒，要求他对这些事情说清楚的时候，许应骙也就毫无办法。于是他想到了皇族出身的军机大臣刚毅，因为刚毅也曾对废八股这样的重大决策表示过不同意见，他希望刚毅能在皇上面前美言几句以保护他过关，至少能够给他出出主意，怎样渡过这一难关。

刚毅的建议是不仅仅要为自己辩白更要主动反击，狠狠咬上康有为。这便在事实上回应了康有为的指控，似乎清廷内部真的始终存在一个守旧的派别，他们专以新政为敌。戊戌年间的新旧党争于此终于拉开序幕，由此也注定了康、梁等人的结局。

新旧党争的态势当然不是光绪皇帝所期待的，作为清廷最高领导人，他背后有慈禧太后作为支持，他当然期望他的所有臣僚都能够同舟共济推动新政的顺利进行。因此当他收到弹劾许应骙的奏折后，心中自然很反感。他一方面要求许应骙明白回奏，另一方面也充分考虑了刚毅的合理建议，在当天（6月20日）就废八股的问题专程赴颐和园向慈禧太后征求意见。

---

① 这封奏折正副本并存于军机处，副录本对许在外交活动中的失误作了删节，盖不相信奏折中的指控是事实。

◎外国画家笔下的晚清官场百态

废八股、改科举、兴学堂的舆论已经有若干年了，以八股为主要内容的科举考试制度积久成弊也确实到了不改不行的时候了，乾隆时就曾有人提出应该改变八股取士的体制，曾国藩也曾表示过对八股取士体制的不满，但是由于习惯势力的反对，也由于当时中国尚未面临后来如此严重的困难局面，也就不了了之。这若干年，特别是甲午战败之后的几年，国内舆论界在反思中国之所以失败的时候，除了种种细节与原因，也总是归结于以八股为主要内容的科举考试制度扼杀了人才，是中国在甲午战争中之所以失败的根本原因。清廷重臣李鸿章、张之洞也曾议论过废八股的事情，以为改革科举体制已经成为变法维新的第一等要事。作为清廷实际上的最高领导人，慈禧太后对这些议论当然知道，她之所以在先前同意派遣幼童出洋留学、同意各地试办新式学堂等，似乎也有意在适当的时候对八股取士制度进行一些改革。在她的信条中，只要是有利于大清王朝长治久安的建议，她都不应该反对，因为她毕竟是大清王朝的最高领导人，从当时的法律观念说，大清王朝也只是她的私家产物，她理所当然地比任何人都更爱护它。所以，当她听了光绪皇帝的建议之后并没有表示反对。

康有为等人或许知道光绪皇帝将赴颐和园请懿旨，但慈禧太后的态度似乎并不为他们当时所获知，在康有为等人固有的新旧冲突既成观念中，慈禧太后总是站在守旧的一边，总是设法束缚光绪皇帝的手脚。所以，他们为了给清廷主要是给慈禧太后继续施加压力，促成光绪皇帝尽快发布废除八股取士制度的上谕，6月22日，康有为又代翰林院侍读学士徐致靖草拟一折，请求清政府立下明诏废八股，称时事艰难，国势危急，人才乏绝，廷臣条陈纷纷，多有请变科举、废八股者，而礼臣守旧拘牵驳议，致使皇上和政府依违不决。其实，认真反思中国自甲午以来的境遇，政府和皇上就应该痛下决心，废除八股取士这一制度。试想中国四万万人是欧洲十六国人口的总和，但是由于八股取士这一制度致使中国愚暗无才，虽是区区小国如日本，也敢对堂堂华夏之大国侮辱欺凌。中国地当温带、人民智慧，而愚暗无才至此者，推其缘故，皆八股之累。这份奏折矛头直指那些“守旧礼官”，以为正是他们的阻挠致使中国的许多制度当变而不能变，这些守旧礼官“言科举不可变、八股不可废者，与为敌国作反间者无以异也”。奏折建议皇上不要再听信这些守旧礼官的驳议而贻误天下大计，特旨明谕天下，罢废八股，各级各类考试一律改用策论，庶几天下之青年一代皆改而致力于先圣之义理，以考究古今中外之故，务为有用之学，风气大开，真才自奋，皇上亦何惮而不为哉？所以，这份奏折反复强调的一个重要观点，就是废除八股取士制度是正在开展的新政之最要紧而成效最速的一件大事。

康有为在奏折中所讲述的道理已经不必再说，但他对那些“守旧礼官”肆无忌惮的攻击实际上开启了戊戌年间的新旧党争，将那些原本并不怎样坚决反对新政的官僚用力推向了对立面，无形中增加了新政的难度。事实上，当6月11日光绪帝代表清政府宣布将要实行新政改革以来，改革已经成为清政府内部的主流意识，即便有些官僚对某些改革措施可能存在一些看法，但他们在清政府必须通过改革获得新的活力这一点上其实都已经建立了共识。而康有为等人竭力渲染清廷内部的守旧力量，并通过各种方式向光绪皇帝不断灌输新旧不两立的意识，实际上是在自我设限，自己给自己树立对立面。也就是康有为代徐致靖拟折攻击那些“守旧礼官”的同一天（6月22日），曾受康有为大肆攻击的礼部尚书许应骙遵照光绪皇帝的指示“明白回奏”，对康有为代拟的弹劾奏折所提出的问题一一驳斥，并接受刚毅的建议反守为攻地攻击康有为。

在这份回奏中，许应骙对康有为代拟的弹劾奏折所指责的几件事情进行了全面辩解。原本只是程序性的争议引起了无谓的党争，党争的直接后果是将废八股的决策尽可能地做了调和，以便各方都能接受。6月23日，光绪皇帝在发布的废除八股取士这一制度的上谕中，既宣布废除八股取士制度，要求乡会试及生童岁科各试向用四书文者一律改试策论。同时又宣布这一改革并不从今年开始，而是三年之后正式施行，至于如何分场、命题、考试等一切详细章程，仍将由那些相关部门也就是康有为等人最厌恶的“守旧礼官”尽快制定予以公布。这一调和的上谕顾及了存废两方的面子，存废八股的争议似乎至此可以结束。

适可而止：社会所能承受的改革力度

原本可以结束的争论并没有结束，因为康、梁等人虽然赢得了第一回合的胜利，光绪皇帝终于按照他们的期望发布了废八股的上谕，“海内志士额手为国家庆”。但是该上谕虽然明确宣布废八股，但时间定在三年之后的下科，至于详细章程，仍将由那些被康、梁视为守旧的礼部负责制定。即便仅仅从操作层面上说，该上谕也存在明显的问题，那就是将所有的改革都推到三年之后，届时的乡会试并不能获得足够的接受过新教育的生源，诚如康广仁所说，“士之数莫多于童生与秀才，几居全数百分之九十九焉。今但变乡会试而不变岁科试，未足以振刷此辈之心目。且乡会试期在三年以后，为期太缓，此三年中人事靡常。今必先变童试、岁科试，立刻实行然后可”。康广仁主张，“罢制艺不必待下科，小试尤宜速改策论”。

康广仁的分析应该说是很有道理的，乡会试的准备需要足够的时间，而下一次的乡会试的时间毕竟在三年后，这是没有办法的事情。问题在于，三年之后的乡会试废八股改策论，而那些将在三年后参加乡会试的童生秀才如果不从现在开始废八股改策论，那么怎么保证三年后的乡会试必能废八股改策论呢？

基于这些分析，康、梁等人经过了短暂的庆祝之后立即感到光绪皇帝“不彻底”的上谕实际上受制于守旧势力的包围，为了打破这些守旧势力的包围，他们觉得有必要立即开展一次立废八股的运动，以期由此突破守旧势力对光绪皇帝的包围和影响。6月30日，康有为、康广仁、梁启超等人将讨论的结果起草成一折一片，以御史宋伯鲁的名义呈递。

在这份题为《奏请经济岁举归并正科并各省岁科试迅即改试策论折》中，他们沿用中体西用的思路，提出培养通才的方式只能是立即废八股改策论，其理由是：“中国人才衰弱之由，皆缘中西两学不能会通之故。故由科举出身者，于西学辄无所闻知；由学堂出身者，于中学亦茫然不解。夫中学体也，西学用也，无体不立，无用不行，二者相需，缺一不可。今世之学者非偏于此即偏于彼，徒相水火，难成通才，推原其故，殆颇有取士之法歧而二之也。臣以为未有不通经史而可以言经济者，亦未有不达时务而可谓之正学者。教之方法既无偏畸，则取之之方当无异致，似宜将正科与经济岁科合并为一，皆试策论。论则试经义，附以掌故；策则试时务，兼及专门。泯中西之界限，化新旧之门户，庶体用并举，人多通才。且并两科为一科，省却无数繁费。不然，则岁岁举行乡会试，国家财赋断不能支。”将两科合一科的理由应该说还是足够的。

至于童岁科试立即改用策论的理由，他们认为，既然已经决定废八股改策论自下科始，那么现在的生童就应该立即废八股改策论，如果现在的生童仍用旧的办法考八股、习八股，则明明为已废之制，灼然知其无益，且两年之后即将废弃，那么又何必让天下无数之生童白白浪费这两年的时光呢？所以，他们建议尽管乡会试废八股改策论自三年之后的下科始，但生童之岁科试无论如何也应该立即废八股改策论，经史时务，两者并重，这样生童就不必为旧的考试制度分心而专心致志于讲求实学，为三年之后的乡会试储备足够的人才。

不管是否出于新旧党争的成见，应该承认这份以御史宋伯鲁的名义呈递的奏折所做的分析是有道理的，因此获得了清廷的高度重视，奏折呈递的当天，清政府即以光绪皇帝的名义发布谕旨，修正6月23日已经发布的三年后废八股改策论的谕旨，规定“岁举归并正科，生童岁科试一律改为策论”，并各省学政收到此谕旨后，即行一律改为策论，全面采纳了康有为等人建议。

废八股改策论的决策应该说有利于时务人才的培养，是戊戌年间最值得称道的一件大事，不过八股制艺毕竟流行了数百年，毕竟已经成为许多人的饭碗，骤然将这一维系着无数人生计的制度一旦废除，自然激起一部分人的反对。刚毅、许应骙等人如果真的对骤然废八股改策论有什么意见的话，估计也只是担心骤然采取这样的极端措施容易引起社会各阶层的反弹，引起社会的动荡不安而已。事实上，当废八股改策论的消息传开之后，社会的动荡已经有发生的征兆，因废八股而突然失业的大批士人对倡议废八股的康有为等人恨之入骨，据说直隶的一些士人甚至考虑采用极端的手段对康有为行刺。康身边的一些人也劝康有为请几个保镖，注意保重，深居简出，以免意外。由此可见废八股在当时确实不是一件小事，也不应该将所有的反对、反抗都一律视为守旧的势力。

今天看来，对废八股有不同的意见应该说是一种正常的反应，但在当事者康有为等人看来却不如此，他们认为这些反对一律来自守旧势力的挑拨，来自守旧势力对改革、对新政的敌视。所以，康有为等人在代御史宋伯鲁草拟《奏请经济岁举归并正科并各省岁科试迅即改试策论折》的奏折的同时，又附在此折之后上了一折，题为《请旨申禁复用八股取士》。

在这份建议书中，康有为的描述与分析或许都有道理，但他对守旧势力的渲染，以及诱导光绪皇帝坚决与守旧势力做斗争，则未免将原本并不复杂的阵营复杂化，使戊戌年间的新旧党争更趋于明朗。康有为写道："臣闻之非常之原，黎民惧焉。八股取士行之千数百年，守旧之徒舍此无所为学，一旦改革，失所凭依，必有起而力争之者。臣窃谓以八股为不可废者，非自为衣食之谋，即为子孙之计耳。夫使其果有才也，则取士之法虽变，何难改其故步？自勉于实学以求入彀。若并此而不能改，不能学，则其才已可概见，国家亦何赖有此人哉？终身废弃不为过矣。故废八股者，国家之大利，而守旧无用之人所大不利也。大抵法之所以不能变，弊之所以不能除，由于恃旧法为生涯，以弊政求衣食之人充塞于天下，故一有兴革，群起而谣诼之，此新政所以难成也。臣风闻诏书既下，而守旧之徒相顾失色，有窃窃然议阻此举者。伏愿皇上持以毅力，勿为所摇，并申下谕旨，如有奏请复用八股试士者，必系自私误国之流，重则斥革降调，轻亦严旨申饬，庶几旧焰消沮，人心大定，而真才可以日出矣。"这种置改革措施于不容讨论之余地的武断态度，实际上开启了后来五四新文化运动中陈独秀激烈反传统主义之先河，它的结果不是化解矛盾，不是使那些一时间尚不明白改革意义的人逐步明白改革的意图与价值，而是用政治高压的办法迫使人们接受一种尚不熟悉的新举措。既然如康有为的分析，新的改革措施是对所有人都有好处的举措，那就应该让人们将不同的看法充分表达出来，这样政策的制定者择善而从，通过辩论逐步说服人们接受新的改革举措。中国现代化的一再延误不是中国人没有意识到应该变或怎样变，而是中国任何一个当权者都迫不及待地要将自己的主张付诸实践，而不容任何人有不同的意见。凭借政治的威权去解决人们的思想认识，这是近代中国一切改革者都没有真正认识和真正解决的问题。

更有甚者，清政府已经宣布接受他们的建议，将生童岁科试改为策论之后，康有为等人还不断在民间造势，通过其他各种活动在青年知识分子中制造声势，期望以此湮没所有的反对意见，其结果却激起了更多的反感，激起更加强烈的反弹。7月5日，梁启超在康有为的授意下，联合各省在京已经参加完当年会试的举人共同上书，重申他们的要求，请光绪皇帝特下明诏，明令下科乡会试停止八股试帖，皆归并经济六科举行；其生童岁科试以经古场为经济正场，四书文为二场，并废八股试帖体格。就其内容而言，康、梁策动的这次公车上书并没有多少新意，且实际后果不仅使青年一代知识分子造成了分化，促使一部分原本并不激烈反对的人极端痛恨康、梁，“至有欲聚而殴之者，自是谣诼大兴，亦遍于天下”，无形中增加了新政改革的阻力。

兼顾新旧的新科举方案

原本为新政中应有之义的废八股、改科举竟然闹得沸沸扬扬，天下不得安宁，这一方面说明旧的习惯势力很难轻易改变，另一方面也说明康有为的激进措施除了制造舆论的影响，并没有为人们提供改革后的妥善保障。当人们并不清楚改革后的情形时，对改革的抵触乃至反对也就在情理之中。所以，八股取士的体制应当废除是一回事，如何废除则是另外一回事，这就不是康有为等人所能承担的了。

7月4日，以稳健著称的清廷重臣张之洞与湖南巡抚陈宝箴联名呈递《妥议科举新章折》，就废八股之后如何改进科举制度，如何保障青年知识分子的权益提供了全面的方案，比较务实地解决了废八股、改科举过程中所涌现出来的那些矛盾。

在张之洞、陈宝箴的方案中，依然坚持儒家伦理中的道德精义不可废除的原则，所谓中学为体就是要坚守住儒家伦理，坚守住历代帝王经天纬地之大政，至于八股的弊病，已为天下所共知，自当改革。但由于科举的体制为天下学术之所系，为国家治本之所关，所以任何改革都当慎之又慎，妥议方案。他们认为，八股科举考试的弊病可以从五个方面进行讨论，也就是说所谓改革也只是局限在这五个方面。

一是正名。将多年来沿袭的所谓八股考试正名为四书义、五经义，以示复古，其格式大略如讲义、经论、经说。

二是定题。四书义出四书原文，五经义出五经原文，或全章，或数章，或全节，或数节，或一句，或数句均可，要不得删改增减一字，亦不得用其义而改其词。

三是正体。所有考试文章，以朴实说理，明白晓畅为贵，不得涂泽浮艳，作骈俪体，亦不得钩章棘句，作怪涩体。

四是征实。所有考试的作文准其征引历史事实进行陈说，博采群书，详加论证，应当鼓励，但不得违背经旨，更不得以无所顾忌的时文混入其中。

五是闲邪。若周秦诸子之谬论，释老二子之妄谈，异域之方言，报章之琐语，凡一切离经叛道之言论，都必须严加屏黜，不准阑入。

果能做到这样五个方面，张之洞、陈宝箴相信，所谓八股考试的格式虽然有所改变，但考试衡文的宗旨与要求，仍与清真雅正之圣训相符，这样自然也不会引起考生们的反对，因为毕竟没有从根本上废弃他们赖以发展的道路。

如此看来，张之洞、陈宝箴“妥议”的改革方案实际上只是稍微改变了八股取士的面目，并没有如康有为等人所要求的那样根本废弃八股取士的制度而改策论。但是，张、陈方案的好处是逐渐变革，是在保留旧的考试形式的前提下逐步变化其内容，这样自然比较容易被那些生员所接受，引起的社会动荡就小很多。

至于考试的形式，张之洞、陈宝箴的方案仍主张三场定案，但对三场考试的内容与形式略有调整。他们指出，“顾犹有虑者，文人之能讲实学治古文者不多，改章之始，恐仅能稍变八股之面目，不免以时文陈言滥调敷衍成篇。若主司仍以头场为重，则二三场虽有博通之士，仍然见遗，与变法之本意尚未相符；若主司厌其空疏陈腐，趋重二三场，则首场又同虚设。其诡诞浮薄，骛趋风气者，或又将邪诐之说解释四书五经，附会圣道，必致离经叛道、心术不端之士杂然并进，其流弊尤多，为祸尤烈”。而且，政府已经明令设立各种新式学堂，而学堂肆业有成之士，未尝示以进身之阶，经济虽并入乡会场，而并没有讨论六科如何分别考试的细则，如果不是合科举、经济、学堂为一事，则以科目升者，偏重于词章，仍旧无法挽救迂陋无用之弊。以其他方式获得进身之阶的，自外于圣道，是足以为邪说暴行之阶。为了克服这些弊端，必须设计出一个体用一贯之法，求才不厌其多门，而学术仍归于一是，方为中正而无弊的新体制。

根据这种判断与认识，张之洞、陈宝箴对三场考试的形式与内容做了相当仔细的设计。根据他们的设计，大抵第一场的宗旨在于选出那些博学之士，第二场于博学中求通才，第三场于通才中求纯正。先博后约，先粗后精，这样所选拔的人才既无迂暗庸陋之才，亦无偏颇狂妄之弊。三场考试各有重点，前两场以中西经济时务之学为主，后一场侧重于考察这些生员对儒家伦理精义的认识与理解，范围限定在四书义、五经义。至于录取的顺序，他们建议不必等待三场考试全部结束，而是从第一场开始就进行淘汰，分场发榜，下第者先归，这样三场下来，考生越来越少，“寒士无候榜久羁之苦，誊录无卷多错误之弊，主司无竭蹶草率之虞”。一举三善，人才必多。

至于三场考试之后的殿试，张之洞、陈宝箴认为不仅不应废除，而且应该加强并加以改进，殿试的宗旨是由皇帝亲自考察人才，登进贤良，自宜求得正谊明道如董仲舒、直言极谏如刘蕡者而用之，所以断不宜继续以小楷优劣决定去取。实际上所有经过殿试的考生都将被授予相应的官职，他们日后的主要工作是以讲求实学实政为主，所以那些文艺小楷之类的内容无论如何都不应该在殿试中再出现，而应该以他们的政治见识、实际能力为依据，授予相应的官职，从而鼓励他们汲汲讲求强国御敌之方，以切于任官修政之急务。

当然，词章书法，润色鸿业，也是政治生活中不可或缺的人才，自亦不可尽废。不过，朝廷如果确实需要此类人才时，自可颁布特旨，偶一为之，不必列为常例，略如过去南书房等招考故事。

应该承认，张之洞、陈宝箴的设计在默认八股取士制度必须改革的前提下，对旧的考试制度进行了相当大的改革，这主要体现在内容上，至于形式，这个方案尽量不做大的调整，以免引起激烈的反弹，造成无谓的争论。所以这个方案，既迎合了新的潮流，又充分照顾了数百年来所形成的旧习惯，是一个新旧两宜的折中选择，诚如他们自己所评估的那样，“窃谓如此办法，博之以经济，约之以道德。学堂有登进之路，科目无无用之人，时务无悖道之患。似此切实易行，流弊亦少，此举为造就人材之枢纽，而即为维持人心世道之本原”。

张之洞、陈宝箴“中正无弊”的新科举方案甚得清廷的重视，经过礼部、总理衙门等相关部门的讨论与认定，7 月 19 日，清政府以光绪皇帝的名义发布上谕，以为张之洞、陈宝箴的方案“判切周详，颇中肯綮”，于是以张之洞、陈宝箴的设计为蓝本，颁布废八股之后的新科举方案。

新科举方案的乡会试仍定为三场，第一场考察生员的中国历史、国朝政治，论五题；第二场考察生员关于时务方面的知识与能力，专门五洲各国之政、专门之艺，策五道；第三场考察生员对儒家伦理的认识与理解，四书义两篇，五经义一篇。

至于录取方式，新方案参照张之洞、陈宝箴的建议，决定首场按中额十倍录取，二场三倍录取，取者始准试次场，每场发榜一次，三场完毕，如额取中。

参照乡会试的方式，新科举制度规定各省学政岁科两考生童亦以此例推之，先试经古一场，专以史论、时务策命题，正场试以四书义、五经义各一篇。

至于词章楷法等艺文类方面的人才选拔，新章程接受张之洞、陈宝箴的建议，根据朝廷及各级政府的实际需要，考试偶一举行，不为常例。由于此项专门人才的来源已经确定，所以此后的科举考试不再如过去那样以书法水平的高低决定录取，而是以讲求实学实政为主，以利硕学而黜浮华。

8月19日，清政府再以光绪皇帝的名义发布一道上谕，接受张之洞、陈宝箴的建议，停止朝考，并重申，“朝廷造就人才，惟务振兴实学，一切考试诗赋概行停罢，亦不凭楷法取士，俾天下翕然向风，讲求经济，用备国家任使”。至此，关于废八股、改科举的争论终于告一段落，由康、梁等人所竭力鼓吹的废八股运动却终于由张之洞等“稳健改革家”的“稳健方案”得到落实。

统观清政府采纳张之洞、陈宝箴的建议最终出台的新科举方案，我们不难看到这个方案虽然容纳了不少新的内容，诸如时务经济、五洲各国政治等，但不论其形式，还是其本质，这个方案都与先前主张改革旧的科举制度、废除八股取士体制的主张，特别是与康、梁的主张相差甚远，按照康、梁的主张，“以科举取士，必不能得人才也，故不惟八股当废，即科举亦当全废，而一切学级，悉自学校出，此乃正理也”。然而他们的理想为何没有实现？他们既然有光绪皇帝的坚决支持，又有与“守旧礼官”坚决斗争的精神，那么是什么原因阻止了他们的计划？据梁启超的解释，他们的计划此次之所以没有完全获得成功，“盖使数百万之老举人老秀才一旦尽失其登进之路，恐未免伤于激进，且学校生徒之成就，亦当期之于数年以后，故此数年中借策论科举为引渡，此亦不得已之办法也”。这是梁启超后来的“不得已”之解释。事实上，在当时，康、梁等人并没有这样清醒的认识，康有为的弟弟康广仁曾经劝说康有为在废八股的问题上适可而止，不要一意孤行，因为废八股、改科举不仅会招致来自那些以此为终身追求的老举人老秀才的反对，而且不可能获得政府高层的一致的坚定支持，清政府同意在一定程度上废除八股取士的旧有方式，改革者就应该适可而止，不要在这方面过多纠缠，“故常谓但竭力废八股，俾民智能开，则危崖上转石，不患不能至地。今已如愿，八股已废”，康广仁力劝康有为“宜速拂衣，虽多陈无益，且恐祸变生也”。康有为当然也知道这番道理，但是他有自己的解释和理由，他执意要与旧势力斗争到底，执意要进行新旧党争，所以他在清廷已决定废八股的历史关头，乘胜追击，向刚毅、许应骙发难，而且其真正的目标似乎要对准他们背后的慈禧太后，这就使得本可适可而止的改革最终退回到原有的起点，而新旧党争则从无到有，终于在康有为等人促动下正式开启。

废八股、改科举的活动在张之洞、陈宝箴等人的调和下终于不了了之，科举制度的改革还要留待未来若干年之后。这是康有为当时无论如何也没有想到的。

第六章

寻找大阿哥

“海选”大阿哥

1900年是20世纪的第一年，也是中国传统纪年的“庚子年”。面对一个全新世纪，全世界都在思考着怎样应变、怎样发展。中国当然也不例外。只是那时候，中国的发展很不顺利，一场突如其来的义和团运动给中国的新世纪蒙上了厚厚的阴影。

皇上确实有病

按照过去几十年的说法，义和团运动的起源是帝国主义入侵，是“文明冲突”，是中国农民自发的爱国反帝运动。最近若干年，研究者转向，认为这是一场愚昧的排外主义运动，与中国现代化走向相背离。这些分析都有道理，但无疑都忽视了引发义和团运动的直接因素，即震动中外的大阿哥事件。

大阿哥事件的发生是因为“现任皇帝”光绪帝病了，而且很严重。在过去一百年，由于我们普遍相信康有为、梁启超等人提供的叙事框架，普遍认为清廷内部存在着一个以慈禧太后为首的保守派，一个以光绪帝为首的革新派，进而将1898年的政治变动看作保守派对革新派的镇压，将那年秋天事变结束后光绪帝“瀛台养病”解读成

“瀛台泣血”，而且将后来发生的许多故事都放在这样的框架中进行解读。最近若干年的研究已经证明康有为、梁启超的叙事框架并不真实，与其说是历史，不如说是他们这些政治流亡者的现实期待。

按照康有为等人传播的故事框架，由于皇太后与光绪帝有冲突，因而所谓“戊戌政变”就是皇太后剥夺了皇上的权力，并准备一旦条件成熟就废黜皇上，另立新主。这个说法在1898年秋天流传甚广，再加上皇上不时休假不理朝政，中外各界越来越相信这是真的。

根据清宫档案，这些传言都是假的。1898年10月15日，庆亲王奕劻率总理衙门大臣召见英国驻华公使窦纳乐，希望通过窦纳乐向西方世界传递真实消息，平息这些无根传言。庆亲王说，他可以负责任地证明，外面的这些传言都是不真实的。真实的情况是，皇上确实生了一点小病，经过调理，现在已经好多了，皇上已经开始恢复大部分工作了，开始与皇太后一起听政、处理国务。至于两宫关系，庆亲王是这样解释的，皇太后与皇上在政治理念上并没有冲突，皇太后从来不反对中国进行政治改革，只是皇太后以为政治改革要谨慎对待，要准备条件，不宜操之过急，不能规模过大，速度过快。

◎英国驻华公使窦纳乐

那时的中国经济构成中，外国资本所占的比重远超现在，所以列强对中国政治稳定比较看重。西方国家对清廷镇压“戊戌六君子”非常失望，在某种程度上也愿意接受光绪帝“瀛台泣血”的传言，相信光绪帝或许真的将不久于人世，中国政治还会发生巨大变动。

对于这些传言，窦纳乐当然也很关心，所以他推心置腹给出一个这样的建议：假如清政府没有什么阴谋的话，那么不妨让公使馆的外国医生进宫为皇上做个全面检查，外国医生的证明一定会让全世界相信，“谣言止于智者”。信息公开了，传言也就不攻自破了。

窦纳乐的建议被庆亲王欣然接受。10月20日，法国公使馆多德福医生入宫为皇上做了一次全面检查，结论是皇上突发肾炎，但病情并不太严重，只要在饮食上善加调理，辅助一些药物治疗，病情就会好转。言下之意，皇上的病情并不影响其继续履行职责。

寻找大阿哥

外国医生的诊断证明在西方世界确实有用，此后很长时间，中外之间并没有因此再起风波。只是突发肾炎在当年确实并不那么好治，光绪帝的病情几经反复，时好时坏，有时他能参与朝政处理，有时他连一些礼仪性活动都没有力气参加，特别是到了1899年下半年，光绪帝的肾病似乎越来越严重，甚至出现了病危的情形。

在高度集权的大清，皇帝的健康关乎国家稳定。面对这种情形，清廷并没有刻意将皇上的病情列为绝密，而是以上谕方式适时向外界公布。这种公布当然具有正面效果，中外大臣毕竟由此知道朝廷中的消息，知道皇上的病情。然而随着公布的病情越来越严重，内外大臣中酝酿着各种各样的建议，一种最盛行的看法是，即便皇上的病情没有大碍，但皇上的这种病，来时如山倒，去时若抽丝，其后究竟怎样真的不容乐观。因此他们建议从大局考虑，从大清前途及稳定考虑，应该有一个预案，应该让国内外对未来有一个比较稳定的期待。

说白了，这些内外大臣的考虑蕴含着另外一个问题，即皇上大婚已经十几年了，尚无龙子，现在又是肾病复发，在可以预见的未来，光绪帝生养皇子的可能性非常小。而皇上马上就到而立之年了，所以他们暗中酝酿着一个计划，就是为皇上过继一个孩子，用心培养，作为将来的接班人，以此稳定国内外对中国政治的预期。

皇上没有孩子当然可以过继一个，就像光绪帝本人一样，他就是过继给慈禧太后做养子从而继承皇位的。然而由于1898年政治转折后铺天盖地的传闻总在说两宫之间恩怨情仇，现在突然说要为皇上过继皇子，无疑会引起海内外的无端猜疑。

其实，中国文明早在周公时代就解决了王位继承问题，不像满洲贵族一样烦恼了好几代人。长子继承的原则本身就是一个很好的政策期待，如果没有皇子，依然可以按照顺位的原则解决皇位继承中的问题。在一般情况下，汉人政权选拔接班人很少发生问题。

然而，满洲贵族两百多年始终没有弄明白中国文明的精华，反而保留着军事部落的民主原则，他们依然像满洲人过去的议政王大臣会议那样，通过自己独特的民主手段进行海选。光绪二十五年十二月二十三日（1900年1月23日），清廷发布一道上谕，命令恭亲王溥伟、贝勒载濂、载滢、载澜及大学士、御前大臣、军机大臣、内务府大臣、南书房、上书房、中央部院满汉尚书等于第二天侍候召见。这么一个庞大的贵族、高官群体，就是海选大阿哥的“小圈子选举团”，大阿哥就是由他们选举产生的。

据说，在这之前很长一段时间，慈禧太后，还有光绪帝等皇室成员就约满洲贵族领袖人物谈过话，并一起连续数天考察了皇族中溥字辈幼童数十人，从中物色出备选名单，然后再将这些备选名单提交到那个规模宏大的贵族及高干会议上去讨论决定。

经过漫长且复杂的程序，经过充分而详细的讨论，清廷终于在1900年1月24日御前会议上作出重大决定，宣布由端郡王载漪之子溥儁为大阿哥，作为穆宗毅皇帝同治之子。这样一来，这个大阿哥就不是光绪帝的皇子，而是光绪帝的侄儿了。换言之，清廷准备由这个大阿哥继续尊奉慈禧太后，继续保持一个中央权力核心的大致稳定。

光绪二十五年是“己亥年”，所以这一次“海选大阿哥”又被称为“己亥建储”。“己亥建储”是晚清政治史上的重大事件，清廷本来是好意，要为未来政治发展提供一个值得信赖的预期。然而由于清廷政治处在一个单边的不对称、不透明状态，因此其好意难免被各界从相反方向去解读。

康有为、梁启超等因1898年那场“未遂政变”而流亡海外的政治人物自然竭力夸张大阿哥事件的负面意义，一再猜测和宣扬是以慈禧太后为首的保守派对光绪帝下了黑手，是一场不见硝烟的宫廷政变，预言中国政治必将由此发生逆转。

三人成虎，谣言可畏。康有为等人的这些猜测被一些“智者”分析加工之后越说越像，各国公使也越来越倾向于认为大阿哥事件可能真的反映了清廷内部两股势力的角力和冲突，因而他们的对应策略是冷静观察，不动声色，不祝贺也不反对。这种态度在后来的政治发展中产生了非常坏的影响，在某种程度上可以说正是这个态度撩拨起了中国民粹主义、民族主义情绪。

◎大阿哥溥儁

其实，如果从同情立场去看待大阿哥事件，不难看出这一事件并没有什么阴谋。第一，虽然为皇上选择了一个大阿哥，但皇上的地位并没有因此而动摇。皇上还是皇上，大阿哥只是储君，只是预防万一的顺位接班人。第二，皇上严重肾炎或其他不便言说的疾病已经注定其不能生儿育女，过继一个养子是注定的，至于何时过继，只是一个时机问题。第三，大阿哥毕竟只是大阿哥，可以是储君，但如果在后来发现有什么问题，或者有了更好的选择，这些事情还可以调整。第四，大阿哥的功能或最紧迫的事情，只是在皇上生病期间分担一些礼仪性活动，并不触及实际的朝政。大阿哥的主要任务是学习，清廷是要培养一个接班人。然而这些理性分析无法影响社会各阶层和各国公使心中所想，一个流传很久的政治谣言就在宣布大阿哥“海选”结果的一刹那悄然流传，一场突如其来的政治动荡就这样毫无迹象地爆发了。

为什么是端王爷家的

如果从善意的角度去理解大阿哥事件，这件事对于中国政治发展本不应该构成任何问题。不就是因为光绪帝没有办法生养自己的真“龙子”吗？不就是光绪帝身体微恙需要静养吗？使用过继的办法解决皇位传承危机，为未来政治走向提供一个良好预期，这本来是一件好事，为什么会弄成一个惊天动地震惊中外的大事件，而且由此改变了中国历史的进程呢？

顺位继承

其实，中国几千年的皇位传承很少出现1900年这样的尴尬，中国文明至少在三千年前已将这些问题非常技术化、标准化。遇到类似问题只要按照原则去实行，或者稍加变通去实行，大位传承危机在正常年份一般都不会发生。

简单地说，中国文明有关皇位传承的大原则就是我们熟知的“长子继承制”。所谓“长子继承”，就是从法理上、实践上堵塞了非长子觊觎大位的任何可能性。所以，尽管中国历史上出现几次非常态弑父、弑兄篡夺大统等极端事件，但是历史书还总是不厌其烦地反复提醒，以让“乱臣贼子惧”，警告不合规矩而觊觎大位的人不要冒险，因为即便侥幸获得了大位，也依然缺乏正当性，不会被人瞧得起。

根据“长子继承制”原则，像光绪帝这样没有亲生皇子的情形在技术上并不难解决，因为“长子继承制”还蕴含着“兄终弟及”等“顺位”原则。即便皇帝没有同胞兄弟，依然可以按照血缘关系的亲近，规范出第一继承人、第二继承人，甚至更多可能的皇位继承人。这一点就像英国皇室现在所呈现的情形，候任的皇位继承人很多，其实很多人根本就没有机会。所以按照“长子继承制”原则，只会有很多顺位继承人，不存在需要满洲贵族统治集团“民主投票”“民意测验”之类“海选”的事情。

从这个视角反观大阿哥事件，我们可以做一个简单推理。假如此时慈禧太后不在了，假如清廷的最高领导人、实际最高领导人就是光绪帝一人，那么这个接班人，或者过继进宫当大阿哥进行培养的首选人物应该是谁呢？不言而喻，应该是光绪帝的亲弟弟，也就是后来的摄政王载沣。这就是“兄终弟及”原则。

究竟是什么原因使清廷放弃最简便、最不容易出乱子的选择，而去选择一个危险系数非常大的方案呢？这里面可能有两层原因。

第一，从善意层面去理解，作为周边族群，满洲贵族始终没有弄清楚中国文明要义，始终没有弄清“长子继承制”的好处。好像由于清初满汉之间对立冲突的影响，汉人士大夫在清代两百多年间也不太愿意让满洲贵族弄清这些事。我们回望有清十二帝两百多年的历史，大清国的皇位传承从顺治至宣统，很少风平浪静皆大欢喜地继位。从顺治到康熙，有过挫折与血腥；从康熙到雍正，似乎更加有问题；至于后来为咸丰过继载湉继承同治，又过继溥儁接着继承同治，其实都是因为弄不清怎样才是最好的“顺位”继承。

第二，慈禧太后和满洲贵族统治集团或许懂得中国文明精要，知道“长子继承”“兄终弟及”的道理，但是他们就是不愿这样做，或者光绪帝也不愿这样做。那么由此可讨论的空间也很大，但最主要的问题又要回到1898年秋天的政治转折上。

两宫误会

1898年的政治转折说起来比较复杂，大致是康有为鉴于政治改革推动的困难，认为主要阻力来自以慈禧太后为首的“后党”，因而他擅自做主派谭嗣同去找袁世凯，希望袁世凯用兵包围颐和园，然后再派大刀王五、毕永年、唐才常等江湖义士入园劫持皇太后，逼着皇太后以某种公开方式向光绪帝转让权力。他们甚至想着改年号，让明治维新在中国重演。

康有为的想法其实只是想法，两宫之间或许对一些问题有不同看法，但要说皇太后刻意遏制皇权、阻碍改革，根据现在的研究其实并不成立，只是康有为当年不知道。康有为知道的是，袁世凯面对谭嗣同的软硬兼施、威逼利诱始终不为所动，并坦诚告诉谭嗣同，所谓两宫冲突只是一种不负责任的谣言，并请谭嗣同转告康有为终止这种荒诞无稽的想法。

袁世凯的拒绝使问题复杂化。他后来一直说自己没有向什么人“告密”，更不存在“出卖”康有为、谭嗣同等维新志士。根据袁世凯的日记，当他回到天津与荣禄谈及谭嗣同来访这个事情的时候，朝廷捉拿康有为的电报已到。

与袁世凯的从容稍有不同，康有为得到谭嗣同的报告后，心里就开始发慌，因为袁世凯毕竟在朝廷内，毕竟是新提拔的兵部二把手。慌乱的康有为于是匆忙逃出北京，由此惊动了朝廷，形成1898年的政治大逆转。

朝廷在此后的搜捕中很快弄清了事情的来龙去脉。由于康有为的计划是让慈禧太后归政、移交权力，不言而喻，康有为的这个计划的直接受益者是光绪帝，尽管事情发生后光绪帝一再辩解自己对此一无所知。作为光绪帝的姨母兼养母，老佛爷确实很伤心，很悲痛，也很愤怒。

老佛爷有资格愤怒，而且愤怒得有道理，毕竟将载湉过继是她做的主，毕竟老佛爷对待小皇帝从小到大视同己出。老佛爷的管教确实有时很严厉，但皇上也知道那是为了自己好，因为皇太后在小皇帝刚刚17岁的时候就主动提出归政，给小皇帝娶了媳妇，让小皇帝亲政，让他自己动手管理国家大事。当然，有时遇到重大问题，皇上也会来征询意见，皇太后发现有什么不合适的地方，也会毫不隐讳地指出来。这都是很正常的事情。现在发生康有为“谋围颐和园劫持皇太后”这样的事情，怎能不让含辛茹苦二十多年的老佛爷伤心、悲痛、愤怒呢?

一百多年后，可以看到的资料越来越多，我们知道光绪帝对康有为“谋围颐和园劫持皇太后”这个阴谋其实真的不知道，尽管他是实际的受益者。由于他不知道，而且是真的不知道，光绪帝对皇太后的指责就很难接受，也同样觉得委屈，所以在将康有为“谋反案”处理告一段落之后，光绪帝也向皇太后提出了一个很合乎情理的要求，请求皇太后再度垂帘，实行训政。

皇上的这个请求，理由是自己用人不察，让康有为等坏人钻了漏洞，因而自己还须锻炼，更须反省。然而，皇上近乎撂挑子的请求使皇太后很没有面子。皇位传承大约就是在这个时候、在这种情绪的支配下开始出现问题。

端王爷家的

1898年政治转折善后处理告一段落之后，光绪帝确实病倒了，他的肾病确实复发了。这有法国公使馆医生的诊断作为证明。不过，法国公使馆医生也明确表示皇上的肾病无碍继续履行职务，只要饮食得当，辅以必要的药物治疗，就会慢慢好起来。事实上，当清廷度过1900年大劫难后，光绪帝相当健康地活了8年。如果从1898年算起，就是整整10年。

慈禧太后并没有一直怀疑光绪帝在1898年捣鬼，但光绪帝知道自己毕竟不是皇太后的亲生子，因而必须为这件事情承担自己的责任。当光绪帝在1899年病情忽好忽坏很不稳定，甚至几度影响朝廷政治运作时，选择一个合适的皇位继承人，为大清政治发展提供良性预期，应该是一番好意。光绪帝对此没有竭力反对，甚至有点儿乐观其成。

我们可以相信，在为光绪帝挑选大阿哥的时候，光绪帝仍然拥有相当大的发言权。这并不是简单地依据选择大阿哥、公开“海选”结果都是走光绪帝发布谕旨这种形式就可以判断的，在后来几年政治发展中，我们依然可以清晰地感到光绪帝乾纲独断的魄力。也就是说，如果不是因为1898年的误会，如果不是慈禧太后的存在，皇位传承应该很简单。现在情形不一样了，光绪帝即便仅仅为了洗刷自己，为了让皇太后高兴，也根本不会提及让自己的弟弟载沣来接这个班。尽管载沣和载湉一样，都是慈禧太后的亲外甥、亲侄子。

光绪帝刻意不让继承人继续从醇亲王府中出，有避嫌的意思。既然最简单的办法不能使用，那就使用稍微复杂的程序。根据清廷档案，慈禧太后偕同满洲贵族中的重量级人物在1899年上半年就对皇族近支中溥字辈幼童十多人进行过详尽考察，希望从中选拔一个作为光绪帝的继承人。这就是后来端王爷家的二公子溥儁胜出的背景。

后来，许多研究大阿哥事件的学者都注意到端王载漪与慈禧太后家族的亲密关系。端王载漪有着正宗皇室血统，1856年生。他是嘉庆帝第三个儿子惇恪亲王绵恺的孙子，道光帝第五子惇亲王奕誴的第二个儿子。1860年过继给瑞亲王绵忻为孙，1894年与慈禧太后娘家侄女成婚。换言之，端王载漪也就是慈禧太后的侄女婿。这样一来，端王载漪的儿子溥儁不仅具有正宗的皇族血统，也像光绪帝载湉一样，与皇太后家族有着比较特殊的关系。

当准备为光绪帝寻找大阿哥的消息传开之后，有条件的皇族成员相互之间争夺激烈，各个家族想尽办法争取让自己的孩子上位。这是可以理解的。我们看到，慈禧太后偕同满洲贵族重量级人物考察幼童时所提及的恭亲王溥伟、贝勒载濂、载澜等，他们的祖辈或父辈原本都有机会上位为皇帝，只是机缘巧合，成为亲王，无望大位。在我们底层人眼里，大位梦从来不会有，但对他们这些有机会的王爷来说，情形就不一样了。你能，我为什么不能？这就是争论的焦点。

现在回看各位潜在竞争者，实事求是地说，论能力和当时政坛的影响力，第一人选应该是庆亲王奕劻。他不仅具有正宗皇室血统，更重要的是庆亲王很早就介入了现实政治，更是继恭亲王奕䜣之后皇族、满洲贵族第一大臣，内政外交只手遮天，可以说是“两人之下，万人之上”，除了慈禧太后和光绪帝，没有哪一个人的权势能够和庆王爷比。然而，庆王爷的悲剧或许就是他太能干了，所以在此次大阿哥的选拔中，庆王府最早被边缘化。

恭亲王溥伟、贝勒载濂、载澜等家族其实也都不错。他们在此后十年政治发展中也都贡献良多，成为“晚清太子党”的重要成员，对于推动晚清十年政治改革贡献巨大，但他们似乎也没有办法在此次大阿哥“海选”中谋求机会。他们的问题即便没有庆亲王严重，其性质是一样的，都是因为能干，才成为别人的障碍。这就是那种体制的结果。

由此，我们再看为什么是端王爷家的孩子。其实不是端王爷的这个二少爷溥儁多么优秀，而是端王爷为人稍微厚道，从来没有和别的王爷争风吃醋，一比高低。当然，不是不想而是不能。更重要的是，端王载漪一直没有介入或者说深度介入现实政治。可以说他没有本事，没有政治理念，但是在那种体制中，这些缺点或弱点就是最大的优点。用一句成语叫作“鹬蚌相争，渔翁得利”。端王爷或许也有对皇位的觊觎，但他毕竟不是很有实力，他只是一个普通的王爷，只是在1893年开始担任御前大臣。各位有能耐的王爷相互争斗厮杀纷纷出局，逆淘汰体制使这位没有深度介入的“端王爷家的”轻松胜出。

没有深度介入现实政治成全了端王爷的帝王梦，或许就是这个原因引发了稍后的王爷纷争，进而引爆了1900年的义和团运动。

端王爷的无奈

“鹬蚌相争”成全了端王爷先前想都不敢想的帝王梦。然而正因为如此，先前与各位王爷相处还算融洽的端王府，在出了一个大阿哥之后，很快就成为权力冲突的焦点。趋炎附势的一拨王爷不要说了，他们很快将端王爷视为满洲人的政治领袖，迅速表态、坚定支持、衷心拥护，以此抢占有利地形。这拨人稍后成为端王爷的权力基础，从总体上说这拨人能耐稍差，品行欠佳。另外一批王爷，或许因为在大阿哥争夺中相互伤害太大，或许对端王府、端王爷素来就有成见，因而由此成为朝廷内端王爷的反对派，尽管这种反对不公开。当然，后来的历史证明，不公开，危害更大。

陷入困境

从端王爷的成长经历看，正因为这位王爷在这之前没有过多介入政治，方才与各位王爷相处比较友好；正因为端王爷自认为没有多少机会，方才缺少锐气、缺少竞争，方才有机会脱颖而出。为此，后来有历史学家说端王爷是一个天生的排外主义者。这种说法显然缺少根据。端王爷尽管在义和团战争之后受到严厉处分，但他发自内心地不服气，只怪自己命不好、运不济。

端王爷载漪作为爱新觉罗家族的一员，无论是在自己的出生之地惇王府，还是在后来过继的端王府，一直衣食无忧，享尽公子王孙的全部好处。他原本不必为政治分忧，更不必为什么事情犯愁。这样的王爷在有清两百多年间并不在少数，他们是既得利益集团的成员，是食利者阶层。他们对大清王朝的政治忠贞不必怀疑，因为他们最担心的就是树倒猢狲散。

大清王朝是中国历史上最突出的权威体制，体制内的人对于体制有着一种本能的维护，一荣俱荣，一损俱损，是利益使然。因而从这个意义上说，在这样的体制中很难自动分解出什么改革的力量、保守的阵营。他们都是王朝政治的得益者，无论他们对改革是认同，还是否定，其实都以大清王朝能否存续为最高利益考量。

正是从这个意义上说，这个体制养了一批又一批无须思考的王公大臣、公子王孙。他们一切听从朝廷，一切以现实利益为考量。

◎坐者为端郡王载漪（1856—1922），光绪帝的堂兄。1899年，慈禧册立载漪15岁的儿子溥儁为大阿哥

具体说到端王爷载漪，大阿哥的机会是他等来的，不是争来的，是他的运气。他如果早前就知道这个运气，知道这个结果，相信端王爷一定会少壮努力，发愤

读书，建功立业。然而在这之前很长一段时间，光绪帝载湉年轻有为，二十几岁就像一个老成帝王，掌控国家，弄出一拨又一拨大事情。光绪帝堵塞了一大批王爷向上的空间，没有几个王爷有这种非分之想。

1898年秋天的政治逆转是一个关键。如果不是这个逆转，就不会有后来的故事。没有后来的故事，就没有端王爷什么事，端王爷一定还会像过去那样优哉游哉过着王爷的生活。然而现在一切全变了，端王爷突然不再是原来的端王爷了，突然变成了一人之下万人之上，甚至那个曾经乾纲独断的光绪帝也不再像过去那样精神了。端王爷内心的那点虚荣被这个突然变故激活了。

我们知道，1898年之前若干年，端王爷只是因王爷身份被任命为御前大臣，并没有具体参与过国务管理，更没有从事过外交。先前没有政治理念的端王爷如果不是遇到了非常事件——他的儿子成了大阿哥，也就是王储、未来的国君，他一定也会像光绪帝亲生父亲醇亲王奕譞那样继续垂拱而治，越平庸越好。他不会去构建什么政治理念，不会刻意排外，不会向左也不会向右，只会继续一切听从慈禧太后的，因为这位老太太才是大清王朝真正的所有者。

然而现在不同的是，大阿哥的消息刚宣布就遇到了困难。流亡海外的保皇党的强烈抗议当然可以不管，但各国公使视而不见，持续沉默，弄得端王爷实在没有脸面，没有意思。还有南方，特别是上海一大批不知天高地厚的士大夫阶层公开抗议，公开斥责端王爷策动的大阿哥事件就是抢班夺权。

一个微妙暗示

端王爷在大阿哥事件之前确实只是个没有政治理念的王爷，但在这个事件发生之后就不一样了。

当大阿哥事件还处在酝酿阶段时，南方士大夫和官僚阶层中的许多人就明确表示了反对意向，并通过各种渠道让朝廷知道。这时的反对者主要还是从政治层面为大清王朝着想，他们善意地希望不要因为1898年秋天政治逆转而中断改革进程，更不能因此中途换马，撤换或变相撤换光绪帝。果真如此，必将引起国本动摇，引起政治动荡。

南方士大夫和官僚阶层的反对没有说服清廷主政者，或许因为光绪帝的病情不容许此事继续拖下去。总而言之，清廷在1900年1月23日作出重大决定，确立了大阿哥的政治地位。清廷或许是善良的，没有什么阴谋，或许真的想给中国带来一个不一样的新世纪。

然而清廷的这个政治决定不仅没有获得朝廷内官僚阶层的积极回应，反而将原本并不反叛的士大夫阶层推到了对立面，南方士大夫阶层立即起而反对，海外华侨也在各方面的鼓动下酝酿着政治抗争。更可怕的是，原先只是一门心思与清政府做生意的各国公使，到了这个时候长时间保持缄默，不愿对大阿哥事件说一句话。当然，各国公使或许弄不清楚清政府内部决策的真相，他们的缄默只是不得已的选择。

实际上，能够认同清廷这项政治决策的在朝廷内是绝对的少数。这少数人在这个特殊的机遇中得以上位，就是因为他们在最困难的时刻挺了一下大阿哥，给了端王爷一个面子。在这个环节中，最重要的人物就是刚被撤职的山东巡抚毓贤。他的姿态、他的支持终于将端王爷引到了一个政治立场上。只是这个政治立场事后看来确实错了，而且错得很厉害。

毓贤生于1842年，时年58岁。毓贤为内务府汉军正黄旗，算是根正苗红的新一代，他不是通过科举正途获得提升，而是在那个特殊的时代通过“捐纳”，也就是公开买个同知资格而踏入仕途。毓贤以同知身份发山东候补，然后从山东曹州知府任上一步一步爬升上来，历任山东布政使、江宁将军等。1899年，他接替因教案和义和团被免职的张汝梅，出任山东巡抚。

山东此时的教案冲突、官民冲突确实很严重，毓贤大致上采取强力办法去维持稳定，将先前散布城乡的义和拳、大刀会改组成政府主管的官办组织“义和团”。我们今天张口闭口说“义和团”不说“义和拳”，就是毓贤干的事。从严格意义上说，将义和拳称为义和团其实是不对的、不准确的，只是口耳相传、约定俗成而已。

毓贤在山东打黑除恶做了一些事情，对于山东地面稳定确实有帮助。只是山东当年最大的问题不在黑恶势力，而是怎样处理外国资本大规模流入之后的中外冲突和民教冲突。在这一点上，毓贤对义和拳、大刀会等民间秘密结社比较友善，因为他看到民教冲突的责任并不都在中国方面，传教士、外国商人甚至各国公使、在山东的外国人，都在某种程度上负有相当责任。所以他在巡抚任上，并不是一味接受外国人的要求，而是适度、适时表示出某种程度的抗争，进而期待用民间抗争作为与外国人交涉的筹码。据说毓贤利用民间抗争与外国人交涉也取得一些效果，当地老百姓对此并不反对。老百姓分不清排外，还是排内，有人替他们的委屈打抱不平，他们就感激。这事很正常。

不正常的是，毓贤的做法很快被各国公使发现了奥秘，各国公使强烈要求将毓贤从山东巡抚任上撤职，并提议由袁世凯替换毓贤。

袁世凯此时正在天津小站训练新军，很得朝廷和列强欢心。袁世凯就任之后，三下五除二，很轻松就将山东问题搞定。这当然让灰溜溜被撤职罢官的毓贤很恼火，很忌妒。

回到北京的毓贤闲来无事，他很快发现位高而无权的端王爷其实和自己一样郁闷，于是他为自己找到了同道而暗喜。毓贤找机会向端王爷汇报了几年来他在山东的工作，特别是与列强打交道的经验，对症下药似的告诉端王爷，要想让列强服输，或者要想让各国公使对大阿哥事件有一个正面态度，就得利用民心、利用民气，这是那些外国人最害怕的东西。

寻找契机

端王爷的焦虑与毓贤的焦虑当然不是一回事，只是毓贤这么直白的表示启发了端王爷。

从当时的情形看，端王爷的困境就是怎样让各国公使表现出一点起码的外交礼貌，毕竟为皇上选拔接班人是中国政治生活中的一件大事，外国人保持缄默，无疑在很大程度上鼓励甚至支持了清政府政治上的反对派。

据说，端王爷在选拔大阿哥的消息发布后觉得最窝火之处就是这些外国人太不给面子。

根据李希圣《庚子国变记》记载，端王爷在立大阿哥之后曾托人给各国公使带话，希望他们能够给予清政府以起码的礼仪尊重。端王爷甚至通过中间人暗示，一旦这个问题解决了，其他事情都好商量，毕竟他和各国公使还要长期合作共事。

端王爷给各国公使的暗示已经很明确了，但各国公使就是不给面子，他们始终不愿集体觐见端王爷和大阿哥，甚至不愿派代表表示祝贺，不愿给端王爷背书，不愿留下任何凭证。

各国公使不愿这样做，一方面，是因为他们自己对中国政治派系斗争的理解，不到水落石出时不敢与任何一派结盟，局外中立才能够保证他们的利益最大化。另一方面，各国公使还有他们的政府，此时实际上深受海外政治反对派康有为、梁启超等人的影响。他们一致认定清廷为光绪帝立大阿哥，就是中途换人，就是政治上的倒退。如果列强认同了清廷的这个政治决定，中国先前政治改革的全部成果势必付诸东流，甚至先前几十年的洋务新政，都有可能因此而丧失殆尽。

康有为、梁启超等人的看法从大历史的观点看当然问题多多，但在当时各国公使和各国政府确实不希望中国政治往回走，因为那样不符合列强的利益。因而在这非常微妙的气氛下，各国公使选择了静观，他们不愿在清廷最困难的时候伸出援手。

对于各国公使的这种心态，清政府是知道的，但怎样才能说服各国公使认同大阿哥，或者说怎样才能不失外交尊严，而又能让各国公使给予适度尊重呢？这既是清政府的困境，更是端王爷的困境。当他们各种关系各种柔性办法都用尽之后，还有什么办法能够制造一个机会，或者说能够提供一个寻求突破的契机呢？

此时，前山东巡抚毓贤的经验就显得很重要、很独特，那就是以静制动，静以待变，不怕各国公使不来求我。于是，此后一段时间，清廷在端王爷等人建议下，一改过去两百多年间对民间秘密结社强硬镇压、毫无商量余地的做法，默认义和拳、大刀会等各种秘密结社组织在各地惹是生非。端王爷等人的意思很明显，一旦这些事故影响了各国的利益，还怕各国公使不来求我吗？

是的，这个想法确实不错。那么，各国公使是不是会因此就范，反过来请求端王爷，顺便也就认同了大阿哥呢？历史当然没有按照端王爷的设想往下进行，而是走向了相反。中国为此付出了惨痛的代价。

— 第七章 —

排外与媚外

官方的排外主义情绪是因为洋人肆意干涉中国内政，以为大清王朝只是他们的傀儡政权，是“儿皇帝”，这是1898年后中外交涉的大致情形。与官方排外主义情绪相伴而发生的，是中国民间社会的民族主义情绪持久发酵，终于酿成空前的中外冲突。

“运动”义和团

民间社会的民族主义情绪有着非常具体的政治背景和利益指向。1895年《马关条约》签订后，外国经济势力大规模进入中国，使中国经济获得了大发展的同时，也带来非常严重的社会不公和社会危害。社会下层民众并没有上层社会“非我族类，其心必异”的民族主义意识，他们是最实际的自然人，不知道中国向西方学习究竟意味着什么，更不知道中国为什么要走向世界，与世界同步，他们所关心的只是开门七件事：柴米油盐酱醋茶。他们知道几十年前五口通商，给他们带来了许多洋货和生活上的便利，洋火总比打火石方便和实用，洋布总比土布光鲜和耐用，洋油总比松脂光亮和持久。这些生活的方便使他们并不觉得洋人可恶。相反，看到那些传教士不辞劳苦深入中国内地和边远乡村，为缺医少药愚昧落后的村民带来了外部信息和近代文明，他们对洋人反而有一些亲近感。

然而，《马关条约》之后不同了。根据这个条约和中国政府先前与列强所签订的一系列最惠国利益均沾原则，日本和西方各国在甲午战争后大幅度扩大了向中国的资本输出，清政府当时完全不必向西方人借钱偿还对日本的战争赔款，可是那时向西方借钱太容易了，甚至可以说是西方国家和它们的银行向中国主动放贷、强迫放贷，西方已经进入列宁所说的资本输出阶段，不再像后起的日本那样继续在领土、资源上打主意，而是通过贸易往来攫取最大的利益。

中国是一个尚未充分开发的国家，向中国投资就是一本万利的买卖，《马关条约》将中国大幅度拉入世界一体化轨道。这是一把“双刃剑”。外国投资为中国经济布局和后来的经济成长做出了贡献，而大规模的外国投资和利益攫取也彻底破坏了中国自给自足的自然经济。中国农民赖以为生的土地被大规模无限度地征用，修建庞大的铁路网，开发资源丰富的矿产，兴建各种各样的新型工厂，都需要大量土地。这是一场非常奇怪的羊吃人运动，中国农民成为失去土地的流浪者，为城市和新型工业建设提供了大批廉价劳动力，只是由于失去土地的农民太多，新型工业园区、建筑工地尽管很多，但还是不能容纳全部失地农民。大批失地农民流浪在城市，流窜于乡间，他们没有工作，没有收入，但依然要养家糊口，也要生存延续。

除大量失地农民流浪于城乡外，还有大量的兵勇无法安置，也同样流浪于城乡之间。甲午战争后，中国步入一个可以期待的和平发展时期，大规模的战争不太可能在短期内再爆发，大量军队被裁减。这些曾经的军人可不像一般农民那样老实，他们遂成为后来政治动荡的一个重要因素。

基于最直观的感受，流民们知道这一切似乎都与洋人大规模进入中国有关，他们不知道条约体制，不知道中外之间达成的利益补偿原则，不知道外国人建厂房开矿山修铁路征用他们的土地，已经在双边或多边政府协议中达成补偿机制，所有损失都由外国企业补偿给了中国政府，而中国政府负责对这些失地农民的具体补偿。他们所知道的只是他们的土地没有了，他们并没有得到相应的补偿，或者补偿非常少，根本不合理，但是他们又没有反抗的机制和办法，他们是真正的社会弱势群体。他们一方面向这些新型企业出卖自己的廉价劳动力，另一方面对外国人颇有微词，对于那些追在外国人之后的假洋鬼子特别是那些教民，更是不齿乃至痛恨。

基于直观感受与非理性判断，民众的集体无意识就是排外，就是民族主义抗争。他们知道，要想恢复往昔乡村田园生活的宁静与恬淡，只有将那些可恶的洋人驱逐出去。这种集体无意识持续发酵，终于酿成此起彼伏连年不断的教案。德国占据胶州湾后仅一年半，山东省境内因铁路、矿山及教案所引发的外交纠纷就有一千余件。

山东在甲午战争后先是遭受日本人的蹂躏和掠夺，胶州湾事件后又成为德国人的殖民地和势力范围。德国人在山东大肆修筑铁路，开采矿产，抢占强占民房民田，破坏水道坟茔，破坏中国人格外看重的风水，山东人民尤其是铁路沿线的居民不堪忍受德国人久矣。

按照中德之间达成的协议和谅解，德国人在山东境内修筑铁路开采矿产，必须征用居民土地时，应该给予适当补偿和优待，只是在实际操作中，这些被征用土地的居民根本得不到补偿，或者得到的补偿非常少，更不要说什么优待。这势必引起被占土地居民的严重不满，遂引起一系列突发的群体事件。

再按照中德双方达成的协议和谅解，一旦发生群体闹事或突发事件，概由中国地方官府从重惩办，德国人不得插手，更不得派兵直接镇压中国民众。然而由于中国地方官府行政效率太低，群体事件发生后，往往得不到有效制止和控制。地方官府或许也对德国人的蛮横久怀不满，多少有点纵容中国民众向德国殖民当局施压的意思，于是群体事件往往由小变大，逐步蔓延。久而久之，德国人当然明白是怎么一回事，于是他们根本不再顾及中德之间所达成的协议和谅解，一旦某地发生群体事件，殖民当局往往在第一时间绕开中国地方官府，直接派兵迅速镇压。那些以反对抢占强占自己赖以生存的土地为唯一宗旨的群体事件是被镇压下去了，但并没有从根本上解决任何问题，反而使中外之间的对立愈演愈烈。

为了平息中国民众越来越严重的不满，参与处理这些纠纷事件的山东地方官员也曾向清政府提出过一些比较好的建议，希望仍由政府出面协调山东地方与德国殖民当局的关系，维持原条约中的相关规定，但凡德国人控制的租界外发生纠纷，仍应归山东地方官府处理，德国人不能插手和干预。然而这样的建议或不被清政府所重视，或不被德国人所接受，结果德国殖民当局与中国民间社会的矛盾日积月累，终于由局部临时性抗争演化成大规模有组织、有计划的武装反抗。

山东境内向德国人抗争的主体人群是失地的农民，同时也结合了许多因自然灾害而流离失所的流民，以及被裁减的兵勇，还有许多是常年或祖祖辈辈游走于城乡之间的江湖艺人。他们是中国社会中的弱势群体，他们的自我保护手段就是结成比较紧密的利益同盟或组织。中国民间社会始终存在着秘密结社，这些秘密结社有着久远历史，最近的也要从清初“反清复明”的白莲教算起。

这些秘密结社在下层社会盘根错节，世代相沿，不绝如缕，拥有不易消除的巨大势力和不易掌握的庞大网络。它们的活动时隐时现，起伏不定，高潮或低谷直接反映了政治统治的清明昏暗。一般来说，在政治统治比较巩固比较清明的时候，人民的利益和诉求比较容易表达，民间秘密结社就比较萧条；反之，在社会严重失序，政治统治比较昏暗，人民的基本权益得不到起码保障的情况下，民间秘密结社就比较兴盛比较活跃。

甲午战后，中国一度进入一个政治上比较清明的维新时代，只是在这个时代，由于外国经济势力无限度大规模持久性地进入，严重损害了中国民众的利益，中国官府不仅没有成为民众利益的保护者代言者，反而成为外国资本的庇护人、代言人。被伤害、被侮辱、被侵害的中国民众无法通过正常渠道表达自己的政治经济诉求，于是他们向“次级渠道”接近和靠拢，各种秘密结社就在这个过程中重新活跃，恢复重建。

根据不完全统计，1895—1899年在华北地区至少存在着武圣教（金丹道支派）、如意教（儒门教）、大刀会、红拳、义和拳、诀字、红门、弥勒教、梅花拳、铁布衫、金钟罩、红灯照、八卦教、离卦教、黄洋教、在理教、混元门、六合拳、圣贤道、一炷香、白莲教、江湖会、仁义会、红枪会、天地会、哥老会等二十余种结社。这些教门的成员主要是游离在传统农业社会经济结构之外的人，诸如和尚、道士、拳师、术士、游勇、流民等。他们浪迹江湖，见多识广；行踪诡秘，飘忽无常；身无所有，勇于反抗。在社会动荡期，他们往往是反抗官府活动的急先锋或政治抗争的组织者。

华北地区重建新建的这些秘密结社随着社会人口流动规模扩大和速度加快，也有走向联合的冲动和需求，经过不断归并不断整合，大致形成以白莲教为主，以金钟罩（大刀会）、义和拳（梅花拳）、神拳、红拳等为核心组织的网络架构。至1899年，逐渐归并为以刘士端为首的大刀会，以赵三多为首的梅花拳，以朱红灯为首的神拳等几大教门。这些组织在成立或改组之初，目标其实并不是与政府斗争，而是传统江湖社会的杀富济贫、打家劫舍，是以群体力量自发改变弱势特征，相互救济，相互保障，相互声援。他们的主要活动区域，在最初阶段主要集中在德国人控制比较薄弱的鲁西南及直隶、山东交界地区，活动最为频繁和影响最大的主要有曹州、单县的大刀会，冠县的义和拳，以及茌平、高唐、平原等地的神拳等。

大刀会、义和拳等在最初阶段的活动似乎并没有引起清政府的重视，而且清政府内部有不同认识，许多地方官员可能更倾向利用这些民间组织，作为与外国人进行交涉的资源，所以说如果不是那么复杂的对外交涉背景，大刀会、义和拳不可能在那么短的时间里坐大，成为左右时局发展的重要力量。

曹州、单县等地的大刀会组织最初出现于甲午战争时期，带有民团的性质，只以“保卫身家”相号召，以各种不同手段秘密反对外国人特别是外国教会。1896年3月，刘士端邀集大刀会众约十万人在单县城关火神庙聚会，唱戏四天，展示功夫，以聚会友。十万之众手持红缨枪，在一个小小县城来来往往，公开活动，画符饮吞，掐诀念咒，排砖排刀，展示武功。其会众中有金钟罩、铁布衫、无影鞭等名号，大致表示是刀枪不入，功夫不凡。

此时正值甲午战后，社会秩序比较混乱，流民众多，即便是先前宁静的乡村，也变得不再那么安宁，为防盗贼保身家，许多农村居民发自内心地期待学习一点功夫，至少可以在发生危机时不至于太吃亏。这大概是大刀会、义和拳最初引起农村居民兴趣的根本原因，也是清政府在最初阶段予以容忍的原因之一。

刘士端为山东曹县烧饼刘庄人，幼年师从白莲教信徒赵金环习武，主攻金钟罩。后参与创立大刀会，逐渐上升为曹县大刀会首领。

与刘士端齐名的大刀会首领还有曹得礼。曹家经济状况并不太坏，有良田数十亩，属于乡村社会比较富裕的家庭。

刘士端、曹得礼等人大概有点儿像游走江湖的艺人，他们凭借自己的身手吸引群众，并换得生活费用。当然，由于这批民间艺人常年游走江湖，在他们身上必然存在着浓厚的江湖义气。这种义气在升平时代固然有助于社会稳定和政治统治，一旦秩序失范，这种义气又不可避免地成为社会动荡的因素之一。刘士端此次聚会，其愚者以为可保卫身家，黠者遂借以逞其凶暴，兼有外来游民盗贼从中煽惑，将单纯的聚众习武保卫身家变成聚众滋事：乡间百姓偶有不遂己愿者，则群起而攻之。

大刀会众的刀枪不入当然只能骗骗中国乡间老百姓，来自西方的传教士，当然不会相信血肉之躯真的能够抵挡刀枪。他们指责这些江湖艺人为“妄诞”，为愚昧。于是大刀会就此与天主教结下梁子，凡天主教堂，大刀会一律烧毁；天主教人，一律杀灭。大刀会聚众数万人，在曹县、城武、单县、丰县、沛县、萧县、砀山、考城、兰仪等县同时举事，烧毁了一些教堂，伤害了一些教民。

1896年6月，江苏砀山县刘隄头村教民凭借教会势力无理抢割平民庄稼，双方发生械斗。当地大刀会集合千余人，焚毁刘隄头教堂以示惩罚。邻近数县会众闻讯后群起声援，先后焚毁、捣毁教堂二十余处。刘士端还派单县大刀会会众千余人赶赴江苏助战。他们在山东、江苏交界的马良集，捣毁当地官署，焚毁教堂，与清军展开激烈战斗。

江苏砀山（今属安徽）大刀会首领庞三杰闻讯后联络山东大刀会及牛金声（一作尤金声）、彭桂林、韩炳义、陈玉德、刘仲文等首领，率众前往单县及江苏丰县戴套楼等地，找教民复仇，砸毁一些教民家中的家具，并焚烧了薛孔楼洋学堂等。此次大规模民教冲突终于引起清廷注意，谕令两江总督刘坤一、山东巡抚李秉衡各派队伍，速往镇压。

庞三杰起事之初，率众不过四五百人，活动区域主要集中在苏鲁交界马良集等地。刘坤一与李秉衡派出官兵与大刀会在马良集等地鏖战数次，先后杀伤大刀会会众八百余人，彭桂林、刘士端、曹得礼等首领先后被捕，残部千余人继续活跃于山东曹州、河南归德、江苏徐州等三省周边地带。

山东巡抚李秉衡在对大刀会进行镇压时，也曾对民间结社的兴起给予高度关切，派人深入调查这些民间秘密组织的情况。当他了解到这些民间秘密结社的政治诉求后，一般说来在执行朝廷政令实施坚决镇压的同时，也对这些民间秘密结社给予相当同情。李秉衡一方面比较清楚地看到这些农村民间秘密结社的主要目的是对付外国教会在广大农村的非法行为，因此当官府的力量尚不足以从体制上、实力上制约外国教会在中国的不法行为时，这些秘密结社显然是一种比较有效的自发自治组织，一般来说并不会对社会稳定，尤其是不会对官方政治统治构成多大危害。

另一方面，李秉衡注意到这些民间秘密结社虽然受到白莲教等民间秘密教门的影响，其前身虽然有反对清朝政治统治的历史，但到了他们这一代传人性质已根本改变，他们不仅不再是反对清朝政治统治的异己力量，而且因其以“扶清灭洋”相号召，反而是清政府进行对外斗争时可以利用的一种民间势力，是可以在与列强进行交涉时利用的一种政治砝码。列强和许多在华外国人确实也有许多问题，确实有得理不让人或欺行霸市、胡作非为之类的行径，他们的霸道激起中国民众的愤恨。中国民众对于外国人和传教士、教民的愤恨，并不是没有一点道理。

比较公平地说，在中国的大多数外国人是好的，但是有一些外国人或传教士干了许多与其身份不太相符的事情，与中国民众发生了许多不必要的冲突，然而在这些冲突发生后，各国公使根本不分青红皂白，不分是非曲直，一味指责中国人，似乎所有的坏事都是中国人干的，外国人总是冤枉的、委屈的。各国公使特别是德国公使只是听信传教士的一面之词，只知道向总理衙门粗暴施压，以强势外交姿态迫使中国政府屈服。这样的情形不能不使中国官员觉得外国人也有不讲道理的，中国民众也有被冤枉的，所以中国官员也就在力所能及而不太影响外交大局的时候，对中国民众给予适度宽容。

当然，还必须承认，正是这种宽容使中国民众与外国人、传教士的对立越来越严重，并终于导致1897年年底的“巨野教案”，并由巨野教案引发德国强占胶州湾事件，又由这一事件引发第二年急剧的政治变革。

巨野教案发生后，中国政府积极善后，因为不管怎么说，两个德国传教士的死亡是个事实，中国政府答应赔偿，表示遗憾，但是德国人为了实现蓄谋已久的强占海军基地的计划，不依不饶，在要求赔偿要求更多特权的同时，还一定要羞辱中国政府，一定要求中国政府革除李秉衡的山东巡抚职务。

李秉衡其实真的是清政府内部比较有见解、有立场、有坚守的巡抚，他在山东任内大致上还是能够控制住局面的，只是德国人蓄意挑衅，所以才有巨野教案的发生。在这一点上说，清政府在德国政府要求下将李秉衡撤职，李秉衡显然是有点儿冤枉的，所以清政府后来不仅重新起用，而且将他提升为四川总督。不过后来李秉衡并没有到四川就职，因为德国公使觉得太没有面子，给清廷施加更大压力。李秉衡就此隐居三年，心中对列强的愤懑可想而知。这也为后来的故事演变埋下了伏笔。

接替李秉衡的是张汝梅。张汝梅对列强固然没有李秉衡强硬，但他对民间秘密结社同样也没有李秉衡强硬和有手腕，他对这些民间结社的同情似乎比李秉衡还要多，对外国人和传教士的指责抱怨也比李秉衡还要强烈，还要具体。他认为，山东境内会匪猖獗，地方骚乱经年不息，根本原因是中德之间没有很好地执行过去达成的协议和谅解，中国政府特别是总理衙门一味听从德国人的摆布。他认为，中国政府必须要求德国政府严格遵守中德之间达成的协议和谅解，德国公使必须约束德国人在山东的行动和言论，绝对不能允许纵容这些德国人飞扬跋扈、不可一世，否则中国的老百姓不服气，中外冲突也就不知伊于胡底。张汝梅这样的官员心理如此，怎能指望他们昧着良心去镇压自己那些可怜的同胞呢？

协助张汝梅治理山东的是毓贤，毓贤在山东从政二十年，熟知地方情形，也深悉民间结社之所以发生之所以兴盛的原因之所在。他和李秉衡一样，对这些结社主张剿抚并用，对那些不听招呼、寻机闹事、制造事端的，要毫不客气地坚决镇压，对于那些比较顺从的，则给予适度关照，甚至将他们收编。所以在张汝梅、毓贤治理下，山东境内的民间结社有增无减，获得了空前发展，经清政府批准，"化私会为公举，改拳勇为民团"。将这些民间结社纳入朝廷内，只是为了有效控制这些民间结社，显然是期望变无序为有序，变私营为官办。

张汝梅、毓贤的这些手段如实说来也有效果，山东境内的社会秩序确实有了好转，只是他们两人忘记了另外一件大事，那就是对黄河的治理和维护。这是山东巡抚的一个重要职责，也是保障黄河下游社会稳定的一个重要基础。过去的山东巡抚每年总要有一半精力对付这件事，而张汝梅和毓贤乐于整合各地民间组织，构建一个省属的庞大民团，结果就忽略了黄河的治理和维护，导致1898年夏天黄河决堤，华北地区一夜之间变成了千里泽国，汪洋一片，大片农作物荡然无存，空前的饥荒接踵而来。无数农民倾家荡产，无家可归，流离失所。接下来又是一场蝗灾和两年干旱，导致了更加严重的饥荒和灾难。这无疑加剧了社会的动荡不安，增加了流民的数量、规模和流动的速度。张汝梅终于成为替罪羊，于1899年3月被解除山东巡抚职务，毓贤顺位接任。

或许是因为对外国人飞扬跋扈的愤恨，或许是出于对民间力量的赞佩，毓贤对民间结社始终怀有某种莫名其妙的好感。他始终认为教民仰仗着传教士的庇护，欺压其他民众，是山东民教冲突的根源，所以他认为非基督徒民众组织起来习拳练功，主要目的不过是自保身家。至于他们与教民发生冲突，更多是外来游匪冒充大刀会、义和拳的名义进行捣乱，以此挑拨非基督徒民众与教会之间的矛盾。

基于这样的认识，毓贤进一步加大化私会为公举的力度，逐步将各地大刀会、义和拳、神拳等统统纳入官办轨道，以便实行有效控制，使之成为与外国人进行交涉时可以利用的民间资源。1899年7月，平原县杠子李庄教民欺压拳民，知县蒋楷袒护教民，派兵捉拿拳民，引发杠子李庄和森罗殿等地大规模武装冲突。毓贤闻讯后，一方面派兵弹压，另一方面将蒋楷撤职查办，派兵前往平原等地招抚慰问义和拳、大刀会，并灵机一动，建议将“义和拳”改称“义和团”，团建旗帜，皆署有“毓”，以为这样就可以将这些散漫无系统的组织纳入一个可控制的系统中了。这显然又是毓贤的幼稚。

毓贤对义和拳、大刀会民众的默许纵容和支持，特别是对外国人外国教会的不以为然，不予保护，引起了各国公使普遍反对。在各国公使一再要求下，清政府终于在1899年年底下令免去毓贤的山东巡抚，任命袁世凯接替。毓贤的处境其实与李秉衡一样，清政府虽然将他免职了，但并不认为他真的犯错了犯罪了，于是他被解除职务回到北京后，并没有受到丝毫冷落，反而像英雄凯旋般地受到各方面的欢迎。

冲突在犹豫徘徊中持续升级

在各国公使看来，山东局势日趋恶化，主要是因为清政府用人不当，山东几任巡抚或许精明能干，但太缺少国际视野，不能平等包容地看待在那里辛勤工作的外国人，包括传教士和外国的工程技术人员，所以他们一再要求中国政府撤换山东地方官员，然而连续换人依然没有解决问题，依然没有使山东局势根本改观。1899年11月，各国公使要求撤换毓贤，并提出他们中意的人选袁世凯。

各国公使认为，袁世凯早年常驻朝鲜，拥有必要的国际事务经验，因此袁世凯对大刀会、义和拳及一切民间结社的危害性，较一般中国大臣认识深刻，始终主张严厉打击，坚决镇压，将之消弭在萌芽状态。袁世凯多年来在天津小站练兵，使用了不少外国教练，与外国人大致能够和睦相处，尊重外国人的习惯，而且袁世凯具有坚定的意志，有足够的能力智慧应对复杂局面。

列强的建议得到了清政府的积极回应。12月6日，清政府下令免除毓贤的山东巡抚职务，命令袁世凯代理。

袁世凯没有辜负列强的期待。他稍事准备，遂于12月26日率领数千名新建陆军自天津小站出发，前往济南赴任。

上任第二天，袁世凯就发布了措辞强硬的查禁义和拳公告，要求山东境内的义和拳必须尽快自行解散，否则必将受到严厉惩处，不分首从，格杀勿论。

在威胁恐吓的同时，袁世凯听从谋士徐世昌的建议，对义和拳民众采取分化瓦解的安抚策略，奖励献首，奖励自新，对一切放下武器、老老实实回家的义和拳民众，采取既往不咎的办法。这一着应该说很有效，很实用，在短短的时间里，许多义和拳首领真的被部众杀害悬首了，许多义和拳组织，也就是先前张汝梅、毓贤时代的民团自动解散了。少数几支继续坚持的义和拳组织或被迫向山东境外转移，或在原地艰难维持，朝不保夕。山东的民间结社泛滥之风在袁世凯软硬兼施两手策略的治理下，很快有了很大改观。各国公使和清政府对此都感到比较满意。

然而，想不到的事情还是发生了。12月28日，在泰安办理教务的英国传教士卜克斯急于返回平阴驻地。那时平阴一带的局面几近失控，当地官员竭力劝说卜克斯不要冒险，待局势略有好转再启程。然而，卜克斯是一个典型的宗教狂热分子，他不仅听不进任何劝告，反而认为如此危机更需要他前往说服那些狂乱骚动的民众，他相信宗教的力量一定能够使这些狂躁的中国人平静下来，成为守法文明的公民和虔诚的基督教徒。

偏执的卜克斯雇了一头青驴作为坐骑，起初一路大致平静。然而，12月30日中午时分，卜克斯在距平阴县境不过二十里的肥城张店村遇到了麻烦。孟广文、吴方城、吴经明等十几位义和拳民众与卜克斯不期而遇，他们不认识卜克斯，更不知道卜克斯的大名和地位，他们只是看到卜克斯这个外国人悠闲自得地骑着毛驴，不由得怒火中烧，遂蛮横地下令卜克斯滚下来。

卜克斯年约三十，身强力壮，颇有功夫，桀骜不驯，作为一个宗教狂热分子，他早有为上帝献身的心理准备，他不仅不介意这些中国人的吆喝和恐吓，而且觉得这正是自己用宗教的力量去感化这些野蛮愚昧的民众的大好时机。

卜克斯从容下驴，不过他并没有采取宗教劝说的方式让这些中国人放下武器，而是凭借自己的身体优势，敏捷地夺下孟广文手中的大刀。吴方城等人见状不知如何是好，匆忙中就是一片混战，一阵乱打。身强力壮的卜克斯终于寡不敌众，束手被擒，被这十几个中国人轻易制服。

这十几个中国人用卜克斯做人质，去敲诈当地一个信仰天主教的富户，也就是通常所说的教民。然而敲诈不成，这十几个中国人于是将卜克斯交给了当地的义和拳民众。

义和拳民众似乎也无意伤害卜克斯，然而当他们抵达肥城、平阴交界的“四棵树”时，卜克斯见天色已晚，有机可乘，遂试图逃走，但没有成功。

卜克斯的逃跑终于激怒了这些中国人，因为他们知道山东巡抚袁世凯刚刚发布严厉命令，此时如果释放了卜克斯，无疑等于放虎归山，遗患无穷，他们一定会受到官府的清算，狠毒的袁世凯一定会将他们斩尽杀绝，株连九族。一不做，二不休，一了百了。他们几个人终于下决心将卜克斯杀害，弃尸水沟，销毁证据，希望能够侥幸逃脱惩罚。

天下没有不透风的墙。卜克斯被杀害的消息并没有很快传出去，但他被中国民众俘虏还是有很多人知道。当地英国教会向地方官府紧急求救，平阴、肥城两地知县迅速派员前往营救，山东巡抚衙门也迅速向总理衙门做了报告。英国驻华公使窦纳乐获悉卜克斯被俘的消息后，立即向总理衙门进行通报，强烈要求中国政府采取一切措施加以营救。

中国政府当然答应了窦纳乐的要求，只是到了1900年1月3日，总理衙门获悉卜克斯被害的准确消息。总理衙门向窦纳乐表达中国政府的遗憾和惋惜，表示将尽快捕拿凶手，尽快善后。

窦纳乐对中国政府的诚意表示理解和接受，逝者已矣，他警告中国政府不仅要严肃对待这件事，而且要采取强硬得力的措施防止类似事件再次发生，强力镇压大刀会和义和拳，决不能再姑息这两个非法组织。

卜克斯被杀这一不幸事件，他个人负有一定的责任，就像窦纳乐认识到的那样，他不该不听从中国人的劝阻，执意在危险时刻到危险的地方去。但是根据中国政府与各国签订的传教章程，中国政府也确实负有保护传教士和平传教的责任，所以中国政府于1月4日发布一道上谕，对卜克斯之死表示惋惜，命令山东巡抚迅速查处那些疏于防范的地方官员，限期破案，缉拿凶手。同一天，中国政府还委派总理衙门大臣王文韶等前往英国公使馆，借新年拜会的机会，向窦纳乐当面表达歉意，寻求谅解和和解。

中国政府的诚意安抚了窦纳乐，窦纳乐并没有像德国公使那样借巨野教案敲诈中国，但是在中国政府内部却因卜克斯之死发生了一场争论，甚至差一点终结了袁世凯的强硬镇压政策。一些御史纷纷指责袁世凯，认为正是因为他那不适当的强硬镇压才会出现这样的极端反弹，卜克斯这样的恶性事件在过去剿抚并重软硬兼施的政策下不可能发生，现在的强硬措施使那些义和拳民众非常害怕，一旦发生类似冲突，这些义和拳民众还会采取非常手段毁尸灭迹，期待侥幸逃脱惩罚。这是人性使然。

御史们的说法不能说没有一点道理，中国政府面对民教冲突确实不能一味镇压，不分是非曲直、不分青红皂白。尽管民教冲突的根本解决办法有待寻求中外协商，但中国政府决不能像袁世凯这样一味强硬一味镇压，否则类似的恶性事件不是减少，肯定会增加。这些复杂的现实深刻影响了清廷的决策，清廷于1900年1月11日发布的上谕要求各地督抚在对义和拳进行镇压的同时，不要扩大化，还是要像过去那样区别首从，区别对待，对于那些只是以练功习武、强身卫家为目的的安分良民还是要像过去那样适度宽容，务必不要惩罚任何无辜的人，不论他过去干过什么。很显然，这份上谕基本上否定了袁世凯的强硬政策，既让袁世凯感到很郁闷，也使各国公使很困惑，弄不清清政府的真实用意。

清政府的政策转向很快就带来了直接后果，此后义和拳的活动有增无减，加入义和拳的民众总数在日益攀升。更重要的是，义和拳民众对清政府产生了初步的同情与理解，通过这个上谕他们知道清政府还是爱护他们的，过去的和未来的一些镇压，可能都是做给外国人看的。

中国公众对1月11日上谕的理解是不错的，各国公使其实也看到了这一点，普遍对清政府的退让政策表示强烈不满，他们认为这个上谕向义和拳民众传递了一个非常不好的错误信号，所谓保护以强身健体自卫身家为目的的义和拳民众，所谓不要扩大化云云，其实只是借口，义和拳民众一定会利用这份上谕继续闹事，形势甚至会更为严峻，在中国特别是在山东的外国人，处境因这份上谕变得更加危险。

清政府紧接着又做了一件强烈刺激各国公使的事，使中外冲突继续升级，更加难以找到缓解的机会。早在卜克斯事件发生后，窦纳乐就要求中国政府追究已经撤职的山东前巡抚毓贤的责任，因为正是毓贤的同情纵容才使该省的混乱局面始终难以平息。各国公使普遍认同窦纳乐的分析和要求，他们通过各种方式正式或非正式地要求清政府永远至少很长一段时间不要起用毓贤，以免向义和拳民众传递错误信号。

然而，清政府对于各国公使的严厉警告却置若罔闻，慈禧太后隆重接见了毓贤，端王、庄王及大学士刚毅等王公大臣，更是对毓贤隆重欢迎、盛情款待，似乎毓贤不是被撤职回京，而是从战场上胜利归来。

对毓贤在山东的作为当然可以有不同视角的评判。各国公使对毓贤的指责当然也只是看到毓贤的一个方面，并不是毓贤言行的全体。虽然不能说毓贤在山东爱民如子，他有残暴的一面，但是他毕竟注意到民教冲突的复杂性，注意到民教冲突的根本解决并不能靠单方面压制中国民众，因此清政府刻意表彰毓贤。只是这一点无论如何都很难让各国公使理解。

各国公使对清政府表彰毓贤的行动提出严厉批评和严肃交涉，强调这种言行实际上是向义和拳民众传递错误信息，无助于山东局势的稳定。各国公使甚至意识到，如果清政府一意孤行，我行我素，无意解决义和拳、大刀会问题，那么列强应该另外寻找解决办法，不能将全部希望寄托在清政府身上，否则各国可能会为此付出惨重代价。

1月23日，法国驻华公使毕盛提议召集法、美、德、英四国公使会议，讨论怎样应对中国政府在镇压大刀会、义和拳问题上的后退。第二天，他们向清政府提交了一份外交照会，认为清政府1月11日的上谕选择了一个错误的政策导向，大刀会、义和拳很可能从这个上谕中获取新的启示和力量，可能会继续进行对基督教徒的迫害。照会认为，在山东和其他地区所发生的迫害基督教徒的恶性事件，是任何文明国家都不能容忍的，是一种不能原谅的耻辱。各国公使强烈要求中国政府尽快纠正这个错误的政策导向，重申对大刀会、义和拳这两个非法组织进行严厉镇压的必要性，要抓住时机平息他们所引起的骚乱，恢复华北地区社会秩序，保护各国在华利益不受侵害。

四国公使当时并不知道在山东、在直隶还有很多意大利传教士，因此没有邀请意大利公使参加。意大利公使获悉这一消息后，也向总理衙门提交了一份内容大致相似的照会。由此，五国公使联盟大致形成。

五国公使的抗议照会并没有引起清政府的重视，因为清政府此时最重要的事情不是镇压大刀会、义和拳，而是忙于御前会议的筹备，忙于就光绪帝继承人问题进行磋商。诸位如果还记得的话，五国公使向清政府提交抗议照会的同一天，清政府终于宣布以端郡王载漪之子溥儁为大阿哥。这一震动中外的消息才是当天或稍后很长一段时间的国际热点和焦点，清政府哪有心情去应对五国公使的抗议呢？

◎晚清时代的各国使馆区——北京东交民巷

大阿哥的地位始终得不到国际社会特别是这几个主要国家的承认，各国公使不对大阿哥和端郡王表示祝贺，这无疑加剧了中国政府与列强的裂痕，中外之间就大刀会、义和拳问题的交涉差不多因此中断了一个月之久。

持久拖延无助问题的解决，五国公使忍无可忍，终于在差不多一个月之后的2月21日向总理衙门提交了一封询问信，催促清政府对他们1月23日的照会给予答复。25日，总理衙门的答复姗姗来迟，表示政府已有旨命令山东巡抚、直隶总督剿抚义和拳。

总理衙门的刻意冷淡激怒了五国公使，他们指责这份答复照会错误地引用了需要回答的照会，根本没有满足甚至没有提及五国公使的照会及要求，更没有提出尽快镇压大刀会、义和拳的具体措施。五国公使要求与总理衙门紧急会晤，指名要求庆亲王奕劻必须参加。

总理衙门同意了五国公使的要求，会晤安排在3月2日。然而到了3月1日晚，五国公使突然接到总理衙门的照会，附件中有直隶总督裕禄奉旨剿办义和拳的一个布告，这中间又包含一道上谕，上谕中明确使用的词句是“取缔”义和拳。

取缔义和拳本来是五国公使的要求，现在清政府用这种方式答应了他们的要求。然而五国公使的疑虑并没有因为这道上谕的发表而消失，他们担心这是清政府故技重演，是以表面的答应拖延时间。五国公使立即向清政府提交了一个新的照会，要求清政府将取缔义和拳的上谕像1月11日的上谕一样，在政府公报中公开发表。

3月2日，英国公使窦纳乐、美国公使康格、德国公使克林德、意大利公使萨尔瓦葛和法国代办吕班等五国公使依然如约前往总理衙门，与庆亲王等中国大臣举行会谈。他们当面重申照会中的要求，就是要把这个取缔义和拳的上谕公开发表。德国公使还提出上谕没有提及大刀会，不知中国政府究竟是什么意思。

庆亲王就各国公使的疑惑进行了耐心的解释，告诉他们按照中国的行政体制，目前这种处理方式要比公开发表上谕更有效、更迅速。至于德国公使提及的大刀会，庆亲王解释说，根据中国政府掌握的资料，大刀会与义和拳其实就是一个组织。

五国公使相信了庆亲王的解释，然而各地所传来的消息却使各国公使深感失望：各地义和拳、大刀会民众根本不理睬直隶总督裕禄、山东巡抚袁世凯发布的告示，参加大刀会、义和拳的人数不是减少了，而是大幅度增加。各国公使无法静观其变，他们于3月9日明白无误地告诉清政府，如果清政府继续拖延对大刀会、义和拳的镇压，各地形势没有根本好转，那么各国公使将建议各自政府，为了他们的侨民、传教士的生命财产安全，派遣海军陆战队前来，用武力自行解决。

五国在向中国动武问题上并不一致，这一点清政府似乎已经猜到，所以清政府对五国公使的警告并不介意，既没有采取有效措施制止义和拳蔓延，反而与各国公使的期待相反，在某种程度上鼓励义和拳向山东之外的地区发展。3月14日，清政府重新起用毓贤为山西巡抚，激起各国公使的强烈反对，并最终改变了各国政府的态度。

各国政府对毓贤重新出山强烈反对，他们认为这是清政府故意与列强为敌，不仅不顾及列强的正面警告启用了毓贤，更严重的是将他安置在英美传教士人数更多的山西。各国政府相继接受公使们的判断，认为清政府可能真的缺少平息大刀会、义和拳骚乱的诚意，各国政府为了自身利益，大概必须采取断然措施。

3月下旬，英国政府改变先前方针，同意窦纳乐的请求，派遣军舰前往中国沿海。德国、美国等也做了相应决定。中国的外交关系骤然紧张。4月6日，英、美、德、法四国公使联名照会清政府，限两个月内必须剿灭大刀会、义和拳。届时如果不能实现这个目标，那么列强将不得不派遣海军陆战队深入内地代中国政府剿灭，由此所发生的问题，均应由中国政府承担责任。列强确实加快了军事方面的准备，12日还在大沽口海面组织了联合军事演习，向清政府武装示威。

清政府对列强的警告越来越不介意，甚至显得很麻木，其中一个很重要的原因，是俄国人、日本人并不与西方列强完全一致，这给清政府留下了想象的空间。当各国公使建议各国军队联合向中国示威时，俄国公使格尔思明确反对，他认为这种做法不会收到预想效果。俄国人以这种比较不一样的姿态，留给中国人许多想象和希望，使清政府觉得问题或许并没有那么严重。

不过，格尔思并没有纵容清政府继续拖延，他曾多次通过外交渠道告诫庆亲王，一定不要存在侥幸心理，一定要切实镇压义和拳，否则真的会引来列强干涉，到那时，俄国也就没有办法帮助中国了。

格尔思的建议并没有引起清政府的警觉，列强的警告也没有引起清政府的警惕。日子就这样一天又一天地过去了，清政府在剿抚两难的困境中无法自拔，而义和拳却在这种暧昧的政治氛围中茁壮成长日益壮大。因为山东巡抚袁世凯的强力镇压，山东的义和拳基本上被驱逐出去，四处发散，主要向京津一带转移。至1900年2月，在天津老城厢，已经能够看到有人在那里练习拳脚，他们痛诋洋人，仇杀教民，表示拥护清政府，所以官府衙门也就对他们视而不见，听而不闻，听任义和拳发展壮大。义和拳很快就遍布直隶，到了4月，京城内开始有义和拳的活动，据说每当夕阳既西，京城居民争相习拳，甚至许多大户人家、王公贵族，也都热衷于练习拳脚，大有全民健体的意味。

京城居民练习拳脚，如果不去招惹外国人，如果局限于强身健体，当然也是一种可以理解的行为，然而义和拳的兴起毕竟与外国人、与传教士、与那些和传教士有密切关联的教民有关，所以义和拳在京津发展之始，虽然对外国人比较忌讳，不敢招惹，但对那些同种的教民，却充满鄙视，从来不惧与他们冲突打斗，很多时候，应该说是这些义和拳民众主动出击，向那些依附于洋人的教民挑衅。4月底，京城第一个义和拳坛口终于出现在东单牌楼西裱褙胡同于谦祠堂内。京城地面到处出现各种各样的揭帖等宣传品，宣称现在中国的混乱扰攘不宁主要是由那些洋人招来的，这些洋人在中国各地传邪教、立电杆、造铁路、开矿藏，不信中国生人之教，亵渎天神，破坏风水，终于招致过去几年持续不断的灾害。这些招贴号召民众定期举事，攻击教堂和那些外国人，尤其是那些依附于外国人的假洋鬼子。在西四牌楼羊市南壁上发现的一则义和拳乩语写道：

一愁长安不安宁，二愁山东一扫平，三愁湖广人马乱，四愁燕人死大半，五愁义和拳太软，六愁洋人闹直隶，七愁江南喊连天，八愁四川起狼烟，九愁有衣无人穿，十愁有饭无人餐，过戌与亥是阳间。

类似宣传品在京城到处张贴，原本宁静的京城实际上已处在大动荡大混乱的边缘。中国民众在义和拳的激励和中国政府默许下，情绪激动，而洋人、传教士，特别是那些教民则人人皆有朝不保夕、危在旦夕之恐惧，他们在六神无主中艰难地熬着日子，不知何时才能水落石出，有个比较明确的结果。

教民当然不享有外交豁免权，然而各国公使在那个年代肩负着保护传教使命的重任，自告奋勇地肩负起保护教民的责任，所以这些中国人就是因为信仰皈依了基督教天主教，就被外国人视为自己人，当然也就被中国人视为叛徒，视为汉奸。民教之间的冲突就在这复杂的背景下越来越严重。

京城内外，或者说整个华北地区的形势都不容乐观，列强和传教士的情报系统都在向各国公使传达一个危险的信号，那就是中国政府不论出于什么原因，事实上已经无法控制、无法收拾整个华北的局面，要想使华北地区的形势恢复平静，要想有效保护列强在华北的利益特别是保护在那里的传教士、教民，大概只有一条路，那就是各国公使曾经设想过的，由各国联合出兵，代清政府剿灭义和拳等非法组织。

◎东交民巷街景

5月17日，法国公使毕盛向各国公使通报，在保定府附近有六十一名天主教徒被杀死；18日，英国公使窦纳乐向各国公使通报，北京东南四十英里处的一个教堂被焚毁，一名中国牧师被杀死；5月19日，天主教北京教区大主教樊国梁神父写给法国公使的一封信在各国公使中传阅。这封信以最灰暗、最阴森的笔调描写了北京和华北地区日趋恶化的形势和可能的危险，认为北京已被义和拳从四面八方包围了，更多的义和拳民众正在收紧对北京的包围圈。他认为，正在发生的所谓宗教迫害只不过是个掩饰，义和拳的目的就是要消灭所有在中国的外国人。樊国梁以悲伤的情绪预言，义和拳将从进攻北京的教堂开始，然后攻击各国公使馆。在中国的欧洲人已经处在和1870年天津教案发生前夕同样危险甚至可能更危险的境地：同样的揭帖，同样的宣传，同样的威胁，同样的缺乏远见，同样的保护不力。樊国梁请求法国公使立即派遣海军陆战队保护北京的法国教堂和传教士，否则那些可怜的人必将遭到灭顶之灾。

樊国梁神父已经六十三岁了，在中国也已经居住了三十八年之久，能说一口道地的北京话，与中国社会各界有着广泛的接触，其情报来源应该非常可靠，其判断也素来受到各国公使的重视。5月20日下午，公使团团长、西班牙公使葛洛干召集英、美、俄、法、德、意、奥、西、比、日等十国公使举行会议，主要讨论所面临的形势及应该采取怎样的应对方针。各国公使对中国政府大致失去了起码的信任，认为继续依靠中国政府去镇压义和拳，可能不会有什么结果。不过，他们也担心，如果现在就由各国出兵干预，由联军直接深入中国内地代清政府去剿灭义和拳，估计也不是一个最好的办法，这样可能会刺激形势继续恶化。他们能够做的只有两点：一是对清政府施加更大的压力，促使清政府痛下决心，剿灭义和拳；二是各国务必尽早向北京添派使馆卫队，保护各国公使馆和教堂。各国公使同意立即向中国政府提交一封措辞强硬的外交照会，就剿灭义和拳提供了几点建议。

一、凡参与拳会操练，或在街头制造骚乱，或继续张贴、印刷或散发威胁外国人之揭帖者，均予逮捕。

二、义和拳集会之庙宇或场所的所有人和监护人，均予逮捕；凡与义和拳共同策划犯罪活动者，均作义和拳论处。

三、凡负有责任采取镇压措施之官员，犯有玩忽职守或怂恿暴徒之罪行者，均予惩罚。

四、凡企图杀人放火、谋财害命之首恶，均予处决。

五、凡在目前骚乱中帮助及指点义和拳者，均予处决。

六、在北京、直隶及北方其他各省公布这些措施，以便人人知晓。

照会要求中国政府必须在五天内给予明确答复，否则各国将采取一致行动，自己动手剿灭义和拳。

中国政府对列强的威胁恐吓当然感到恐惧，不过正如赫德所判断的那样，中国政府实际上处于两难困境：如不镇压、剿灭义和拳，则列强很可能会自行采取行动；如果真的由清政府动手剿灭义和拳，那么很可能引起一场空前的反对大清王朝的政治运动。两害相权，大清王朝只能继续在剿与抚之间徘徊，对各国公使的建议要求，既不拒绝也不坚决照办，虚应故事，两不得罪，在一条钢丝绳上艰难行走。5月25日，清政府发布了一份禁止义和拳的章程，稍微加强了对义和拳的打击和约束。这当然是做给外国人看的，各国公使对此也是心知肚明。只是他们对是否向中国用兵，以及何时用兵的问题也很难达成一致，他们既不再相信清政府的决断和能力，也无法找到一个能够解决危机的有效路径。他们只能继续向清政府施压，继续恐吓，继续要求清政府给予明确答复，否则又是如何如何。

各国公使的这些招数确实也没有什么新的花样，清政府也只能在既定的剿抚之策中左右摇摆，中外之间的冲突在犹豫徘徊中持续升级，怎样才能真正打破这种僵局，这是在考验各方的智慧。

走向对抗

各国公使对中国政府的态度不满意，但是各国公使也找不到解决问题的办法。清政府出于自身利益考虑，不愿实际上也不能在剿与抚上二者必居其一。如果真的剿灭义和拳，必将激起整个中国的大反抗，甚至那些原先支持满族人的汉族高级官僚，也不一定能够一直站在满族人一边；反之，对列强的要求一概不理，继续默许义和拳闹下去，似乎也不是办法，必然激起列强愤怒，进而是引狼入室。这两条道路只要绝对化，对清廷来说都是死路一条。

在各国公使强烈要求下，庆亲王于5月27日下午分别接见了英国公使窦纳乐和俄国公使格尔思。庆亲王明白告诉窦纳乐，清政府对义和拳最近的动态深感忧虑，这场动乱不仅反对外国人，而且也反对清政府，是国家的敌人。清政府已向直隶总督裕禄等发出最严厉的训令，要求严惩首恶，驱散那些受骗上当的民众。至于住在京城的外国人，不论是外交官还是传教士，庆亲王表示中国政府都有责任、有能力负起保护他们的责任。

庆亲王的表态是诚恳的，也是有把握的，各国公使如果能够给清政府更多时间，相信清政府也应该有办法找到一个两全其美的路径。无奈先前几个月的拖延严重消磨了各国公使的信心，窦纳乐在庆亲王如此表态之后反而威胁说，如果清政府在最近几天不能有效平息义和拳动乱，那么各国必将向北京加派使馆卫队。

窦纳乐的威胁并没有吓住庆亲王，庆亲王回应说，各国公使如果真的担心自身安全，如果一定要向北京派遣使馆卫队的话，那么就请自便，中国政府并不刻意反对。

庆亲王的从容使各国公使稍稍放宽了心，然而清政府并没有在随后几天有效恢复秩序，平息动荡，北京依然处于混乱之中，各国公使终于无法继续忍受中国政府的拖延，终于在5月底下决心增派使馆卫队。

各国公使之所以下了这个决心，主要是因为形势并没有像庆亲王所许诺的那样很快好转，反而继续恶化，而且有许多传言说义和拳将在6月1日也就是中国的端午节那一天采取更大规模的行动。5月29日，已经停泊在大沽口海面上的各国舰队先后接到命令，即刻派遣海军陆战队经天津向北京进发。

按照当时通行的国际惯例，保护各国使馆安全，是驻在国义不容辞的责任，外国军队无权自行调军队保护。然而在近代中国历史上，几次重要历史关头，列强都以形势危急为借口，调动军队自我保护。这一次，他们故技重演，于5月31日傍晚自天津通过铁路向北京增派使馆卫队，名义上是应付传言中的义和拳起事，其后果无疑是加剧了动荡和危机。

使馆卫队的到来使已经非常紧张的局势更加紧张，也使那些原本准备向义和拳妥协的官员找到了一个新的理由，既然列强准备用武力化解危机，那么中国政府又怎能自己动手解除自己的武装呢？5月30

日，军机大臣兼刑部尚书赵舒翘联合顺天府尹何乃莹建议清廷，既然义和拳到处蔓延，诛不胜诛，那就不如不诛，改用安抚招安的办法，将他们编入清军序列，统以将帅，因其仇恨基督教之心，用其果敢之气，化私忿为公义。一旦将来列强与我大清撕破脸皮，义和拳也是一个非常重要的助力。

◎各国公使馆为了防御义和团所修筑的街垒工事

清廷最高层并没有真的接受这样的建议，而是继续先前走钢丝的政策，惩办首恶，宽大胁从，继续等待更好的突破机会。然而，使馆卫队大规模向北京开进，无疑加剧了危机，各种传言使义和拳民众激动不已，他们不知道使馆卫队只是被动防守，反而以为这些外国军人就是要深入中国内地镇压他们的。与其束手待毙被敌人枪杀，不如主动出击，先杀死一些外国人。6月1日，在保定府的三十六名外国铁路工程师鉴于人身安全无法保障，乘船逃往天津，不料在距保定一百六十里处与义和拳民众遭遇，九人失踪，后来证明四人死亡。义和拳终于与洋人正面发生冲突。

欧洲人失踪的消息传到天津，俄国公使格尔思应邀派遣一支哥萨克骑兵前往营救。6月2日晚，这些哥萨克骑兵在独流镇与义和拳民众正面冲突，双方大开杀戒，各有伤亡。

正面与欧洲人打斗当然不是义和拳的强项，弱者的正义和还击手段当然是带有恐怖特征的突然袭击和破坏。至6月4日，义和拳在高碑店、长辛店、黄村，以及保定府、安肃县等，烧毁不少桥梁、车站、房屋，掀翻了许多铁路路轨，砍断了许多通信电杆。至于那些教堂和教民，更被义和拳视为邪恶的渊薮和中外冲突的根源，找准一切机会狠狠打击。我们很难说义和拳对洋人的攻击是正义之举，也很难说这些攻击就是对近代文明的抗拒，是简单的排外。其实，如果没有使馆卫队的强行进入，义和拳民众即便围住了教堂和使馆，也不敢真的动手。全副武装的使馆卫队使义和拳民众产生了畏惧心理，为了防止被斩尽杀绝，他们只好变被动为主动，反攻为守。

◎舞枪弄棒的义和团成员

义和拳的攻击行为和巨大的破坏力，也使各国公使稍感恐惧，迫使各国公使重新回到继续依靠清政府的立场上。6月5日下午，英国公使窦纳乐与庆亲王举行了会谈，强烈要求清政府一定要对义和拳实行镇压，尽快平息动乱。庆亲王告诉窦纳乐，义和拳运动和信仰在列强的刺激下已经深入人心，是中国民意一种不容忽视的表达方式。这个运动首先是教民和传教士引起的，是一场中外冲突，当然也是一场社会动乱。不过，可以注意的一点是，义和拳虽然煽动动乱，但是到目前为止，普通的中国良民并没有受到骚扰。如果由于义和拳表达人民的情绪而不分青红皂白地予以镇压、予以惩处，那么更多的中国人将认为这是不公正的。庆亲王承认，清政府确实不愿意严厉惩处义和拳，因为这个运动因其排外性质而深入人心。

庆亲王的这番表白使窦纳乐更加不得要领。他判断，可能是庆亲王领导的总理衙门已经无法左右形势，他甚至听说义和拳已经开始向清军中渗透，不要多久，清军都将成为义和拳。一种更加可怕的预感笼罩着窦纳乐和各位公使，他们除了要求各自国家向中国增派军队，能做的事情，就是要求中国最高领导层的慈禧太后或光绪帝集体接见各国公使，当面解释义和拳问题的症结，就如何解决问题给予一个比较明白的答复。

中国政府意识到各国公使集体觐见皇太后和皇上，不过是向中国政府施加压力，无助于问题的解决，反而可能增加新的困扰，总理衙门遂以集体觐见不合体制为由婉言拒绝，原本只是准备协助清政府镇压义和拳的各国公使，不得不走上动用兵力自行剿灭义和拳这条道路。列强不仅要与义和拳为敌，而且很可能与清政府处于对立面，先前的三分天下，很可能被逼着变成黑白分明的两大阵营。

6月6日，各国驻华舰队司令在英国中将西摩尔的战舰上举行会议，讨论时局及其可能走向。会议进行了两天，他们终于达成一致行动的意见，同意各国适度向中国增兵，计划在条件成熟时先夺取天津，然后以天津为基地，继续向北京用兵，向华北用兵，拯救被困在那里的外国人，当然也将毫不客气地剿灭义和拳及一切非法组织非法武装。

列强的气焰无疑激怒了义和拳。为了阻止外国人向北京向华北用兵，并无严密组织的义和拳竟然行动整齐划一，有计划地拆除天津至北京间的铁路，阻断外国军队向北京进发的通路。

义和拳的行动和列强的动向，促使清政府的政策发生变化。6月3日，慈禧太后向荣禄、裕禄发出最新指示，以为义和拳在京畿一带持续蔓延，应该迅速解散以靖地方，但告诫他们不要滥杀无辜，逼良为娼，官逼民反，不要将仅有的一点民心一点可用的民气全部摧毁殆尽，要切实劝导，使这些义和拳尽快解散、全身而退。慈禧太后似乎并不希望义和拳成为列强的炮灰，此时并没有利用义和拳抵抗列强的意思。

6月6日，直隶总督兼军机大臣裕禄向清廷报告，表示仅仅凭借劝导根本无法将义和拳解散，现在政府唯一的出路就是尽快赶在各国动手之前将义和拳剿灭，否则后果不堪设想。熟悉列强和国际大势的商务大臣盛宣怀也在那几天向清政府提出建议，希望政府不要心存侥幸，错失良机，义和拳不过是一批乌合之众，并没有什么像样的武器，荡平义和拳并不难，难在立定主见，坚定信念。盛宣怀担心，如果义和拳一直不能得到剿灭，很可能出现的情况是，长江流域的秘密社会如哥老会及流亡海外的康有为、孙中山，还有散布各省的会匪等联合起来，与政府为敌。到那时，要想平息骚乱恐怕不会那样容易了。

裕禄、盛宣怀的报告肯定引起了清政府的注意，不过清政府并没有很快接受自行剿灭义和拳的建议。相反，政府的政策朝着另外一个方向走去。6月5日，军机大臣赵舒翘和新任都察院左副都御使何乃莹前往涿州等地向义和拳喊话，希望义和拳能够和平解散，如果执迷不悟，拒不解散，那么势必将受到严厉制裁。第二天，协办大学士刚毅也前往涿州察看并劝散义和拳，但实际效果不可能很大。

清政府逐渐从剿抚并重的立场向后退，这个转变的动因肯定来自列强，也就是说正是列强的步步紧逼，终于将清政府推向义和拳一边，列强无意回应清政府的难题，无意帮助清政府中的温和派。这大概都是清政府转向的背景和原因。6月6日，清政府发布上谕，公然表示义和拳的兴起事出有因情有可原，其练艺健身，守护乡里，并没有刻意与政府为难，与外国人为难。教民、拳民，均为国家赤子，朝廷一视同仁，不分教、会，所有民教冲突，都应该秉公办理。上谕认为，所谓义和拳骚乱主要是因为传教士过于偏袒那些非法教民，这些非法不良教民仗势欺人，且往往恶人先告状，结果引发激烈的民教冲突。这份上谕对民教冲突的原因给予新的解释，很显然，清政府准备放弃对义和拳的镇压和剿抚并用政策，倾向利用义和拳的力量一致对外。如此说来，各国公使的强硬姿态终于酿出了将由自己品尝的苦果。

6月6日的上谕发布后，京城及周边的形势继续恶化。外地的义和拳民众三五成群，头包红布，手持刀械，自由进入京城，到处张贴号召“焚教堂，杀教民，不要加入基督教、天主教”的宣传品。在随后几天，也确实有一些教堂被焚毁，一些教民被杀死。京津地区乃至整个华北处于恐怖之中。

紧接着，清廷于6月10日对政府进行大幅度改组，任命端郡王载漪管理总理各国事务衙门，礼部尚书启秀、工部右侍郎溥兴，内阁学士那桐等均在该衙门大臣上行走。免除了廖寿恒的总理衙门大臣职务，实际主持总理衙门日常事务的庆亲王奕劻也靠边站，一个对外强硬的新政府正式成立。

端郡王载漪之所以对列强强硬，之所以坚持排外，并不是因为他有多少见解，更不是对国际形势有什么深入分析，主要是因为他和他的儿子，即那个新近被选出来的大阿哥始终不被列强认可，这是他心中最难以化解的郁闷。

清政府改组特别是端郡王出任首席大臣的消息传出后，京城的外国人中间出现更加严重的恐慌，他们中的许多人并没有与端郡王有过任何接触，只是听说端郡王和他所倚重的将军董福祥都是坚定的排外主义者，发誓要将在北京的所有欧洲人扔到太平洋里去。

西方人在理论上崇尚接触政策，但在实际操作中往往因瞧不起某些人的人品或厌恶某些人的立场而拒绝接触。假如各国公使像对待庆亲王那样与端郡王经常会面谈谈，相信即便不能促使端郡王彻底转变成庆亲王那样的友好人士，至少不会一直强硬、一直对抗。各国公使根本不给端郡王任何机会，各国公使的拒绝接触政策终于导致对抗升级。

就在清政府改组、端郡王出任总理衙门领班大臣的那天凌晨，各国驻天津的军事将领和领事团会议决定授权英国海军中将西摩尔率领一支陆战队迅速向北京进发，以便解救在那里的各国公使、外交官、传教士及其眷属和那些教民。在北京的各国公使和天津的领事团、军事将领想象着北京局势日趋险恶，想象着那些欧洲同胞将可能被端郡王、董福祥扔进太平洋。想象替代了现实，想象促使他们在并不那么紧张的局势下自己给自己制造了紧张气氛。

6月10日凌晨三时许，英、美、奥、意等国五百名官兵分别从塘沽向天津火车站集结。上午九时许，他们夺取了一列火车，自行开往北京。只是他们的准备太过匆忙，且消息走漏太快，义和拳民众终于和清军联手，迅速阻断了西摩尔联军向北京开拔的道路。整整一天时间，西摩尔将军乘坐的第一列火车开出天津火车站不到五十公里，就只好在夜幕中停靠在落垡火车站，前不着村后不着店。

西摩尔联军向北京进发的消息确实震动了清军。6月11日，日本公使馆书记生杉山彬奉命出城迎接联军先头部队，当他在永定门要求出城时，却被驻扎在那里的董福祥甘军扣留下来。杉山彬恼羞成怒，出言不逊，混乱中，愤怒的甘军官兵毫不客气地将杉山彬的头颅割了下来，并将尸体扔到城外。

其实，西摩尔联军根本无法前进，他们在京津铁路线上被义和拳和清军团团包围，既失去了与北京各国公使馆的联系，也无法获得后方天津基地的支援。他们不时受到义和拳和清军的骚扰和恐吓，不时发生零星战斗。然而他们始终无法前行，只能在十六天之后（6月26日）仓皇逃回天津租界。

◎与八国联军激战的义和团

西摩尔联军无法进入北京，而北京的局势却日趋恶化。6月13日，数千名义和拳民众纵火焚毁了具有两百多年历史的南堂。16日，在前门大栅栏商业区发生规模庞大的纵火案，连续三天不灭的大火使数千家店铺顷刻化为乌有，经济损失根本无法估计。大栅栏大火是1900年间的一个重大事件，不论对清政府，还是对一般百姓，都是一场灾难、一个沉痛的记忆。北京的局面已经彻底失控，中外之间不再有协商及和平解决争端的任何可能，走向对抗是双方的必然选项。

一场奇怪战争

从列强的立场看，西摩尔联军之所以行进艰难，动作迟缓，主要是它的后路被清军所控制，后方基地无法及时有效地提供相应支援。因此，出于军事战略上的考虑，各国将领认为，要确保联军进入北京，解救各国公使和所有外国人，就必须打通天津通往北京的道路，必须占领大沽炮台。

大沽炮台具有悠久的历史，是天津的屏障，也是北京的屏障，反过来，就是遏制京津的咽喉，军事地位素来重要。经过数百年的经营，大沽炮台有比较完备的防御工事，然而在近代几次重要战役中，大沽炮台似乎都没有发挥应有的作用，反而成为列强进攻中国的滩头阵地。

当时，清军在大沽炮台驻守有三千人，守将为天津镇总兵罗荣光。在大沽周围海面上，还有北洋海军统帅叶祖珪的旗舰等数艘军舰在游弋。周边数十里处，还有不少清军的营地，他们与大沽炮台的守军构成遥相呼应的态势。在总兵力上，中国军队似乎并不弱于各国舰队。然而，当联军将领决意占领大沽炮台时，尽管中国守军英勇抵抗，但炮台最终依然陷落。

6月16日上午，各国将领向大沽炮台的中国守军送达了一份最后通牒，限令中国守军在17日凌晨二时将大沽炮台和平交出，否则将武力占领。

当天晚上，联军悄悄地向大沽炮台收拢包围圈，数十艘战舰封锁了航道，并将炮口对准清军各个军事目标。中国守军在罗荣光的指挥下，也在静悄悄地进行着准备，他们决定与炮台共存亡。

沉沉的夜幕宁静得吓人，清军炮台和联军的战舰都鸦雀无声，双方似乎都在等待对方在最后时刻是否会有什么变化，都在等待着凌晨二时的到来。

零时五十分，距最后通牒限定的时间还有七十分钟时，中国守军实在耐不住了，在明知寡不敌众、毫无胜算时，他们还是采取了主动出击的策略，以攻为守，争取主动，向停泊在海河中的联军舰队首先

◎八国联军在大沽口登陆

开火，一度获取战场上的优势和主动。联军舰队大概没有想到中国军队会主动开战，所以在第一波攻击中就显得非常被动，纷纷后撤。

后撤的联军稍事整理，就开始反攻，他们在强大炮火的掩护下，向炮台步步逼近，逐步缩小包围圈。经过几个小时激烈战斗，中国官兵虽浴血奋战，视死如归，终因后无援兵，没有呼应，大沽炮台还是在凌晨五时许陷落，罗荣光和七百多名将士为国捐躯。

大沽炮台攻防战开始前数小时，罗荣光就派员向直隶总督兼军机大臣裕禄报警，请求裕禄从天津派兵援救。然而裕禄以天津防务紧张兵力不敷调配为由，拒绝了罗荣光的请求。从这个意义上说，大沽炮台的失陷，当然也有裕禄的责任。

除裕禄外，还有北洋海军统帅叶祖珪也应承担相应的责任，罗荣光在战前也曾派员向其求救，请北洋水师在战斗打响后提供火力支援，派遣鱼雷艇向联军发动攻击。然而叶祖珪在战斗打响后，竟然不顾海军官兵的抗战请求，强令舰队不准开炮，仓皇逃跑。然而他和他所统帅的海军将士都没有逃跑成功，都成了联军的俘虏。

大沽炮台失陷或许是历史必然，罗荣光的抵抗其实也只是在维护中国军人起码的尊严。然而这一仗最严重的后果可能还不是炮台的失陷，而是裕禄因为某种隐情误导了清廷最高决策者，导致清廷蛮横地向十一国宣战，弄出了一个国际笑柄。

大沽炮台攻防战的消息并没有及时传到清政府政治高层，但清政府政治高层在那几天确实知道京津地区乃至整个华北的形势都在急转直下，非常紧张。天津的消息基本中断，而西摩尔联军还在开往北京的路上，北京城内的义和拳民众和清军也是乱得一团糟，特别是日本公使馆书记员杉山彬被甘军杀死后，清政府与公使馆的联系也基本中断。公使团不知道清政府究竟是什么意思，清政府也不知道公使们究竟有什么想法。在北京的所有外交官都龟缩在使馆区不敢出来，原本气焰嚣张的传教士们和那些可怜的教民，也被围禁在西什库等几个教堂中。

在这一片混乱的局势下，慈禧太后和光绪帝连续数日召集王公大臣举行会议，研讨对策。然而由于大阿哥的事情一直没有结果，一直无法得到列强的认同；端郡王载漪出任总理衙门首席大臣也无法使列强接受，各国公使不仅不愿给端郡王起码的礼仪祝贺，甚至不愿与端郡王和新改组的政府进行接触。这一系列事件迫使清政府内部发生分裂，一个以端王为首的强硬派自然而然地形成，而另外一些大臣看到如此一意孤行与列强硬拼肯定不是办法，遂组合成一个反战派。两派势力反复较劲，致使决策愈加困难。6月15日，清政府最高层无法就和还是战的问题作出最后判断，会议只是决定请善于与列强周旋的两广总督李鸿章立即进京。

过去的研究大都忽略了李鸿章立即进京这个消息的重大意义。如果仔细想想，此后许多突发事件的进程似乎都能从这个消息中找到蛛丝马迹。

李鸿章是慈禧太后多年来倚重的老臣，也是光绪帝素来敬重的老政治家。当年李鸿章建议不要与日本正面冲突发动战争，然而两宫还是顶不住以为“中国可以说不”的那些狂妄者的政治压力。这些狂妄者自信大清王朝经过三十年的经济发展，已经成为世界大国，怎能忍受别人的欺凌？然而，两宫决定与日本一决雌雄时，并没有将战争主导权交给那些狂妄的主战派，而是交给了李鸿章。结果，中国大败，受尽屈辱，还是老臣李鸿章出面收拾残局，承担了中国失败的罪责，随后几年远离权力中心、决策中心。现在两宫决定召李鸿章进京，当然有收拾残局的意味，而收拾残局当然就要有人出局，于是宣李鸿章进京的消息就是一颗重磅炸弹，催生了清政府内部战和两派的最后角逐。

恭亲王去世，李鸿章出局，翁同龢弄权，张之洞常年在外，清廷中央自甲午战后几乎一直没有稳健的大臣协助两宫，所以在过去几年出现一连串的政治失误。到了1899年，光绪帝因看错康有为而自责不已，执意不愿继续在第一线主持朝政，而且他的身体状况似乎也不允许他像过去那样废寝忘食日理万机，再加上他无法生育自己的皇子已经是不能更改的事实，于是有大阿哥的选拔，有政府改组，有端郡王载漪组阁。这一切都是顺理成章，哪知道却是聪明反被聪明误，一场席卷半个中国的义和拳骚乱终于将这一切给搅和乱了。

两宫请李鸿章立即回京收拾残局，很显然是对现在的领导班子不信任，而现在领导班子的主导就是这个端郡王载漪。端郡王载漪确实不是一个有作为、有能力的政治领袖，他不是一般地缺乏政治见解和国际视野，而是愚昧无知，心胸偏狭，如果不是他一心想着利用义和拳去逼迫各国公使承认大阿哥和新政府，如果他能够像东南督抚那样清楚地知道所有民间秘密结社对专制主义政治统治的危害，局面绝不至于发展到这样糟。现在两宫已经明显感觉到如果由现有领导班子继续干下去，只会使已经十分糟糕的局面更加恶化，所以请老臣李鸿章再度出山收拾残局。

我们现在已经明白了李鸿章回京收拾残局的最大障碍，或者说李鸿章回京收拾残局将最先收拾的人，肯定是现有领导班子，肯定是端郡王载漪和他的追随者。当天晚上，北京城内各种传言满天飞舞，有的说列强向清政府提交了一份“归政照会”，勒令慈禧太后立即将政权交给光绪帝①。

要求慈禧太后将政权归还给光绪帝的呼声由来已久，这是1898年秋天之后一直不绝如缕的政治传闻。这个传闻在过去或许并不怎样被慈禧太后所看重，现在列强兵临城下，谁知道会发生什么事情呢？所以这个传闻可能在这个特殊时候还是起到了催化剂的作用。

在6月17日的御前会议上，主战、主和两派继续争执，甚至连光绪帝也介入进去了。大约在这次会议上，皇太后主动提及外间的归政传闻，以为列强如果真的这样就是欺人太甚，只有破釜沉舟背水一战。即便是一直主和的光绪帝，在听说所谓“归政照会”的消息后，也深感困惑，表示如果确实到了无法挽回的地步，那么也只好作“背城之举”，因为毕竟“宗社生民所系至重”。

17日的会议结束后，力主讲和的军机大臣徐用仪率户部尚书立山、内阁大学士联元等前往各国公使馆解释清政府的立场，希望各国公使出面劝阻西摩尔联军不要继续向北京前进，以免局面彻底失控。徐用仪也比较强硬地告诫各国公使，如果联军执意向北京进军，执意

---

① “归政照会”的说法过于戏剧性，不见于《清实录》《东华录》等史料，多见于笔记野史。这个传闻有很多漏洞，低估了荣禄、慈禧太后、光绪帝等人的政治智慧，即便对端郡王载漪的人格也未免过于贬低，对其政治胆量则又估计过高。所以这个传闻作为历史是不可信的，但在当时可以对政治发展构成某种程度的影响，则不能低估。

不给中国政府面子，那么中国政府也只好奉陪到底，决一雌雄，各位公使也就只好下旗回国。

同一天，两江总督刘坤一、湖广总督张之洞也向清廷提出善后方略，力主自行镇压义和拳，防止各国借机干预。他们强调，邪术从来不能御敌，乱民从来不能保国。一旦列强动手深入内地剿灭义和拳，各省会匪必将乘机而起，大局溃烂，恐怕就无法挽救了。

刘坤一、张之洞的电报坚定了清政府内部的主和派，他们相信有刘坤一这批头脑清醒的疆臣在外与列强周旋，局面一定会有改观。太常寺卿袁昶等向清廷上了一份建议书，建议朝廷责成荣禄动手剿灭义和拳，为中外重归和好创造条件。

18日，两宫主持召集第三次御前会议。或许是因为天津战事不太明朗，加上西摩尔联军继续被困在前往北京的路上，为变被动为主动，这次会议并没有讨论怎样平息义和拳骚乱，反而转而讨论怎样围困攻打公使馆，围魏救赵，逼迫西摩尔联军退兵，逼迫驻扎在天津的联军不敢轻举妄动。

主张围攻公使馆的端郡王载漪等人当然并不是真的要消灭这些外交使者，正像后来许多人所分析的那样，凭借清军的力量不一定能战胜各国联军，但对付并没有多少防御能力的公使馆恐怕还绰绰有余，他们的目的只是吓唬吓唬各国公使，让他们出面劝阻联军。只是中西文化的差异，使这些公使根本无法理解中国文化中白脸黑脸的意蕴，更不知道中国政府的真实用意究竟何在。他们不愿帮助清政府中的和平主义者，实际上是将那些唱黑脸的排外主义者推向绝境，迫使他们在排外的道路上越走越远。

窦纳乐等人当天在公使馆会见了前来谈判的总理衙门大臣王文韶、许景澄和户部尚书立山等，中国方面要求西摩尔联军驻留在距北京城中心只有十二英里的黄村火车站，既给清政府一个面子，营造一些和平气氛，也使清政府有力量自己动手去剿灭义和拳。可惜，窦纳乐等西方使者太不理解中国文化了，他们对中国政府主和派的拒绝，终于为自己酿制出苦酒。

王文韶、许景澄、立山前往公使馆求和的第二天（6月19日），西摩尔联军没有停止向北京进攻的步伐，而天津又传来联军要求“收管”大沽炮台的消息，表示假如中国军队不能和平交出，联军将不惜以武力夺取。其实，裕禄将这个消息传到朝廷时，大沽炮台早已在联军手中了。

裕禄在6月17日收到法国驻天津领事杜士兰送来的这封外交照会时，就已经知道大沽炮台失守了。各国领事原本担心裕禄会出兵援救大沽守军，故意将送给裕禄的外交照会错后一天，没有与送给罗荣光的最后通牒同时送达。

裕禄在17日上午十时许收到这份迟来的照会，而此时距大沽失守已经有三四个小时了。大约是为了掩饰自己没有出兵帮助大沽炮台守军的失误，裕禄没有在紧急报告中向清廷汇报大沽炮台失守的最新进展，反而将这份已经迟到也已经无效的外交照会送给朝廷。这个外交照会和裕禄的报告给清廷的印象是：列强欺人太甚，竟然向中国索要大沽炮台。从战略上说，大沽为海口重地，也是守卫北京的重要门户，如果将大沽炮台交给联军收管，实际上就是将进入北京的大门钥匙交给了联军。对于联军的这一蛮横要求，清政府最高统治层不禁感到列强太过咄咄逼人。如果同意了这一要求，就不只是丧失北京的一个重要屏障，而且此后的政府也只能在列强的卵翼下苟且偷生，所谓的清政府也只能是洋人的朝廷，洋人一定会得寸进尺，步步紧逼。为了寻找应对办法，慈禧太后于获知这一消息的当天（19日）下午在仪鸾殿紧急召集第四次御前会议。

由于裕禄的报告只是说联军将领要求和平占领大沽炮台，慈禧太后等政治高层并不知道大沽炮台其实已经沦入联军之手，他们的讨论主要集中在联军索要大沽炮台将要导致的政治危机，权衡利弊，他们认为中国目前所能做的就是坚决拒绝列强的这一蛮横要求，至少在外交上要作出准备破裂的姿态，以强硬的外交姿态迫使联军放弃占领大沽炮台的想法。所谓最强硬的外交姿态，当然就是不惜开战，不惜决一雌雄。

根据此次会议的决定，总理衙门大臣许景澄在当天下午五时许向各国公使送去同文照会，宣布因各国海军将领执意索我炮台，显然是各国有意失和，首先开衅。现在京城义和拳纷起，人情浮动，各国使臣的安全很难保证，因而请各使臣及其眷属、随员等在二十四小时之内下旗回国。

总理衙门的这个外交照会只是对联军将领索要大沽炮台的回应，至于天津究竟发生了什么事，大沽炮台的最新情形，清政府和各国公使其实都不知道。各国公使对中国政府突然强硬的姿态无法理解，他们在当天晚上的公使团会议上决定以照会方式回应清政府的要求，表示二十四小时的限制实在太短，且出京途中安全难以保障，他们要求第二天上午九时许前往总理衙门拜会庆亲王，当面表达公使团的意见；或者请庆亲王或端郡王前来公使馆当面解释。

各国公使的回复照会应该在当天晚上就送到了总理衙门，不过清政府并没有接受各国公使的要求，也并没有同意接受各国公使第二天上午的拜访，甚至根本没有就这个照会进行答复。各国公使的恐慌正符合昨天御前会议的判断，清政府期待恐慌的各国公使能够设法阻止联军将领索要大沽炮台，阻止西摩尔联军继续向北京进攻。

第二天（6月20日）清晨，由于各国公使并没有收到总理衙门的回复，使馆区的人们开始出现恐慌，公使团在九时许再次集会，商讨对策。大部分公使苦无良策，陷入深思，只有德国公使克林德认为不管清政府是否答应与公使团会面，各国公使都应该集体前往总理衙门，当面向中国大臣解释外交团不能在二十四小时之内离开北京的原因，争取宽限。

按照外交惯例，通常情况下，外交公使递交照会要求同总理衙门长官会晤，会收到一个答复，或者说明该公使将在所说的时间内受到接待，或者表示不便接待。总理衙门在建议的会晤时间之前不答复首席公使的照会，就外交礼仪来说当然是一个很不礼貌的行为。不过考虑到清政府既然已送达了最后通牒，那么清政府实际上至少在单方面已宣布或感到处于战争状态，不愿会晤各国公使或不愿回复首席公使的照会，也就没有多少可奇怪的了。

克林德当然清楚这些外交礼仪，只是在目前极度危急的情形下，他能够想到的就是与中国政府负责任的官员当面谈谈，所以当所有公使都认为集体前往总理衙门毫无用处的时候，克林德执意独自前往。他的理由是，他先前与总理衙门约定当天中午十一时有个聚会，总理衙门并没有通知他取消这个聚会，所以即便出于礼貌，他仍然愿意践约而不失信。

会后，克林德乘坐官轿离开公使馆，前往总理衙门。为了表示自己的勇敢，或者为了避免自己的行动引起中国方面的恐慌，克林德有意不带卫队，仅携秘书一人，另有几名卫队士兵随行。然而当克林德一行来到东单牌楼附近时，一队清军突然出现，并将枪口瞄准了克林德的轿子。克林德以为遇到了劫匪，匆忙和恐慌中拔出手枪一阵乱打。清军让过克林德的一阵乱枪后，一个点射，正中克林德的头部，克林德当场毙命。

也是在克林德被杀的这一天，清廷颁布了一份御旨，接着昨天送给各国公使的最后通牒往下说：

近日京城内外拳民仇教，与洋人为敌，教堂教民连日焚杀，蔓延太甚，剿抚两难；洋兵麇聚津沽，中外衅端已成，将来如何收拾，孰难逆料。各省督抚均受国恩厚，谊同休戚，事局至此，当无不竭力图报者。应各就本省情形统盘筹划，于选将、练兵、筹饷三大端，如何保守疆土，不使外人逞志；如何接济京师，不使朝廷坐困；事事均求实际。沿江沿海各省，彼族觊觎已久，尤关紧要。若再迟疑观望，坐误事机，必至国势日蹙，大局何堪设想？是在各督抚互相劝勉，联络一气，共挽危局。事势紧迫，企盼之至。

这份御旨的含义比较复杂，比较模糊。主战者以为这道上谕意味着战争已经开始，于是从这一天起，董福祥所率甘军及武卫中军就在义和拳的配合下，将公使馆团团围住，各国公使及其数千眷属和那些避难者在这里开始了长达五十多天的孤岛生活，公使馆成了全世界瞩目的焦点。主和者从这个上谕中解读出另外一个意思，那就是上谕授权各省督抚相互劝勉，联络一气，抱团取暖，保守疆土，共挽时局，于是有后来的东南互保出现。围困公使馆可以说是当时的超限战，而东南互保则是1900年义和团战争中最奇怪的政治格局。

又是乞和与议和

清军和义和拳对公使馆的围困持续了五十多天，到了后来这反而成为清政府无法处理的烫手山芋。清政府既要保证公使馆不受义和拳的真正侵犯，又要保证公使馆的物资供应，还要设法与各位公使沟通，以免各位公使完全翻脸。正如慈禧太后后来所说，如果听任那些排外主义者任意胡闹，这些公使馆恐怕早就被踏平了。各国公使其实也能理解清政府主流力量的苦心，所以在后来的议和中并没有在这方面多追究。

至于东南督抚所策动的互保行动，也是非常时期的权宜之计。东南督抚的政治智慧远高于主政的端郡王载漪和鲁莽而没有政治头脑的董福祥等人，东南督抚认定6月20日之后的中央政府是端王篡权的“伪政府”，因而他们可以不奉诏，不听命，可以以地方政府首脑的身份与列强达成局部和平。

东南沿江沿海地区是中国经济最发达的地区，也是列强在华利益在华投资最多的地区，东南督抚的互保行动不仅使这一富庶地区免遭一场战争摧残，也符合列强的利益和当地人民的期待，所以这场奇怪的战争尽管不合乎逻辑，但在战后并没有受到任何方面的指责。

战争不可避免地继续进行着，联军在夺取了大沽炮台后一鼓作气拿下整个天津，并在那里组织了殖民政府。

中国军队在天津失陷后开始向北京收缩，组织新的防线，各国增援部队向天津集结完毕，于8月4日开始向北京进发。经过短短十天战斗，联军先头部队于8月14日攻入北京城，解救了被围困的公使馆。慈禧太后和光绪帝在大批官员的护送下，于8月15日黎明时分仓皇出走，向西巡幸。

战争爆发时，其实谁都知道这是一场力量悬殊的较量，中国的失败是注定的和必然的，不要说中国是以一国敌八国，敌十一国，即便是这八国联军中的任何一国拉出来，中国也很难有取胜的绝对把握。所以，战争将要爆发的6月15日，慈禧太后和光绪帝就坚持要善与列强打交道的老臣李鸿章火速来京，收拾残局，处理善后。

李鸿章接旨后表示将很快北上，并开始通过外交途径与各国联络，着手谈判。然而由于北方的情形一直不乐观，清政府始终不愿下决心剿灭义和拳，致使列强从原本想帮助清政府代为剿灭义和拳，转变为与清政府为敌。这就使李鸿章非常为难，他拖到一个多月之后的7月17日，才在清政府反复催促下从广州启程。

7月21日，李鸿章乘船到了上海，或许真的是因为天气太热，或许是因为李鸿章年事已高，他刚到上海就患上感冒并伴有腹泻，元气大伤，不思饮食，休息也不好，两腿发软，无法行走，不得已只好向清廷告假二十天，希望在上海边调养边与各国领事进行谈判。

李鸿章滞留上海，身体不好是一个原因，还有一个原因是他虽然奉命入京平乱，但却无路可走，京津地区的混乱及中外之间的冲突纠结在一起，杀红了眼的义和拳民众不仅仇视一切洋人，而且对那些与洋人有关系有来往的中国人也充满仇恨，他们公开扬言，只要李鸿章胆敢北上，他们就有办法刺杀他。这种威胁当然不会吓着身经百战出生入死的李鸿章，不过他还是接受了各方面的劝告，留身为国，滞留上海静待时局变化。

在滞留上海的五十多天时间里，李鸿章确实没有闲着，他通过中国驻外各公使与各国政府保持密切联系，向各国政府解释华北动荡的真实原因，商榷善后的可能性和大致途径。当然，他也通过适当的途径向清政府施加必要的压力，为善后创造必要的条件和可能。他始终认为，义和拳骚乱是这次中外冲突的根本原因，列强用兵中国并不是要与中国政府为敌，而是对中国政府不能自行剿灭义和拳、恢复华北地区的秩序深感失望，不得已而选择的办法。他密告慈禧太后和光绪帝，不要再听信那些利用义和拳去抵抗外国人的谎言，要坚定自行剿灭义和拳的信心与勇气，至少要为联军动手剿灭创造条件，否则大局不堪设想。

在多年主管外交事务的生涯中，李鸿章与俄国建立了比较深厚的关系，他这一次北上，在很大程度上也是利用了与俄国人的关系。因为德国人在联军总司令尚未达到中国之前，最不愿意李鸿章北上，最不愿意看到李鸿章与各国公使开始谈判，德国人最想利用其担任联军总司令的机会，为其不幸被杀的公使克林德报仇雪

◎1900年，八国联军总司令瓦德西率军穿过午门进入紫禁城

耻。假如李鸿章与各国公使达成了妥协，报仇雪耻的事情或许就比较困难。所以德国人一再声称不承认李鸿章的全权代表身份，表示李鸿章若胆敢北上，德国军队就会将其逮捕扣留。

俄国人则不然。俄国人在1900年的义和拳骚乱中始终有自己的考虑、自己的利益和自己的判断，他们与列强有分有合，俄国人同意出兵参加联军，但不愿担任统帅、承担责任，不愿与中国政府正面冲突。这样，他们反而在某种程度上成了联军和列强的奸细，被中国政府视为知己，视为可以信赖的人。俄国人的目标不是要与列强瓜分在华北、华南的势力范围和利益，而是期待在帮助中国政府化解危机的同时，中国政府能够出让与俄国接壤的东北地区的权益。所以俄国人一方面响应各国呼吁，派兵向天津集结，参加联军；另一方面则单独出兵东北，并最终达到了自己的目的。

在俄国人的帮助下，列强之间的裂痕日趋明显，这就为李鸿章的外交活动提供了施展的空间。再加上美国人在这次事件中始终坚持适可而止的政策，并不愿意太多介入中国事务，更不愿意更多地干预中国内政，乘机要求更多赔偿。美国政府明确告诉李鸿章，美国政府一如既往地支持正在逃亡的清政府为中国合法政府，希望李鸿章出面尽快与列强达成一项谅解，尽早结束动荡与混乱，恢复和平与秩序。

俄国人、美国人，都很容易被李鸿章摆平，最难办的只有德国人，至于英国人、法国人和日本人，他们都与中国有着复杂的关系，在中国有着重要的战略利益，他们最终也不会不给中国政府面子，否则他们将在战后失去很多利益。西方国家在这一点上是最实际的机会主义者，他们没有什么必须遵守的原则和教条。

在与相关各方大致沟通已有眉目后，李鸿章于9月15日从上海启程北上，准备在天津或北京与清廷任命的另一全权议和大臣庆亲王奕劻会合，一起与各国全权代表，也就是各国公使进行正式谈判。

其实，当李鸿章还在南方滞留时，甚至在京师沦陷之后第三天（8月16日），联军就通过总税务司赫德与受清政府之命留守北京的中国政府官员进行了接触，然后随驾西行的庆亲王被派回京城，中国政府通过赫德居间调停开始了与列强的艰难谈判。

或许是应中国政府的要求，赫德于9月1日向中国政府提出一份善后文件大要，告诫中国政府万不可将围攻各国使臣一事看得太轻，这可能是将来中外谈判最难的部分。这份文件详细列举事件始末，分析中国政府特别是一些大臣应该承担的责任。

赫德的这份文件在观念上确立了中国政府必须承担在纵容义和拳问题上的责任，必须对围攻使馆进行道歉和赔偿。这就为后来的谈判划了一个大致范围。

在先前，清政府一直将这次中外冲突解释成民教冲突，一直强调朝廷的为难之处。清政府如果继续坚持这个立场，就很难与各国达成一致，现在经赫德提示，中国政府必须有敢于负责任的大臣出头求和，并且必须在观念上合乎国际公法，合乎各国的看法，否则就很难取得共识，很难进行善后谈判。而这种敢于负责任的大臣，在赫德心目中，其实就是李鸿章、庆亲王、刘坤一、张之洞等少数几个稍具世界眼光，稍微明了世界大势的人。

这几位中国大臣当然也没有辜负赫德和列强的期待，9月2日，李鸿章、刘坤一和张之洞等联名上奏流亡在西安的清廷，给此后的谈判定调。他们认为，中国政府必须改变先前的判断，承认中国政府在剿办义和拳问题上确实不力，承认纵容义和拳甚至派兵围攻公使馆是违反国际公法，是严重的错误。为求得到列强谅解，中国政府必须诚恳承认这些错误，并且必须自己动手惩处引起这场骚乱的中国大臣，必须真诚忏悔和承担责任，以此换取列强的谅解，同意开议。否则，联军统帅瓦德西率领两万军队一旦到达，中国的处境必将更加困难。

李鸿章等人对清廷的忠告显然起了作用，清廷最高统治层开始考虑怎样接受列强的条件，独自主动惩办“肇乱大臣”。然而还没有等到清廷拿出惩凶的具体方案，德国政府就于9月5日明确提出严惩一切有罪的人，主要是那些政界、军界的罪魁祸首，是中外议和的先决条件。紧接着，俄国人在德国建议的基础上，提出了一个所谓首犯名单，主要有端郡王载漪、董福祥、刚毅、李秉衡和毓贤等人。

惩办祸首确实是一个很棘手的难题，这实际上是将议和中的次要问题提到了首要位置。在联军继续西进、继续扩张的条件下，要求清政府惩处这些主战大臣，实在是一件困难的事，而且弄不好会适得其反，引起反叛。

为了防止新的混乱，李鸿章、刘坤一、张之洞及山东巡抚袁世凯于9月15日向清廷提出新的建议，建议分步骤解决这个难题，在目前条件下，可以先将端郡王载漪、庄亲王载勋、协办大学士刚毅、左翼总兵英年、刑部尚书赵舒翘等主战大臣或煽动庇护义和拳的大臣先行革职，听后惩办，一来防止反叛发生，二来换取列强同意开议。至于董福祥，由于手握重兵，只好暂时放他一马。

李鸿章等人的建议合情合理，受到了慈禧太后的重视和肯定，9

月19日，慈禧太后在西安行宫对端郡王、庄亲王等人严加训斥，轻而易举地改组政府，撤销了他们的职务，任命汉大臣王文韶主持政府日常事务，为正式议和扫清了障碍。

10月4日，法国政府向各国递交了一份备忘录，为将要到来的议和定调子。

一、惩罚主要“罪犯”，这些罪犯应由各国驻北京使节指定。

二、继续禁止军火入口。

三、对各国、团体及个人做出公正的赔偿。

四、在北京建立一支永久性的使馆卫队。

五、拆毁大沽炮台；对天津至大沽途中的两三个地方进行军事占领，以便万一在各国使馆希望到达沿海或各国部队企图自沿海前往北京的时候，道路可因此始终保持畅通。①

法国政府的这份建议获得了英国政府的支持，英国政府建议相关各国在这个基础上进行谈判。10月10日，英国公使窦纳乐在北京召集相关各国公使会议，讨论法国政府的这个方案。各国公使对这个原则大致同意，只是做了一些补充，随后经过漫长谈判和各国政府往来商榷，至1900年12月24日，列强终于达成最终方案，向中国政府提出议和大纲十二条，就过去一年来所发生的诸多大事做了回顾和定性，确定了大致处置原则和具体方案。

---

① 由于英国政府对在北京至大沽之间驻防军队持保留意见，法国政府稍后将这五条建议修改为六条，即将原第五条分解为两条：一是拆除大沽炮台，这是英国政府不反对的；二是将驻防军队占领京津间通路的问题改写为“由于各国使馆希望前往沿海或各国部队想要从沿海前往首都，为了保持道路始终畅通起见，各国对某些地方进行军事占领，哪些地方由各国之间协商后决定”。

中国政府原则接受以议和大纲十二条作为继续谈判的基础，但是本着争得一分是一分的精神，责成全权议和大臣李鸿章、庆亲王向各位公使婉商磋磨，请求各国体谅中国的难处，尽量维护中国的主权完整和利益，稍资补救。在此后一段时间里，中国议和大臣与各国公使进行艰难的细节谈判，终于就惩办祸首、赔偿道歉、战争赔款、战后使馆卫队的扩大、列强在中国驻军，以及解除中国武装、武器禁运等问题达成一致，1901年9月7日，中国全权议和大臣与各国公使在这份协议上签字画押，困扰中国的噩梦终于结束。

◎1901年《辛丑条约》签订现场

这份协议，西人称为《北京议定书》。在中国，因为1901年为辛丑年，所以中国文献又称为《辛丑条约》。这份条约的最后文本共分两个部分，正约十二条款，附件共有十九个。正约十二条主要内容如下。

第一款为德国公使克林德被害一事的善后，规定清政府派专使赴德致歉，并于遇害处建立牌坊。这实际上是对中国竭尽羞辱之能事。

第二款为惩办“首祸”诸臣。按条约规定，对附和过义和团的官员，中央从王公大臣以下，地方从巡抚、藩臬以下被监禁、流放、处死的共一百多人。其实，这些肇事官员早在1901年2月13日就由中国政府自行处置，大致有：

已革庄亲王载勋，纵容拳匪，围攻堂馆，擅出违约告示，又轻信匪言，枉杀多命，实属愚暴冥顽，著赐令自尽；

已革端郡王载漪，倡率诸王贝勒轻信拳匪，妄言主战，致肇衅端，罪实难辞；降调辅国公载澜，随同载勋妄出违约告示，咎亦应得，著革去爵职。惟念俱属懿亲，特予加恩，均著发往新疆，永远监禁；

已革巡抚毓贤，即行正法；

已病故刚毅，追夺原官，即行革职；

革职留任甘肃提督董福祥，即行革职；

降调都察院左都御史英年、革职留任刑部尚书赵舒翘二人革职，定为斩监候罪名；

大学士徐桐、降调前四川总督李秉衡，均已身故，追加革职，并撤销恤典；

礼部尚书启秀、刑部左侍郎徐承煜等，稍后也分别给予处置。

第三款为日本使馆书记生杉山彬被害事，规定清政府派专使赴日致歉。

第四款为“于诸国被污渎及挖掘各坟茔，建立涤垢雪侮之碑”。

第五款为禁止向中国运入军火。

第六款规定中国向各国赔款银四亿五千万两，按照当时中国的人口计算，差不多每人负担一两。这笔赔款规定分三十九年还清，年息四厘。列强终于如愿以偿，使这场战争终于没有亏本。从此，清政府在帝国主义卵翼下苟且偷生，奴颜婢膝；中国人民的生活则在这种沉重的战争赔款压力下更加困难；中华民族的灾难因《辛丑条约》的签订日益深重，社会经济日趋凋敝，国家更加衰弱。

第七款为订定东交民巷使馆区境界，规定使馆区由外交团管理，界内不准中国人居住，各国有权常留兵队保护使馆。

第八款规定将大沽炮台及有碍京师至海通道之各炮台一律削平。

第九款规定各国酌定数处留兵驻守，以保京师至海通道无断绝之虞。按照规定，北京到山海关铁路沿线十二处驻扎外国军队。驻军地点为：黄村、廊坊、杨村、军粮城、塘沽、芦台、唐山、滦州、昌黎、山海关、秦皇岛、天津。上述各处及北京使馆区驻军总数为六千人。列强从此取得了在中国的驻兵权，不仅加强了对清政府的控制，而且为后来的中国政治发展留下了巨大的隐患。

第十款规定中国政府必须在中国全境张贴永远禁止设立仇洋之会、停止科举考试、保护洋人等历次谕旨；宣布永远禁止中国人民成立或者加入具有反帝性质的各种组织，违者一律处死；对一切反帝活动，各级地方官员应负责弹压，镇压不力者应予以革职。这样，清政府实际上成了替列强维持秩序的工具。发生反抗斗争的城镇，停止文武各等考试。列强借此夸耀自己的威风，企图磨灭中国人民的斗志。

第十一款约定商议改订通商行船各约。清政府在条约中表示同意按照列强的要求，订立新的通商行船条约，这当然有助于列强扩大对中国的经济侵略。

第十二款规定改总理衙门为外务部，班列六部之首，由清朝近支王公主管，另设尚书二人，其中一人为军机大臣。列强提高外务部的地位主观上是为了提高中国外交衙门的办事效率，与国际通行惯例一致，在客观上无疑培植了更便于执行卖国媚外政策的职业官僚。

《辛丑条约》是近代中国历史上空前屈辱的奴役性条约。根据这个条约，列强进一步在中国获取了政治、军事、经济、文化等方面的更多权益，给中国带来了极其严重的危害。

一是巨额的战后赔款严重摧残了中国社会经济，加深了中国人民的苦难。这笔被称作“庚子赔款”的战争赔款是近代以来列强在中国所获取的最大一笔款项，白银本息合计多达九亿八千万两。这不仅使清政府的财政日趋枯竭，而且使中国的主权诸如海关、常关及盐税等均被列强所控制。

除《辛丑条约》规定的庚子赔款外，还有各省府州县分别与当地外国教会约定的对地方教案的赔款。这笔款项各地均有，只是数目多寡不同，多者二三百万，少者数十万，即便那些未曾闹过教案的省份，也或多或少地被摊派承担直隶教案中二三十万至十数万不等的赔款。据研究者不完全统计，地方教案赔款总额多达两千二百七十万两。

除此之外，由于稍后国际银价持续下跌，列强强行要求清政府以金代银进行支付。清政府被迫屈服，于1905年确认庚子赔款为金付款，并且同意以八百万两弥补1905年以前各国所得赔款的所谓亏损。仅此一项，中国实际上支付给列强的赔款就远远大于《辛丑条约》规定的数额。

二是武装使馆区的划定，特别是列强在北京至山海关的军事存在，使中国的行政权力受到了极大削弱，中国的领土主权和国防能力受到了严重损害，而且由于列强在京津地区驻军，使中国的首都大门洞开，北京几乎成为不设防的城市，中国政治更容易受到列强的干扰与控制。

三是惩凶，发生义和拳骚乱的地区五年内禁止进行科举考试，以及派员赴德国、日本为被杀者道歉，为于骚乱期间被污渎及挖掘诸国各坟茔建碑涤垢雪侮等规定，不仅羞辱了中国人民和清政府，消弭了中国人民反抗列强侵略的斗志和意志，而且将镇压人民反抗外来压迫的斗争作为清政府的“条约义务”。这显然是近代条约体制建立之后增加的新内容，严重侵犯了中国人民的自由与权力。

第八章

东南互保：莫名其妙的和平

当北方战局逐步演变时，南方的情况也趋于恶化。6月14日，英国驻上海代总领事霍必澜致电英国外交大臣索尔兹伯里，表示北方的形势会越来越坏，建议英国政府高度注意。一旦英国不得不随着这些西方国家与中国政府断交时，就应该立即与湖广总督及两江总督达成一项谅解。如果湖广总督张之洞、两江总督刘坤一指望得到英国政府的有效支持，他们将在所辖地区内尽力维护和平，以免长江流域遭受北方那样的战乱和损失。

保境安民：方面大员的忧虑

霍必澜在向索尔兹伯里报告的同时，还致电英国驻汉口代总领事法磊斯，询问如果张之洞确信将获得英国政府的支持，那么他是否愿意与英国政府进行合作，共同维护长江领域的和平。法磊斯很快回电说，他认为张之洞将欢迎英国政府的重要援助，但毫无疑问的是，他也会十分珍惜中国的独立和主权。

6月15日，英国外交部建议海军部派遣一艘军舰前往南京，以诚意向刘坤一和张之洞表达英国政府对他们维护长江流域和平的支持。英国海军部第二天就命令“仙女号”开往南京，“红雀号”开往汉口，同时命令停泊在香港的“无畏号”驶往吴淞。与此同时，英国议会也表示，中国局势到这种地步，英国军队应该无条件占领长江一带，以确保英国的利益不受义和团运动的损害。

遵照英国政府的指示，英国驻汉口代总领事法磊斯立即求见张之洞。6月17日早晨，张之洞与法磊斯举行会晤。参与会晤的还有上海吴淞清丈工程局沈瑜庆及张的幕僚辜鸿铭、梁鼎芬等。当随从人员退出后，法磊斯向张之洞解释说，由于北方的官员缺乏能力，各国派兵登陆，造成了十分严重的局势。法磊斯提交了索尔兹伯里的一份英文电报副本，请求张之洞出面维护长江流域的秩序，并表示英国政府将给予坚定的支持。

张之洞带着浓厚的兴趣倾听法磊斯的介绍，对于英国政府的好意表示感谢。他说，他完全了解在长江流域维持秩序和提供保护的责任，这不仅是由于条约义务，也是为了他个人的利益和声誉。他与两江总督刘坤一的意见基本一致，对于维护长江流域的稳定抱有坚定信心，并正为此目的而采取必要措施，以防止义和团或其他不良分子发生骚乱。

不过，张之洞也非常明确地表示，他不希望在长江流域驻有英国舰队，这是高度敏感的时期，极容易引起各方面误解。张之洞的真实想法是，义和团皆乌合之众，无纪律无军械，清政府如果肯认真弹压，尽有余力，不需外助。然而英国乘此混乱之际遽派军舰进入长江，内恐百姓惊谣生事，外恐各国援照效尤，更难收拾。张之洞表示，如果需要英国军队的帮助，会立即提出请求。至于北方的混乱，张之洞解释说，主要是因为慈禧太后受到一批毫无经验且愚昧愚蠢大臣的包围。

张之洞的态度是积极的热情的，承诺也是诚恳的有把握的，这深刻影响了法磊斯。唯一稍感不安的是，张之洞所统辖的部队，可能并不像他自认为的那样忠心耿耿。

法磊斯的拜访和英国人的态度无疑使张之洞感到高兴，不管怎么说，在这混乱时刻有英国人提供某种保证毕竟有助于加强他的力量，并保持长江流域的稳定，尽量避免战火延烧到此。

在法磊斯拜访张之洞的前一天，金陵税务司韩森也在南京拜会了刘坤一。刘坦然表示，他决心与张之洞合作维护长江流域的和平。目前，他知道英国人除了自身利益，还会为中国利益着想，如果其他国家侵犯长江流域，刘坤一表示愿在英国的"指挥"下采取统一的行动。很显然，刘坤一主要是担心其他国家会乘着混乱局面进入长江流域，而长江流域素来为英国的势力范围，英国决不会轻易同意其他国家进入。在是否借重英国力量这一点上，刘坤一与张之洞在最初阶段略有区别。

如果说张之洞不希望英国军舰在长江流域出现的这一态度在口头表述时还不是那么明确的话，那么他在发给刘坤一的电报中就已明确表示，目前不希望任何军舰驶入长江。

◎倡导"东南互保"的两江总督刘坤一

经张之洞提示，刘坤一很快改变了看法。他在6月19日会见"仙女号"指挥官时将电报交给英国人过目，他表示，既然英国的两艘军舰已经驶入长江，不希望继续驶入。他明白告诉英国人，长江流域如果发生骚乱，他和张之洞的军队完全能够处理。

英国方面当然不愿意就此罢手，按照他们的计划，将继续扩大在长江流域的军事力量，甚至考虑在各个通商口岸都派驻英国军舰。对此，张之洞、刘坤一担心会引起其他国家的纠纷，而且容易导致许多不必要的误会。6月19日，刘坤一致电张之洞及于荫霖、鹿传霖、王之春、松寿等长江流域诸督抚，明确提出由中国方面力任保护，或许能够阻止各国向长江流域派兵。这多少已流露出在北方战局迟迟不能明朗的情况下，东南各省设法互保的意思。

6月20日，张之洞再次会见法磊斯。他强调，他和刘坤一正采取一切可能的措施维护长江流域的秩序。他明确反对英国或其他国家在长江流域进行任何鲁莽的海军示威，因为这只能引起惊慌和猜疑，不利于东南地区的和平与稳定。

与此同时，张之洞也通过中国驻美公使伍廷芳转告美国政府：北方糜烂，社会经济已受到严重破坏；东南大局现在还算平静，只是各国如果要向东南地区派遣军事力量，势必引起混乱和动荡，数百万中国人或许身家性命不保，而各国商务也不可能在混乱中独善其身，数万万资财或许也将归于乌有。因此，张之洞请求美国政府务必与各国密切协商，不可遽派军舰进入长江。

根据刘坤一、张之洞的指示，上海道台余联沅与英国驻上海代总领事霍必澜进行紧张交涉。经余联沅反复劝说，霍必澜表示，长江流域由刘坤一、张之洞两位总督主持，英国方面略感放心。英国军舰现在均聚集在北方沿海，并无另调进入长江流域的计划。只是已经驶往汉口和南京的两艘军舰现在不及追回，尚请中国方面予以谅解。

余联沅迅即将霍必澜的意见电告刘坤一，刘坤一认为，英国人的态度大致比较明朗。英国军舰往来长江游历，原本惯例，所以对那两艘军舰，也只好听之任之了。

张之洞和刘坤一的意见终于被英国方面所接受。6月20日，英国外交部建议海军部对已在长江各口岸的英国军舰发出训令，避免任何示威，同时建议英国军方明确告诉张之洞和刘坤一，英国军舰将在必要时同他们合作，或者是支持他们为维护秩序而采取的各项措施。

东南及长江流域各督抚谋求互保的消息很快被西方外交官获悉，各国驻沪领事也曾向各自政府及各国驻华舰队司令官转达过类似意思，并很快获得回应。6月20日，联军各国舰队司令发布公告，宣称联军仅对义和团及那些反对派遣部队前往北京救援的人进行战斗，强调保持和平的责任须由中国官员承担。如果中国不破坏和平，那么中国官员就无须害怕遭到联军的任何袭击。这个公告对一些地方官员产生了分化瓦解。

确实，不是所有的地方官员都持坚定的排外立场，也不是所有的地方官员都愿意与外国人合作。因此，当刘坤一、张之洞等人提出“力任保护，稳住各国”的方针之后，也有地方官持反对态度，以为应该强硬，随时准备回击各国军队的进犯。当时奉命负责东南防务的钦差大臣李秉衡就是其中最突出的代表，他的反对也确实一度使刘坤一、张之洞很难堪。

诚如刘坤一电告李秉衡的那样，“力任保护，稳住各国”的方针也只是委曲求全，保护东南地区不受战争影响的从权之计，然而他的一番苦心并没有说服李秉衡，李继续在长江流域部署水雷，请求刘坤一划拨经费以助备战，准备与各国军队决战于疆场。这很可能会影响刘坤一、张之洞协商的保护东南方案，于是刘坤一在约请李秉衡来南京面商的同时，也派员赴江阴向李详告办法，以此稳住他不要鲁莽行事。

李秉衡成了刘坤一等人的心腹之患，不过到6月24日，刘坤一就获得一个支开李秉衡并将其“礼送出境”的绝妙机会。这一天，清廷发来一份通知，要求两江总督派员率军北上，并点名要李秉衡带两营兵力一面启程，一面告知朝廷。于是刘坤一迅速致电李秉衡，并对他进行了廉价的吹捧。

所谓"伪诏"：一个奇怪的借口

其实，东南互保政治格局的形成也有来自北京的动力。根据比较可靠的传言，刘坤一和张之洞至少在6月20日就通过袁世凯收到了朝廷的一道密旨。这道密旨的措辞非常奇怪，许多人认为它是一个垂死政府的遗命。密旨要求各督抚切实保护他们所管辖的各省，同心合力，共挽危局。由于这道上谕后来成为东南督抚共谋互保的政策依据，因而有必要抄录如次。

近日京城内外拳民仇教，与洋人为敌，教堂教民连日焚杀，蔓延太甚，剿抚两难；洋兵麇聚津沽，中外衅端已成，将来如何收拾，孰难逆料。各省督抚均受国厚恩，谊同休戚，事局至此，当无不竭力图报者。应各就本省情形，通盘筹画，于选将、练兵、筹饷三大端，如何保守疆土，不使外人逞志；如何接济京师，不使朝廷坐困；事事均求实际。沿江沿海各省，彼族觊觎已久，尤关紧要。若再迟疑观望，坐误事机，必至国势日蹙，大局何堪设想？是在各督抚互相劝勉，联络一气，共挽危局。事势紧迫，企盼之至。

这份上谕可以作出多种解释，主战者以为这意味着战争开始；而主和者则以为这实际上是给予各督抚以绝对的权力，这在一定程度上为东南互保的形成提供了政策上的可能性，显然是东南各省督抚敢于谋求互保的真正动因之一。

21日，李鸿章收到了荣禄发自北京的一封密信，他告诉李鸿章不必对朝廷的谕旨继续予以重视。

这些消息很快为英国外交官获知，据曾经看到过6月20日密旨副本的英国驻沪代总领事霍必澜说，这道密旨的词句是暧昧不明的，他认为端郡王载漪在6月21日前后可能篡夺了朝廷的权力。荣禄不愿意与端郡王合作，而有意于联合那些汉族总督共同反对以端郡王为首的中央政府。

来自北京的消息真假参半，但所有消息的指向都是北京的政治局势日趋危机，一切权力都掌握在载漪等人手里。董福祥率领着甘军，端郡王率领着旗兵和那些招募来的义和团民众，决心抵抗各国军队的入侵。荣禄恳求各国援救他们的臣民。南部和中部各省督抚已经联合起来，并且要求各国保证无论北京的形势怎样恶化，战争都不应该向南部扩展。这些传言使许多人忧心忡忡，也激励他们共同推进中国南部的独立和自保。霍表示，当中国当局继续维持秩序时，除北方外，英国政府将不派部队登陆。甚至明确致电袁世凯，劝告他仿效张之洞、刘坤一及李鸿章，坚定不移地维护自己管辖区域中的秩序。

西方人的外交攻势深深影响了中国地方官员，而北方局势的持续恶化特别是大沽炮台的沦陷及天津租界持续不断的战斗，也促使中国南部地区官员必须采取某种行动才能不被北方局势的恶化所拖累。6月21日，两江总督刘坤一致其部属鹿传霖的电报，已经清楚地表明了这一点。

北方战局的扑朔迷离和西方外交官的劝导影响了中国东南地方官员，而对义和团南侵特别是各国联军可能转舵南下的情况，东南地区的士绅和那些民族资本家更是忧心忡忡。6月22日，郑观应致函盛宣怀说，中国军队和义和团对天津外国租界的进攻必将对南方产生相当大的影响，列强极有可能进行类似于瓜分中国的行动，特别是由于英国在整个长江流域具有重要的经济利益，随着形势的演变，英国军队极有可能在上海登陆，进而占据吴淞炮台，复派兵进入长江流域进行惊扰。果如此，东南大局不堪设想。他告诉盛宣怀，经与有关方面协商，为避免不必要的损失，不妨提议将一些中国公司转到外国人名下，这样或许有利于保护。

郑观应的提醒启发了盛宣怀，三天后即6月24日，盛宣怀致电李鸿章、刘坤一、张之洞，提议“从权”在上海与各国领事订约互保：上海租界准归各国自行保护，长江内地均归中国督抚保护。两不相扰，以保全中外人民生命财产为主。各省督抚严厉责成地方密切关注，严加管理，不准滋事，有犯必惩，以靖人心而保危局。随电附有草拟的互保章程草稿。

6月25日，刘坤一复电盛宣怀赞成他的建议，并请他就近指导上海道台余联沅与各国驻沪领事团进行谈判，以便早日定议。

东南互保的建议特别是刘坤一的坚定态度立即获得东南各省督抚的积极回应，他们普遍相信盛宣怀的判断。东南各省督抚相信，东南各省互保不仅是克服目前时局危机的唯一办法，而且也合乎朝廷的精神。

6月26日，余联沅邀请各国驻上海领事举行会晤，讨论局势。余联沅希望领事们建议各自政府，宣布中国其他所有地区为中立区。并表示，如果各国政府照此办理，地方政府就有足够能力维护秩序。

余联沅的呼吁获得各国外交官的积极回应，经过周密谈判，余联沅与各国驻沪领事正式签署《东南互保章程》共九条。

一、上海租界归各国公使保护，长江及苏杭内地均归各督抚保护，两不相扰，以保全中外商民人命产业为主。

二、上海租界共同保护章程已另立条款。

三、长江及苏杭内地各国商民教士产业，均归南洋大臣刘、两湖督宪张，允认真切实保护。

四、各口岸已有各国兵轮，仍照常停泊，惟水手人等不可登岸。

五、各国以后如不待中国督抚商允，竟至多派兵轮驶入长江等处，以致百姓怀疑，借端启衅，毁坏洋商教士人命产业，事后中国不认赔偿。

六、各国兵轮切不可靠近吴淞及长江各炮台停泊，水手不可在炮台附近操练。

七、上海制造局、火药局一带，各国允兵轮勿往游弋驻泊，及派洋兵巡捕前往。此局军火，专为防剿长江内地土匪、保护中外商民之用。设有督抚提用，各国毋庸惊疑。

八、洋教士、洋人切勿前往偏僻未经设防地方。

九、租界内防护之事，均须安静办理，切勿张皇，以摇人心。

从这个章程看，中国并没有丧失过多的主权。列强如果能够与东南督抚友好合作，长江流域及东南一带应该能够保持稳定。英、德、美等国政府在获悉东南互保章程内容后纷纷表示赞许，美国政府甚至乐观地向其驻华各领事发出通知，鼓励他们与各省总督会商在各自省份里维持和平的详细步骤。张之洞、刘坤一等相继发布告示，宣布东南互保宗旨，严禁民众捏造谣言，煽惑人心，聚众扰乱租界教堂者，责成各府厅州县会同军方及各地绅士，共筹保护之法，切实办理。

然而，不论是西方外交官，还是长江流域各省督抚，他们的乐观实在是太早了些。事实上，此时的北京并不像他们所想象的那样处于分裂状态。6月28日，东南督抚收到军机处通过保定电报局寄发各省督抚的上谕，要求各省督抚广泛召集义和团，借御外侮，沿江沿海各省尤宜急办。

这在一定程度上打破了长江流域各督抚的既定计划，他们严格封锁这一消息。紧急磋商后，各督抚决定视以端郡王为首的北京政府为伪政府，以便继续沿着东南互保的方向前行。他们告诉西方国家外交官，称端郡王是一个叛逆，并已决定不服从来自北京伪政府的谕旨。西方外交官格外感动，他们一方面据此猜测中国政局的下一步走向，另一方面更加坚定地支持东南督抚。霍必澜告诉索尔兹伯里，他猜测中国政府或许不久将发布谕旨免除这些总督的职务，并将派兵去支持端郡王任命的总督。结果，将在全中国发生一场内战。因此他建议英国政府应该有一支强大军队留在中国，以便内战爆发时，去支持那些对国际社会表示忠诚的总督。

所谓“伪政府”的说法只不过是一个自欺欺人的谎言，东南互保的倡导者们对此太清楚不过了。所以，他们必须尽快行动，造成既成事实，这样既可以利用中央政府提供的政策空间，又有利于维护东南地区的稳定。所以他们在收到上谕后，一方面，封锁消息；另一方面，尽快将东南互保草拟章程提交给各国政府，以造成既成事实。

根据东南各省督抚的指示，中国驻英公使罗丰禄于6月28日将东南互保的主旨当面通知英国外相索尔兹伯里。第二天，罗丰禄又将经刘坤一、张之洞批准并签署的《东南互保章程》正式文本提交给英国政府。这份文件的英译本也是九条，文字与中文本稍有不同，但无关紧要。

英、法收到中国方面提交的《东南互保章程》后进行了仔细研究，通过交换意见，取得一致。法国政府认为，该协议在许多方面指出了法国政府愿意遵循的方向，但是他们不准备授权法国驻上海总领事在该协议上签字，因为那样可能会使法国以后的行动受到束缚。这一态度也影响了英国政府。

英、法两国的态度很快为中国方面所获悉。7月3日，刘坤一、张之洞联名致电罗丰禄，说他们的协议案绝对没有束缚西方国家在未来形势不可控制时的行动自由，只要缔约国不在长江流域派兵登陆，他们便对各自管辖地区外国人生命财产的安全承担责任。显然，这一政策底线主要是为了向中国国内作交代。

7月4日，罗丰禄来到英国外交部求见索尔兹伯里，转达刘、张二人的最新意思，并询问英国政府对这一协议的最终看法。索尔兹伯里坦率地说，英国政府能够看到他们的极好心愿，但是不能把它们当作英国必须执行的一个协议而予以接受。因为这些建议涉及放弃英国根据条约所享有的权利，并把属于中国政府的义务强加在英国政府身上。所以，英国政府的最终态度是，对于便于执行的那些规定，将欣然予以执行，但每件事情都必须根据实际情况来决定。英国显然期待与法国一样，既支持东南各省互保新政策，但也不愿意就此被束缚手脚。

对刘坤一、张之洞来说，英法两国的态度多少让他们有点挫折感。7月4日，张之洞向法磊斯通报了荣禄发来的电报，告知北京实际上已处于无政府状态。霍必澜也获知袁世凯已收到端郡王发自北京的命令，要求他率领一万八千名受过良好训练的士兵前往南京，剥夺两江总督刘坤一的权力。霍必澜认为，如果清政府执意这么干，那么无政府状态将扩大到黄河以南以至全中国。不过这也许是一件好事，张之洞、刘坤一等人可以信赖英国政府给予的一切援助。为此，霍必澜建议英国政府应该在上海吴淞集中一支强大的海军部队。

霍必澜的建议得到了英国政府的支持，索尔兹伯里7月6日致电霍必澜，指示他可以将这一建议明确告诉刘坤一、张之洞。

对此，刘坤一和张之洞当然感到高兴。不过，他们最需要的是英国舰队在长江流域集结并做好准备，在必要时赶往出事地点支援。而当一切都可控制时，他们并不需要英国军舰在长江各口岸耀武扬威。特别是当他们获得越来越多的中国地方官员支持后，就更加担心外国军队在长江流域的过多介入可能会激起中国人的反对，反而不利于稳定。

有了英国政府的支持，霍必澜更加积极地活动。7月5日，他联络各国驻沪领事举行会议，并决定由各领事向各自政府请求派遣一支部队前往长江领域，在必要时支持长江流域的总督维护秩序。

各国政府很快作出积极回应。7月初，驻汉口领事团与当地政府达成初步协议，湖北巡抚于荫霖和湖广总督张之洞联名发表布告，称他们已同各国领事达成协议，只要各国军舰不沿长江行驶，外国人的生命财产便由中国地方官保护。这个告示以“巧妙的方式”恳求朝廷批准他们同各国领事达成的协议，显然更容易获得各国领事的欢迎，因为这实际上保留了各国对东南地区事务干预的权力，当然主要是平息骚乱的权力。

大战中的局部和平

长江流域和整个东南地区的形势确实不容乐观。7月5日，霍必澜致电索尔兹伯里说，据他观察，义和团运动日渐发展，假若天津联军不能及时剿灭义和团运动，那么就可能伸展到中国的中部和南部。义和团民众必将驱逐或杀害内地的所有外国人，毁灭西方国家在中国的贸易往来。

其实，中国方面也有这方面的担心。同一天，刘坤一、张之洞联名致电驻俄公使杨儒，说北方局势日趋恶化，南方形势不稳，希望他向俄国政府表明东南督抚的立场，即无论以后如何，长江及苏浙等地，各国允不派兵，他们仍将按照《东南互保章程》履行职责，保护辖区内人民财产。

7月10日，有报告说义和团已在浙江温州公开进行操练，并扬言将杀死所有的中国教民和外国人。11日，浙江诸暨有“白旗党”联络四千余众，焚毁县城及杨家楼教堂、教士住宅，并焚抄教民百余家；同一天，江西景德镇教堂及教士住宅亦为当地义和团所焚；安徽婺源董门西式大教堂及附近洋楼亦被付之一炬。13日，湖北唐县义和团焚抄小管庄天主教堂及教民三十余家。当夜，又焚毁石佛寺天主教堂及教民二十余家。同一天，湖南衡州、江西浮梁等地也相继发生杀教士、毁教堂的恶性事件。在厦门及鼓浪屿等地，出现了署名义和团的揭帖。凡此种种，都预示着南方局势日趋恶化。

社会不稳定特别是物价持续攀升都引起了人们的恐慌，这并不仅仅限于外国人，有办法的中国人也都在纷纷寻求更安全的地方。

面对随时可能恶化的形势，英国的一艘军舰很快出动，霍必澜甚至向英国政府建议，一旦形势继续恶化，应该考虑让外国人特别是英国侨民予以撤退，或者将这些外国人从较小的口岸集中到比较大的口岸，以利于英国军舰的保护。

索尔兹伯里很快指示霍必澜同在中国的海军军官磋商，并与军方采取一致行动，而不是接受刘坤一、张之洞互保章程的约束。

索尔兹伯里不愿受制于刘坤一、张之洞提供的框架协议，应该说是一项深谋远虑的决策，对此，霍必澜当然心领神会。他立即加紧在各国驻上海领事团进行活动。

在霍必澜的指使下，各国驻上海领事团通过首席领事于7月13日向上海道台余联沅送交了一封信，表示他们很高兴地收到张之洞和刘坤一提出的保证。但是，根据联军驻大沽各国舰队司令已发表的宣言，联军的作战对象仅仅是义和团，以及那些力图阻止营救外国人的任何行动。不过，领事团也保证：只要他们在所辖省份内能够维护外国人根据条约而享有的权利，各国政府过去和现在均无意在长江流域单独或集体地采取任何行动，或派任何部队进行登陆。

7月11日，景德镇的罗马天主教会被焚毁，中国教徒被杀死，银行被抢劫。饶州的官员命令教会立即撤退，声明他们已不能继续保护教会和教徒。梧州的教会也面临着类似的困难。7月14日，随着天津沦陷，湖北汉口及枣阳、四川名山及湖南、温州等地亦都相继传来不好的消息。由于当地局势急剧恶化，在温州的全体外国人已于当天到达上海。17日，山西、陕西和河南等省的电报线已被义和团切断，当地义和团下令杀死所有洋人和焚毁所有教堂。还有消息说，广西、山西、陕西、河南、湖南、湖北等省巡抚现在都已宣布赞成起事，更有传言连张之洞都有可能卷入这个洪流。

霍必澜担心，义和团运动在南方地区的发展可能会危及上海，将对外国贸易造成无可弥补的破坏。因此，他于7月14日建议英国政府立即派一支英国部队前往香港或威海卫，他们身边应保有足够的运输工具，准备在得到通知后八个小时内动身前往上海。英国派驻中国的陆军司令嘎仕礼将军在与霍必澜及英国驻华高级海军军官讨论后也致电英国政府，表示要确保上海的安全，至少需要一支三千人的部队驻守在那里。

不管怎么说，张之洞、刘坤一与各国领事达成的谅解协议深深启发了南方各省督抚，为了面对可能来临的突然灾难，他们尽量与在当地的外国领事团达成某种程度的谅解。7月14日，各国驻福州领事与地方当局达成关于在福建地区实行互保的协议。

7月15日，英国政府通过其驻沪总领事转告刘坤一，再次强调现在保全中国，当视南方各省督抚能否有效维护地方安宁，如果能够做到保护外国人生命财产不受无端侵害，那么西方国家绝没有瓜分中国的意思。

即便没有外国的压力，随着局势的不断恶化，南方地方政府亦已格外警觉，甚者确如某些谣传的那样，内部也不可避免地会发生分裂。尽管刘坤一的态度极为坚定，但是，江苏地方当局略有怀疑，并迅速进行了军事部署。据说有相当多的军火正在运往江阴和其他炮台，而且在长江沿岸各据点也正在架设大炮，有三门大炮已架设在吴淞炮台。

江苏当局或许是为了防范义和团南下，但对列强特别是英国来说却相当危险。英国驻南京领事力图说服刘坤一同意英国海军登陆，而刘坤一说已下令清军不许在长江沿岸各据点和吴淞口架设炮台，更不允许在没有得到他的明白训令时擅自开火。他重申两江总督和湖广总督有足够力量维护长江流域的秩序与稳定。

对于刘坤一的态度，英国、美国等并不怀疑，不过对于中国地方当局的军事能力，他们都做了最坏的准备。霍必澜建议英国政府，一旦总督们不能有效控制，那么英国军队就必须迅速占领上海。霍必澜认为，上海是中国的商业中心，而且中国人和欧洲人都把它视为一个安全的地方。因此一个极重要的问题是，我们须表明有能力据守它，防止发生任何紧急情况。在某种程度上说，能否保证上海的安全已具有重要的象征意义。在上海的美国商人团体美中协会也呼吁美国政府派遣一支部队，同英国军队一起或独自占领上海。

7月26日，西摩尔中将抵达上海，上海工部局立即促请他注意，上海处于没有防御设施的地位，要求西摩尔派一万人登陆上海。

西摩尔随即与霍必澜及一些英国侨民讨论了上海防务。西摩尔发现，在上海的外国人有强烈的不安和忧虑，如果张之洞和刘坤一不能控制他们的部队，就会发生大混乱，租界将首当其冲受到攻击。另外，租界内的巨大财富具有特别诱惑力。

7月27日，西摩尔召集军方及上海地方武装力量指挥官会议，讨论上海安全。与会者普遍认为，大约需要有一万人的部队。

7月28日，各国驻上海领事要求西摩尔将军采取必要的措施保证上海的安全。西摩尔同意派遣一支三千人的部队。

由于南方局势确实在逐步恶化，经过一番艰难交涉，刘坤一同意了他们的要求，即按照西摩尔与各国海军将领提出的人数派遣部队，并在需要的时候占领上海。刘坤一并未附加任何条件，而且对于其他各国表示想在上海派驻卫队的要求，他也表示不会绝对拒绝。

如果说外交官如霍必澜等人的观察有点危言耸听的话，那么实业界的估计可能对中外决策者更有参考价值。7月29日，英国汇丰银行就上海所面临的危险给英国外交部提交了一份详细的评估报告，并附有一份设在上海的中国协会7月28日发来的电报副本。报告认为，英国政府虽然已充分认识到上海的重要性，但并不太清楚如果上海遭到任何灾难，其后果将多么可怕！报告指出，上海的妇女和儿童的人数比其他任何一个条约口岸都要多得多。中国军队一旦失控，那就太可怕了。报告强调，即使仅仅从贸易观点看，如果上海遭到破坏，或即便是部分遭到破坏，中英之间的贸易必将产生毁灭性的灾难。现在，英国在上海的货物和财产的价值估计有数百万镑。这些货物属于曼彻斯特和英国其他公司所有，并由英国和东方的银行提供资金。如果这些财产受到损失，银行将向英国货主要求赔偿，他们势必破产。这会出现一次空前恐慌，它比目前这一代人所经历的任何一次恐慌更为严重，而且范围更为广泛。目前英国国内退休人口中，有很大一批人依靠从上海的财产中所得到的收入过活，每年从一百镑到三万镑不等。

如果发生任何大灾难，大多数家庭都将成为受害者。

上海的局势引起了英国政府及各国人士的高度关注。8月2日，英国外相索尔兹伯里代表政府在下议院发表对华政策演讲，强调关于长江地区及其附近地方，英国政府已向各总督保证，英国军舰和部队在平定骚乱和稳定秩序方面将尽可能地同他们合作，而且正在为正式履行这项保证进行准备。

张之洞获悉后立即派道台往访英国驻汉口代总领事法磊斯，表示对索尔兹伯里的政策声明感到满意，还向英方政府保证，他信赖英国政府的支持，如果北京政府决定免除他的职务，他将置之不理，并坚定地与英国方面共同努力维持长江流域的稳定。

但在细节问题上，各方意见并不一致。英国驻中国陆军司令嘎仕礼认为只要有三千人就可以保障上海的安全，而西摩尔中将则认为五千人的部队是起码的，一万人才能完全满足需要。

在对上海防务有了大致规划后，西摩尔就要求与刘坤一会晤，讨论细节及合作方式。8月2日，西摩尔在两江总督府受到刘坤一热情接待。

刘坤一告诉西摩尔，驻北京的各国公使安然无恙，庆亲王奕劻正保护着他们，但是，在北京的义和团势力仍然很强大，而且他们据有大部分北京城。刘坤一认为，在目前情况下，慈禧太后和光绪帝是应该得到同情的。

对于西摩尔提出的关于英国海军在上海登陆，刘坤一明确要求人数不可太多，担心可能会引起骚乱。至于长江沿岸各口岸，刘坤一也不希望英国军舰驶入，因为这样无助于长江流域的稳定与和平。

西摩尔原则上同意刘的看法，不过又认为在长江沿岸的五个通商口岸中，应分别留驻一艘军舰，以便在突然发生战争时斟酌情况。

就英国军方来说，刘坤一同意三千名英国海军在上海登陆，使问题简单化了，有利于英军的调度与部署。

第二天（8月3日），刘坤一如约到洋务局回访西摩尔将军，当面重申他对英国友好的保证，并对英国仅期望促进贸易感到高兴。他说：如果英国能够保持长江水域的和平，那么中国便将在陆地上这样做。对于在长江各通商口岸留驻一艘军舰的方案，刘坤一表示同意。他也特别表示希望其他国家的军舰不能仿照英国的例子驶入长江。

刘坤一还告诉西摩尔，他的这些看法与张之洞完全一致，因此不必要往访张之洞。

西摩尔表示，他将建议各国不要驶入长江，他个人和英国军队将尽力保持长江水域的和平。他重申：包括英国在内的西方各国决不会趁此瓜分中国。

8月5日，英国驻上海代总领事霍必澜通过外交途径要求两江总督府就三千名英国海军在上海登陆的事情发布文告，以便使中国人确信，英国海军在上海登陆，只是为了防守上海租界，并没有其他目的。中国方面由总督府负责通知上海道台做好准备，外国方面则由西摩尔和霍必澜于8月9日直接通知领事团，说三千名海军将于8月12日在上海登陆，各国领事很快将这一消息向各自政府做了通报，但在没有收到指示前，他们也没有给西摩尔和霍必澜以答复，于是西摩尔和霍必澜都以为各国政府同意了这个计划。

各国政府获悉此消息后反应强烈，法国、美国也纷纷表示，将仿照英国派部队在上海登陆。这些消息在上海引起了极大震动，许多有办法的中国人纷纷前往安全地方。鉴于此，刘坤一不得不改变先前的决定。8月10日，刘坤一通过罗丰禄将这一改变告知索尔兹伯里，希望英国政府能够充分考虑目前的难处，改变或暂缓在上海登陆。

与此同时，刘坤一直接致电西摩尔，请求他不要让英国军队在上海登陆。然而一些部队已经离开香港向上海进发，所以西摩尔只能命令尚未出发的英军就地待命。第二天，西摩尔与霍必澜一起会见上海道台余联沅，不过，上海道台根本无权决定这么重大的事情。而刘坤一当天则通过上海道台更明确地告诉西摩尔和霍必澜，他反对英国海军现在就在上海登陆。

英军的计划受到了西方各国的质疑，为了平息这些质疑，英国也曾委派外交官进行解释。当英国驻法大使向巴黎外交团发表西摩尔的声明及大使本人的解释时，法国外交部长却当面讥讽英国大使说，这并没有说明上海确实处于危机之中，法国政府实在不了解上海目前的情形对欧洲人有什么急迫危险，以致有必要派军队在上海登陆。如果英国执意如此，那么法国也必须这样做。

英国政府被迫做出让步。8月12日，索尔兹伯里命令霍必澜：在没有得到进一步的命令之前，不要派部队在上海登陆。

这个命令打乱了英国海军在上海的全部计划，但西摩尔与霍必澜并没有真的完全停止军事部署。相反，他们继续说服刘坤一。

在索尔兹伯里致电霍必澜不要派部队在上海登陆的同一天，刘坤一又出人意料地同意了英军的计划，但条件是其他国家不能仿效。8月13日，上海道台在告示中同意英国军队登陆上海，不过同时宣布，中国人将分享英国海军提供的保护。8月15日，刘坤一致电罗丰禄并请他转告英国政府，他与西摩尔司令及霍必澜之间关于派遣几百名士兵在上海登陆一事，已达成令人满意的协议。谣言已经平息，人们安定下来，长江领域的和平和秩序将得到维护。

应该值得注意的是，刘坤一在这里所说的是几百名。

8月16日，英国政府授权西摩尔和霍必澜安排部队登陆，但同时告诫他们不要对其他任何国家的行动提出任何保证。这是由于领事团认为在上海驻扎部队是人们所盼望的，而且刘坤一已同意了这项行动。

法国、美国不同意英国军队在上海单独行动，但各国驻上海的领事又倾向于认为上海正处在危机的边缘，因此，各国领事又纷纷致电本国政府，认为不要坚持让英国抵达吴淞口的两千名印度部队撤离。否则，就很可能危及上海的安全。他们建议，这些部队应根据各国之间的协议在上海登陆。为了对上海这一重要口岸提供最有效的保护，联军立即增派部队是可取的。显然，霍必澜依然主张向上海增兵。按照西摩尔的计划，英军将于8月18日开始在上海登陆，其余的三千人将从香港赶来。

8月30日，由六百名海军陆战队、一个山炮中队和一连越南人组成的总计约八百人的一支法国部队也在上海登陆，而日本人也在上海为即将登陆的部队寻找营房，德国人则为将要到来的两千名德军寻找膳宿之处。尽管这些国家表示这些行动是要支持英国政府防守上海和维持秩序。然而无论怎样，英国政府都非常明白，这些国家之所以在局势已趋于缓和的情况下继续派军队在上海登陆，不外乎是要保持对上海这个重要的贸易中心的控制权而已。

各国这样做是没有道理的。正如西摩尔所说，他并不担心长江地区发生任何骚乱。根据他的报告，自从达成互保协议后，整个长江流域都十分平静。正在汉口访问的英国军舰“马拉松号”菲尔德舰长承认，在汉口的街上看到人们十分和平而且彬彬有礼。至于重庆、九江、芜湖、镇江等，正如西摩尔观察的那样，中国居民普遍采取了更稳重、更温和的态度。在南京，从一开始就没有发生过骚乱，而且预计以后也不会发生，然而当地居民似乎不那么高兴，原因是在南京及其附近地区的炮台驻有大量军队。在这种日趋平静的情况下，各国竞相派遣军队在上海登陆，除引起人们的恐慌外，并没有多少好处。

—第九章—

容忍改革不完美

当君宪成为往事

两千年的君主专制曾给中国带来稳定和辉煌，但是进入近代以后，家天下的君主专制越来越不适应中国的需要。1894年的甲午战争，1904年的日俄战争，前后十年，一个君主立宪的日本相继打败中国与俄国两个巨大的君主专制国家。这个残酷事实不能不引起中国人心灵上的巨大震动。走向君宪，成为那一代中国人的唯一政治选项。然而到了1911年，当君宪主义即将成为事实时，一个规模不大的军事哗变，竟然在一夜之间掀翻了一个具有两百多年历史的庞大帝国，这其中的原因究竟是什么，是必然还是偶然？一百年来众说纷纭，莫衷一是。其实，我们可以听听老牌君宪主义者严复的分析，他的那些独特看法没有强烈的意识形态色彩，对于清廷、袁世凯、革命党、康有为等均有批评有分析，相对来说比较中立客观。

君宪先锋

在近代中国，严复是作为思想启蒙者载入史册的。他在甲午战争后向中国人翻译介绍《天演论》，从理论上为先前几十年只重视物质增长的“中体西用”背书，认为中国所面对的问题就是经济形态上落后于西方，中国最迫切的问题就是经济增长和社会体制变革。至于其他，比如政治架构，严复在那个时代并不认为它已成为中国发展的障碍和非常迫切的问题。

基于这样的认识，严复在1895年之后的维新运动中虽然积极介入，也传播了许多西方新思想，但是并不认同康有为、梁启超、谭嗣同等人的许多观点。我们从他那篇著名的《拟上皇帝书》中，发现其主张就是一种君主主导下的政治渐变。他认为只要变化的方向对，就不要操之过急，要耐心地走下去，终归能够走上东西洋立宪各国的共同道路。中国不需要标新立异、超常规发展，不需要总显得急不可耐、步履匆匆，一个政治上成熟的大国就是要显现出从容优雅的风度。对于康有为、梁启超等人在1898年表现出来的那种急切，严复向来不以为然，他以为正是这对师徒的乱来，最终葬送了大清两百多年的江山。严复认为，假如康有为、梁启超不去鼓励那个少年天子匆匆忙忙进行政治变革，而是两宫和睦渐进改良，那么要不了多少时间，大清的政治必能有所改善。等待慈禧太后百年，等待小皇帝再成熟一点，许多问题应该不会继续成为问题，应该都能够迎刃而解。

严复的思考当然不是事实，1898年之后的中国在经历了几年徘徊后，终于在1901年重回新政轨道。特别是到了1904年，中国在经历了日俄战争的强烈刺激后，派遣五大臣出洋考察各国宪政，中国从君主专制向君主立宪转型的过程正式开启。这是中国政治的实质性进步，因而严复和那时主流社会的人们一样，很快从1898年之后对政治的冷漠转为对政治的热情，迅速转变成一个君宪主义者，真诚相信君主立宪是当时中国政治上的唯一出路。

◎热心投身君主立宪的思想家严复

对于清廷的君宪主义呼吁，严复给予积极回应，并利用自己的专业知识为君宪主义运动提供理论支援和学理依据。他在那一年（1905年）先后数次在上海青年会演讲西方政治学，对世界上已有和现存的国家类型给予细致点评，以为要救亡，就必须将中国从君主专制改为君主立宪，因为只有在立宪体制下，民众才能通过议院轻而易举地完成和平变革，实现政府更迭而不危害皇室利益，皇室也就可以在君主立宪体制下万世一系、永享国祚。

君宪主义危机

严复对君宪主义有很高的期待。他认为在当时中国历史文化背景下，君宪主义是唯一出路，君宪主义可以将中国从孤立状态中拯救出来，君宪主义也是世界潮流。然而君宪主义的内涵究竟是什么，严复的理解与思想界主流、与清廷的举措有同有异，并不完全一致。严复指出，君宪主义并不只是政治架构的改革，对于当时的中国来说，君宪主义落到实处，就是要提升教育、普及教育、唤醒国民、改革司法，最大限度防止革命的发生，防止暴力冲突。

对于满汉冲突，严复始终认为那是革命党人在理论上的一个虚构，并不是历史的或现实的真实。严复始终如一坚定反对革命，反对种族主义、民族主义宣传，认为只有君主立宪可以维系中国这个多族群多种族的国家。

不幸的是，中国的政治偏偏是沿着严复预言的反方向发展，革命成了重要选项，甚至一度成为首要选项。对于这一点，严复并没有刻意攻击革命党和孙中山，他认为君宪主义危机发生和排满主义强盛，其主要根源在于满洲贵族的无能和自私。

根据严复的分析，君宪主义之所以在光绪帝和慈禧太后相继去世后不久陷入危机，武昌起义之所以发生并在全国范围内得到响应，主要有这样几个原因：第一，摄政王及其大臣的极端无能；第二，心怀不满的新闻记者们给中国老百姓带来了无数偏见和误解；第三，秘密会党和在日本的反叛学生酝酿已久；第四，在这之前的几年间长江流域饥荒频仍，商业危机引起恐慌，各个口岸的信贷紧缩。

在严复所分析的因素中，他认为最重要的是第一条，即摄政王及其大臣的自私和无能。严复指出，清廷在十多年前接受德国和日本人的建议组建一支现代化的军队是对的，将权力尽可能地收归皇室、收归中央，也不算太错，只是满洲王公在做这两件事情时没有从国家根本利益进行考量，而是带有非常自私的倾向。政府以三分之一的收入改编军队，不是将这支军队改造成国防军，而是弄成了皇室私家卫队，以为这样一来就可以将壮丽的城堡建筑在磐石之上。摄政王自封为大元帅，让他的一个兄弟统率陆军，另一个弟弟统率海军，天真地以为这样至少不愁没有办法对付那些汉族的叛逆子民。摄政王做梦也没有想到，恰恰是他所倚仗的东西有朝一日会转而猛烈地反对他，因为他不知道他所倚仗的东西的根基已被数百个新闻记者的革命宣传瓦解了。

君宪成为历史

根据严复的分析，君宪主义在中国成功的机会是巨大的，但是倒霉的盛宣怀和他的铁路干线国有化政策为各地不满的民众抗议政府提供了口实和机会。要是清廷知道如何对付四川人民，事情或许会好办些。而清廷除懦弱、自相矛盾外无所作为，结果导致四川暴乱。革命党人那时在为各省谘议局的联合而工作，并在新军中加强了活动，于是武昌失守，军人哗变。

军人的介入使问题的处理更加困难。前往武昌镇压哗变的新军敢于第一个起而抗争，宣称中国人不打中国人，暗示自己与南方新军是同种同族，甚至北方的军队也杀机毕露，发动兵谏，种族主义简直就像一个法力无边的魔王，霎时间将悉心经营两百多年的帝国推向绝境。

在军队压制下，清廷被迫退让，于10月30日下罪己诏，发誓要永远忠于、服从即将召集的国会，发誓不让任何皇室成员进入内阁；宣布对所有政治犯甚至那些反对皇上的革命者实行大赦；宪法由议会制定，并将被无条件接受。宣布的这三条内容太重要了，但是确实已经晚了。严复非常遗憾也非常痛心地表示，如果一个月前做到这三条中任何一条的话，中国的历史就不会这样发展下去了，大清帝国依然会是中国历史上最伟大的王朝。然而所有这些都太迟了，没有明显效果。所谓《宪法重大信条十九条》在严复看来根本不是宪法，这不过是将专制政权从皇帝手里转移到国会，根本无法给中国带来持久稳固，因而不是进步。

◎清末广东咨议局成立，成员合影

对于清廷空前的政治危机，作为资政院钦选议员，严复忧心忡忡，但对中国由此变为共和政体，则无论如何不愿认同。严复的担心只有两点：一是中国国民程度不具备，中国要想走上共和道路，至少需要三十年的积累和训练；二是中国如果由此强行进入共和，必将引发新一轮边疆危机，且种族之恨相为报复，必将贻害全体中国人。

基于这样的认识，严复在袁世凯出山之后竭诚帮助清廷化解危机，以随团代表身份前往武昌、上海参加南北议和，劝说黎元洪和南方革命党人重回君主立宪道路，反复解释只有君宪主义才能从根本上为中国开辟一个新时代。

严复的劝说在相当长一段时间内起到了一定作用，黎元洪和武昌革命党人确实在会晤时表示可以考虑重回君宪体制，只是要求清廷必须彻底改革，不能再耍什么新花样、假招子。对于这一点，严复也感同身受，以为重回君宪主义的前提当然是清廷彻底改革悔过自新。他对清廷的建议是，根据文明进化论规律，最好的情况是建立一个比目前高一等的政府，即保留帝制，但受适当的宪法约束；应尽量使这种结构比过去更灵活，使之能适应环境，发展进步；可以废黜摄政王；如果有利的话，可以迫使幼帝逊位，而遴选一个成年的皇室成员接替他的位置。

形势比人强。当严复提出这些建议不久，南北各方达成和解协议，清帝退位，优待皇室，五族共和，由袁世凯出任中华民国大总统。这一切虽然不是严复的理想，不是他的君宪原则，但事已至此，这些妥协似乎也是一个可以接受的选项，因而没过多久，严复欣然接受中华民国大总统袁世凯的任命，接管京师大学堂，毫无眷恋地抛弃君宪主义，坦然进入一个全新时代。

皇族内阁错在哪儿

辛亥革命虽然说是对一百多年前法国大革命的回应，是要终结皇权、重建民权，但就这场革命的具体情形说，显然具有偶发性，并不是历史因果链条中的必然。导致这个偶发事件的其实是两件事：第一件是清廷不慎将责任内阁办成了皇族内阁、亲贵内阁；第二件是这个皇族内阁发布的第一号文件竟然是将铁路干线收归国有，由此将清廷先前十多年苦心经营的政治改革、经济改革全盘颠覆，甚至连带着将清廷送进了历史。

责任内阁是君主立宪国家的必然选择。所谓君主立宪其实就是用宪法去约束君主的权力，将管理国家日常事务的权力交给内阁，君主在许多时候不再处于权力要冲，不再成为各种政治势力觊觎的焦点。大位不可争夺，这当然有助于国家政治稳定。

清廷在1906年宣布预备立宪的时候，对此已有足够的政治考量，所以在后来宣布《钦定宪法大纲》、宣布立宪日程时，成立责任内阁都是立宪预备中的应有之义，并没有什么人对此产生怀疑。这一点在朝野之间早就达成了共识，并不存在障碍。朝野之间的分歧主要是时间，即何时召开国会，何时发布第一届责任内阁的名单。

从朝廷的立场说，他们希望按照预备立宪清单一步一步去实现，而政治情绪被调动起来的民众由于外交危机的一再刺激，总希望朝廷能够根据变化的情形调整方案，尽早召集国会，成立责任内阁。那几年一波又一波的国会请愿运动，其主旨就是这样几件事。

对于民间呼吁，朝廷其实一直给予善意回应，并没有断然拒绝民众呼声。但对立即召开国会，立即宣布责任内阁，朝廷还是觉得太过草率，毕竟这关涉国家管理体制的大变化，丝毫马虎不得。

朝廷的态度应该说是一种可以理解的谨慎，但是民间对此并不领情。1910年8月，各省国会请愿代表作出决议，宣称国会不开，各省均将倡导“不纳税主义”，要求各省谘议局在国会未开之前，不得承认新租税。这就将民主政治中的程序性冲突转化为一种政治对抗了。

更为蹊跷的是，这种政治性对抗并不仅表现在朝野之间，不只是朝廷与人民之间的分歧，而是随着立宪政治的发展，呈现出中央与地方之间越来越严重的权力冲突。地方督抚逐渐站在了民众尤其是立宪党人的一边，俨然成了朝廷的对立面，这对朝廷后来的决策产生了至关重要的影响。1910年9月30日，广西巡抚张鸣岐向朝廷上了一个奏折，认为筹备宪政当从本源入手，而这个本源其实就是责任内阁，就是国会，就是司法独立。至于人们一直谈论的朝廷重视的所谓教育、巡警、自治等，则为普通行政的范围，无论立宪以前，还是立宪以后，均应该视民力而次序推进，即便将来实现了君宪主义，这些普通行政的改革依然不会就此结束。

张鸣岐的说法当然是有道理的，所以当中央临时议会资政院开会后，各省立宪党人又开始向北京聚集，他们发起声势更为浩大的第三次国会请愿运动，强烈要求摄政王当机立断，即日请旨，速开国会。

对于地方督抚和各地立宪党人的呼吁，朝廷给予积极回应，于1910年11月4日宣布将九年预备立宪期限缩短为五年。也就是在宣统五年（1913年）召集国会，并在那之前先组织责任内阁。应该说朝廷的让步还是比较大的。

然而，朝廷的让步意味着先前“有计划的政治”可以随时调整，也就开启了政治变动的恶性互动。朝廷从九年变五年的巨大让步，非但没有满足立宪党人的要求，反而启发他们去想，既然可以从九年变成五年，那为什么不能立即实行呢？11月9日，帮办津浦铁路大臣孙宝琦代递在籍绅士的呈请，呼吁朝廷速开国会。12月9日，东三省总督锡良将奉天省绅民的一个呼吁转报朝廷，强调即开国会设内阁是大局扭转的关键，是防止东三省版图沦为异域的唯一办法。

孙宝琦、锡良等地方大员的建议并没有使朝廷改变主意，但朝廷先前对立宪期限的调整无疑激励人们有理由期待奇迹，相信朝廷最终不会漠视人民的要求。于是各地绅民乃至学生要求朝廷速开国会设内阁的呼声一浪高过一浪，各种各样的请愿运动风起云涌。

当时的中国政治形成了一个很奇怪的景观，地方督抚、资政院、谘议局基本与民众站在一起要求加快政治改革，只有朝廷在孤零零地坚守着宣统五年才能实行立宪的“有计划政治”。

清廷的坚守并不是不动，而是按照既定日程往前走。1911年1月17日，宪政编查馆根据朝廷指示编制了一个修正后筹备立宪的逐年清单，对此后两年需要筹备事宜都有目标明确的具体规定。28日，朝廷公布宣统三年预算案。这是中国几千年历史上第一次将政府收入和支出向社会公布，从这里不难体会清廷立宪的诚意。

清廷的诚意赢得了各方面的善意回应，此后几个月国内形势大致上风平浪静，即便那年春天在广州发生了一场极为激烈的“黄花岗起义”，也丝毫没有影响清廷立宪的决心。国内各界相对平静，也没有多少集会、游行或请愿。大家静待朝廷按部就班落实立宪步骤，现在已经是宣统三年了，即便是宣统五年步入立宪，不就还有两年时间吗？两千年都这样过去了，为什么这两年就不能等？

中国在静静的等待中度过了平平常常的半年时间。5月8日，清廷根据立宪日程，颁布内阁章程及官制，裁撤旧有内阁、军机处及会议政务处，按照君主立宪原则筹组新的中央权力中枢即新内阁。新内阁设总理大臣一人，内阁协理大臣两人。下设十个部，每个部不再像过去那样设立满大臣、汉大臣，而是各部只设一个大臣，不分满汉，族群出身不再成为选拔大臣的标准。这不仅在客观上消除了满汉族群分歧，实现了人人平等，不动声色地废除了被人诟病的“满汉双轨体制”，而且大幅度降低了政府职数，有助于减轻纳税人的负担。

新内阁在政治架构和部院设置上的改革力度应该说不小，先前数年各界的批评意见都在一定程度上被吸收和采纳。这个新内阁不论其权限，还是设置，其实就是立宪政体下的责任内阁，内阁总理大臣就是国务大臣的领袖，秉承宸谟，确定政治方针，保持行政统一。

按理说，新内阁成立了，而且是按照调整后的立宪步骤成立了发布了，各方面应该满意了安心了，应该相信朝廷会按照既定计划走下去了。然而谁也想不到的是，原本趋于平静的中国却被这个内阁名单给掀翻了，历史从此转弯了。

各界不满乃至愤怒的不是内阁的政治架构，而是那份内阁名单。

十大部院加上总理大臣、协理大臣共计13人，竟然有皇族出身的6人（奕劻、善耆、载泽、载洵、溥伦、绍昌）、宗室1人（寿耆）、满洲贵族2人（那桐、荫昌），留给汉人的名额只有4人（徐世昌、梁敦彦、唐景崇、盛宣怀）。如此算来，汉大臣通过这次改革不是在中央行政中枢中增加了分量，而是大幅度减少了，因为按照改革前满汉双首长政治架构，十大部院就应该有十个汉大臣，在全部名额中应该占百分之五十左右。

◎清廷内阁成员合影。内阁名单正式颁布之后，彻底点燃了国民的怒火

清廷发布的这个亲贵内阁名单引起了立宪党人的极端愤怒，谘议局联合会很快向都察院提交了一份抗议书，明白表示皇族内阁与君主立宪政体有不能相容的性质，要求朝廷迅速改正，尽快于皇族之外选派大臣重组责任内阁。

关于皇族成员不宜担任内阁成员尤其是首席的问题，大约在皇族内部也有争议。皇族内阁名单宣布后，内阁总理大臣庆亲王奕劻率协理大臣徐世昌、那桐两次请辞，这或许是他们意识到了什么，但他们并没有从制度建构层面进行反省。现在谘议局联合会从制度层面提出反对，这就为立宪党人提供了一个充足的反对理由。14日，山东巡抚孙宝琦向朝廷提交了一份奏折，强调宗室不宜参与内阁。到了6月下旬和7月初，直隶、奉天、吉林、黑龙江、江苏、安徽、山东、山西、河南、陕西、福建、浙江、江西、湖北、湖南、四川、广西、贵州、云南等省谘议局议长及议员四十多人一再联名或单独向朝廷请愿，一再重申“君主不担负责任，皇族不组织内阁”为君主立宪唯一原则，请求朝廷尽快取消这个皇族内阁，于皇族外选派大臣另行组建责任内阁。

对于各界的要求，朝廷这一次似乎不准备让步了，先是严肃训斥孙宝琦的建议太过荒唐，紧接着发布一道上谕，对《钦定宪法大纲》给予重新解释，以为即便实行了君主立宪，黜陟百司的权力仍然归属于君主，议员不得干预，这才是君主立宪的本旨。

朝廷的强硬姿态彻底断了立宪党人的念想，他们突然醒悟，觉得可能还是孙中山等革命党人说得对，清廷过去十年可能一直就是假立宪假改革，在涉及政治权力根本时，清廷终于露出了不愿分享的真面目。被欺骗的感觉一旦醒悟，立宪党人立即与清廷分手，清廷终于亲手将最重要的盟友推给了革命党。陷入低谷的革命运动立即获得了新的动力，两百多年的清帝国就这样走向了终点。

一百年之后回望皇族内阁这件事，究竟错在哪里呢？按照清廷的考虑和辩解，既然是第一届，就有第二、第三届，即便第一届有问题，为什么不能等到第二届予以更正呢？还有，君主立宪使所有人一律平等享有参政的权利，大家都说皇族不得入阁，为什么他们不能享有平等的政治权利呢？更何况，这几个入阁的皇族成员，也并不是五谷不分的草包饭桶，可大家为什么这样嫉恨呢？

◎第一位倡言“立宪”的大员——驻法公使孙宝琦

这些辩解都有理由，但是清廷忘了，皇族优先享有政治权利，其实是对平民、对立宪党人政治权利的剥夺。君主立宪就是要约束君主的权力，现在弄了一大帮皇族组成政府，君宪还有什么意义呢？

铁路国有的正当与失当

铁路如同一切新鲜玩意儿一样，都不是中国人的创造，而是西方工业革命的产物。中国在被迫拖入世界经济体系之后，就知道了蒸汽机，知道了铁路，但是由于中国的经济发展还没有到那一步，所以在很长一段时间里，铁路在中国一直没有转为实践的机会。等到中国有机会大规模从事铁路建设时，谁也想不到的是，铁路竟然将一个王朝彻底摧毁。

资本不会因为民族而善良

近代中国的铁路建设起步较迟，大规模有计划、有规划的铁路建设是在签订《马关条约》之后，因为这个条约规定日本臣民可以自由地到中国开办企业，列强根据利益均沾原则也相继将大量资金投入中国这个尚未开发的广袤市场。随着经济腾飞、物流增加，大规模的铁路建设就自然而然提上了日程。

中国在1895年之后开始的大规模铁路建设，遇到的最大困难不是传统，不是文明冲突，不是中国人不能接受，而是实实在在的经济压力。中国缺少资金，缺少技术，所以第一批铁路建设，主要还是依靠外国资本和外国技术。

1895年7月19日，署两江总督张之洞建议朝廷加紧铁路建设，改变先前不允许外资进入铁路建设的既定政策，可以考虑在开始阶段允许西方小国的商业资本投资到中国的铁路工程上。张之洞的理由是，中国的版图太大了，长时期利不能兴，弊不能去，除去各种复杂原因外，一个重要的原因就是地势的阻隔，各地交通不便，不能顺利地交流。中国只有架构起基本的铁路路网，只有使万里之外旦夕可至，才有可能改变中国的经济构成和经济环境，进而改变整个国家的气象。不过，张之洞也强调，西方小国的钱可以用，大国的钱最好别用。他担心铁路开始获利后，收回会费口舌，只有那些小国、远国，商业资本或许不至于给未来中国留下什么困扰。

张之洞及其他一些人的建议获得了朝廷的认同，当帝国主义发展到资本输出阶段时，中国铁路大发展在资金筹措上确实不是问题。那时的中国一心一意谋发展，不拘一格使用外国资本，或借钱自己修筑，或允许外国资本在中国的总体规划中自行修筑，总而言之，是希望用各种各样的资金和合作方式，尽快地将中国的基本铁路网建构起来。

经过几年努力，利用外国资本修建的津卢铁路1897年建成通车了，这对外国资本是极大的鼓励，资本的趋利性使外国资本潮水般地涌进中国，那时的中国想不用外国人的钱都不行，于是卢汉铁路、粤汉铁路、津浦铁路等相继上马，东北铁路网也开始勘察和构筑，直至今天依然有效的两条南北大动脉，其实就是那时打下的基础。

外国资本对中国铁路的高度热情，当然不是为了帮助中国发展，而是因为这个项目有利可图。不过，清政府在甲午战争后借款筑路，客观上是一个正确的选择。如果不是采用这个办法，中国铁路路网不可能在那几年获得超常规的大发展。至于让各国从中国铁路建设上获取大量利益和超额利润，这是落后国家在寻求超常发展模式时必须付出的代价，也是资本的本性。

从积极意义上说，那几年铁路建设的超常发展，不仅使中国的铁路从无到有、从小到大，而且基本完成了中国铁路网的总体布局，对于当时乃至后来中国经济的发展、中国综合国力的提升都起到了极其重要的作用，促进了中国社会结构特别是近代经济成分的发展，极大地改变了中国社会经济面貌。铁路的延伸，传播着近代文明的种子；铁路的兴建，改变了古老的中华大地的面貌，改变了中国传统社会结构，改变了人们的物质和精神生活方式。短短几年间，近万里铁路的修建，不仅带动了铁路沿线矿产资源的开发、新型工业的崛起，而且重绘了中国经济布局的蓝图，一批铁路沿线的新兴城市如哈尔滨、沈阳、郑州、石家庄等，渐渐成为中国新的中心城市，一批老的中心城市如天津、上海、武汉等，也因铁路的修建而更加壮大，成为全国性的中心枢纽。西方近代以来的先进技术、先进观念，通过铁路这条大动脉源源不断地流向中华沃土。

外国资本当然不是无偿援助中国，他们在中国获得了铁路修筑权和经营权。他们获得这些权利主要是因为中国在铁路建设初期缺少资金和技术。进入20世纪，中国资本在外国资本引导示范下也有了长足发展，具有高额利润空间的铁路建设，当然不应该让外国资本独享。聪明的中国人突然醒悟，铁路建设虽然投资巨大，但利润可观，空间巨大，于是从1903年开始，一种民族主义情绪不断酝酿。人们开始以国家安全、民族利益为理由，要求将外国资本驱逐出铁路建设领域。商办铁路的呼声越来越高，许多地方开始筹集资金设立公司，向政府施加压力。民族主义开始变味，一场突如其来的权利收回运动悄然兴起，而触发点则是粤汉铁路的修筑权。

粤汉铁路的历史贯穿了近代中国铁路发展的全过程。当清政府于1895年12月6日决定大举兴办铁路时，粤汉铁路的规划就已经提出。

大规模修建铁路的规划激发了国际资本对中国的热情，各国资本都在想方设法前往中国抢滩。1896年年初，美国铁路、轮船和银行方面的几家大公司整合成一个大辛迪加，出资成立一个专门针对中国铁路市场的“美华合兴公司”，争取承建中国当时准备兴建的一切铁路。

1897年1月6日，中国铁路总公司成立，清政府决定将卢汉、粤汉南北干线合为一体，以便成为中国南北交通大动脉。粤汉铁路最初拟议从武昌经江西至广州，后来为了与法国自九龙起计划修筑至湖南的铁路竞争，并为了拉直铁路缩短距离，在湖南绅民的要求下，将粤汉铁路改为经湖南下广州。粤汉铁路全长约1048公里，工程预算约为3000万两白银。铁路所经过的湖北、湖南、广东等地的绅民对粤汉铁路怀有极大热情，倡议集股修筑，不用外国资本。湖南绅民迅速创办了湘粤铁路公司，准备集股自行修建，以此抵制外国资本的输入和外国人的控制。1898年1月26日，清廷谕令直隶总督王文韶、湖广总督张之洞、两广总督谭钟麟、湖南巡抚陈宝箴等随时会商铁路总公司督办盛宣怀，参照卢汉铁路办法，妥议招股借款各节，并选举各省绅商，设立分局，迅速开办。清廷强调，各国如有请求承办此路的，即由总理衙门告以“三省绅商自行承办，已有成议”为辞予以婉拒。

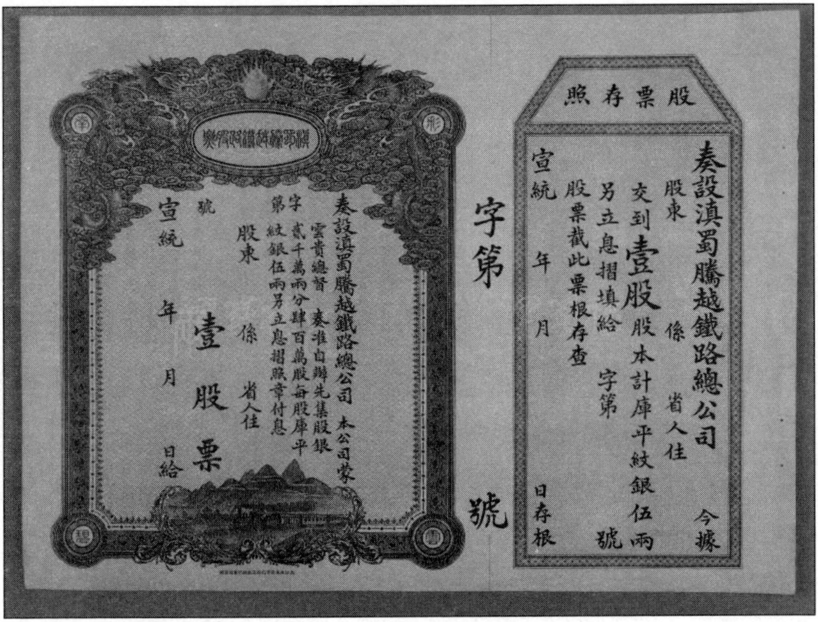

◎清末的铁路股票

清政府以三省绅商自筹资金为辞拒绝外国资本只是一种外交手段，实际上盛宣怀、张之洞等人并不相信三省绅商有能力自筹足够的资金。他们真正属意的是美国，他们想将粤汉铁路的承建权交给美国，以三省绅商自筹资金为辞所拒绝的只是英、法、德、俄等国。按照盛宣怀的分析，德国已强占胶州湾，俄国也强租了旅顺，法国对海南岛虎视眈眈，英国或有图扼长江吴淞之谋，结果造成中国的各海口几乎尽为外国人所控制。仅有内地，尚可南北往来。而汉口为各行省南北东西水陆交通的枢纽，若粤汉铁路再被英国人控制，将来北方俄国人控制的铁路南引，南方英国人控制的铁路北上，那么中国的国家安全则不堪设想。基于此，盛宣怀认为无论如何，粤汉铁路的承建权都不能再落到英、法、德、俄等国手中。而三省绅商的集资能力，盛宣怀、张之洞等人也深表怀疑，他们觉得即使三省绅商能够筹集部分资金，也肯定远远不够。为了使粤汉铁路早日建成，必然要利用外国的资本，而美国此时不断宣称保全中国，在中国既无势力范围，也无铁路权益。因此盛宣怀建议，为了以粤汉路保卢汉路，压制比利时以使其在卢汉路上让步，并抵制英、法、德、俄等国的觊觎，能够利用的外国资本就只剩下美国了。

盛宣怀的建议获得清政府的批准。1898年4月2日，清廷谕准粤汉铁路向美国公司借款。14日，督办铁路总公司事务盛宣怀委托驻美公使伍廷芳为代表与美国美华合兴公司在华盛顿签订了《粤汉铁路借款合同》，约定粤汉铁路分别以汉口、广州为起讫点，借款额为400万英镑，若不够，可以添借，年息5%，以铁路为抵押，借款期限为50年；借款期内铁路由美华合兴公司负责修建与经营。

粤汉铁路承建权最终落入美国人手中，这一结果自然使在中国华南地区具有重要经济利益的英国感到不安。然而为了讨好美国，赢得美国对其在华利益的支持，英国政府也不便在粤汉铁路的承建权问题上与美国人进行竞争。后经两国公使从中斡旋，英国的中英银公司与美华合兴公司进行了谈判，并于1898年12月达成协议，1899年2月1日正式签署，约定今后任何一方在中国经办的企业，均邀请对方参加一半的投资，而对方不必承担相应的义务。根据这项约定，美华合兴公司承建的粤汉铁路，允许中英银公司参加投资，中英银公司承建的广九铁路，允许美华合兴公司参加投资。英美两国公司的约定，或许有助于粤汉铁路的建设，但另一结果却是使清政府原本拒绝英国投资

◎督办铁路总公司事务盛宣怀

粤汉铁路、防止英国控制中国南北交通大动脉的设想化为泡影。

《粤汉铁路借款合同》签字后，美华合兴公司即派员对线路进行了勘察。1899年3月，美华合兴公司向中国方面提交铁路附近开矿章程，提出在韶州、衡州、郴州等地开矿的要求。中方根据清政府路矿不能兼办的新章程，婉拒了美国方面的要求。然而美国方面坚持认为，中美粤汉铁路的借款合同在前，而新规定在后。根据中美《粤汉铁路借款合同》的约定，美方有权在铁路所经过的附近地区开矿。

美方的要求引起了湖北、湖南、广东三省绅商的强烈不满，而已经签署的借款合同中也确实同意美华合兴公司有在铁路所经地区开矿的权利。这种不可和解的冲突使粤汉铁路的合作谈判几乎陷入僵局，后来在美国驻华公使及张之洞等人的调解下，粤汉铁路合作的谈判得以继续。1900年7月13日，中国驻美公使伍廷芳代表督办铁路大臣盛宣怀在华盛顿与美华合兴公司签订了《粤汉铁路借款续约》，对先前的合作略作调整。

续约签订后，美方拖延合同的执行，甚至私自将三分之二的股权卖给了比利时万国东方公司，擅自决定粤汉铁路南段由美国修筑，北段由比利时修筑。

与粤汉铁路相关联的湖南、湖北、广东三省民众（当然主要是民族资产阶级）本来就对清政府将粤汉铁路修筑权交给美国美华合兴公司极为不满，现在更对美华合兴公司的违约举动义愤填膺。1903年春夏之交，三省绅商强烈要求清政府废除合同，收回路权，向民间资本开放路权，由三省筹措资金自办。

两湖及广东三省绅民的呼吁引起了全国性的响应，在这种情况下，张之洞只好听从民意，以675万美元的高价赎回粤汉铁路的修筑权。

对于来自民族资本的呼吁和压力，清廷出于各方面的考虑作了一些让步，于1903年12月2日发布由商部奏定的《铁路简明章程》，对于民族资本作出重大让步，允许各省官商自行筹集股本兴办铁路干线或支线。但是对于绝对排斥外国资本投资铁路的主张，朝廷并没有答应，依然允许各国资本继续在铁路上投资。

《铁路简明章程》解除了对民族资本的约束，相应下放了铁路修筑权，允许民间资本进入铁路工程，为民族资本、民间资本进入铁路打开了通路。同年，以侨资为主体的潮汕铁路有限公司成立，承建潮州府至汕头全长45公里的铁路。这是近代中国第一条商办铁路。至1907年，湖南、江西、云南、安徽、山西、浙江、福建、陕西、湖北、四川、广西、黑龙江、河南等十五个省份相继创设铁路公司，筹措资金兴修本省铁路。民间资本纷纷向铁路修筑工程上投入。

干线国有：一个比较好的政策选择

1903年向民间资本开放路权的决定，可能还是有点不那么慎重。按理说，扩大铁路建设资金源，让民间资本享有国民待遇，与外国资本同等参与具有相当利润空间的铁路建设，应该是利国利民的好事。然而中国各省情形差别很大，民间资本的成长既不成熟也不均衡，像广东华侨比较多，浙江、江苏等省比较富裕，资金自然不太成问题。这些地方的文明程度相对稍高，有管理能力，有技术人员，施工质量也有保障。然而其他地方就很难说了，许多内陆省份的铁路建设热情，其实只是来源于看到了铁路建设的巨大利润空间。他们既没有足够的人才去参与管理和设计，更没有足够的资金去参与建设，他们只是借助铁路建设这个名头去融资，去向民间搜刮财富，有的地方还采用了米捐、盐捐、谷捐、茶捐等办法。四川的办法最恶劣，竟然在反对外国资本的幌子下，劝说百姓节衣缩食，以租股、加抽灯捐、土厘等方式筹集资金，这实际上是将下层百姓的活命钱用来修路。

还有一个值得注意的问题。由于将铁路修筑权下放到了地方，允许民间资金参与，因而一些地方自办的铁路不仅技术标准与其他地方不统一、不一致，而且从一开始就不准备与其他省份的铁路进行联网，只是独自发展、独自欣赏。这就导致规划中的全国路网迟迟无法实现，南北和沿海各大干线的贯通受到巨大挫折。中国的民间资本或许在自营铁路上获得了某些利润，但对整个国家的发展来说，似乎是得不偿失。

面对这种困境，邮传部于1906年通过调研制定了一份《统筹全局铁路折》，根据各省已有规划制定全国铁路总图，确定全国铁路干线和主要支线的大致走向。对于未来中国铁路建设管理模式，这个计划也提出了一些积极的建议，大致是区别全国各地的不同情况，因时制宜、因地制宜、因人制宜，将主要干线收归国有，由国家主办，将不太影响全局的支线交给地方，利用民间资本举办。

邮传部的这个规划当年并没有立即施行，拖至1908年年中，清政府实在没有办法了，遂下令参照这个规划对全国铁路再建情况逐一调查，妥拟办法，严定期限。各省绅商集资不足，无法开工，或虽已开工而无法按期完成的，就要按照新的规定，根据各路历年报告，分别撤销，明白地说，就是将先前商办而进展不力的收归官办。

◎搭乘火车出行的晚清民众

根据清政府的这个政策，邮传部出面将河南、陕西及江苏铁路公司集股不多且一直没有开工的工程作了处理，向这些工程注入一部分官股，将陇海铁路各线段由原来的商办改为官商合办，一度化解了这些路段的资金困难。因而这个政策在推行之初并没有遭到反对，并使相当一部分人相信，这个政策或许是解决铁路建设难题的出路。

清政府试图将这些举办不力、进展不顺的铁路收归官办，政策出发点或许是好的，但从经济视角观察，显然侵犯了民间资本的利益，特别是清政府在政策规定上的歧视，那就是官办铁路可以以路权作为抵押，获取外国资金。商办铁路之所以举办困难，主要就是因为缺少这个重要的融资渠道。中央与地方为路权吵得不可开交，这个事情一拖就拖到了1911年。

1911年5月5日，给事中石长信就铁路建设中的资金筹措等问题向清政府提交了一份重要报告，建议清政府痛下决心，将涉及全国经济布局的重要干线一律收归国有。粤汉铁路、川汉铁路连接西南边陲，具有非常重要的战略意义，实为国家应有的两大干线，断非民间资本零星凑集所能完成。而且，从广东、两湖、四川等省的情况看，石长信也认为这几条干线非收归国有不可，因为根据他的调查，广东绅商虽然争夺铁路修筑甚力，但修筑的路却甚少。两湖经济发展水平低，集资始终没有着落。至于四川绅商，各树朋党，各怀意见，以致粤汉、川汉铁路溃败延误。

石长信的铁路干线国有方案明白晓畅、简单易行，清政府的最高层对此自然欣赏认同，以为所筹办法，尚属妥协。朝廷过去没有完整的规划，以致全国路政错乱纷歧、不分枝干、不量民力，一纸呈请，辄行批准商办。以至于数年以来，广东省征集了那么多的股份，却并没有修建多少铁路；四川省路政情形更可怕，征集的铁路股份竟然挪作他用，倒账甚巨，估计很多烂账是无论如何都追不回来了；至于两湖，铁路局开办多年，筹集了那么多资金，但除了大量消耗民脂民膏，或以虚糜，或以侵蚀，恐旷时愈久，民累愈生，上下交受其害，贻误不堪设想。石长信的方案对这些问题都有通盘考虑，所以朝廷将这个方案批转邮传部研究奏复。

5月8日，清廷宣布新内阁成立。第二天，新内阁邮传部大臣盛宣怀就对朝廷先前的批复给予积极回应，竭力赞成石长信的主张，要求朝廷明降谕旨，晓示天下。于是清廷在这一天下诏宣布全国铁路干线收归国有，定为政策。宣布宣统三年（1911年）以前各省分设铁路公司集资开办的铁路干线，由于延误已久，应即由国家收回，赶紧兴筑。除支线仍准商民量力酌行外，其余从前中央政府及各省政府批准兴办的铁路干线各案一律撤销。这显然彻底废弃了1903年向民间资本开放铁路修筑权的政策。

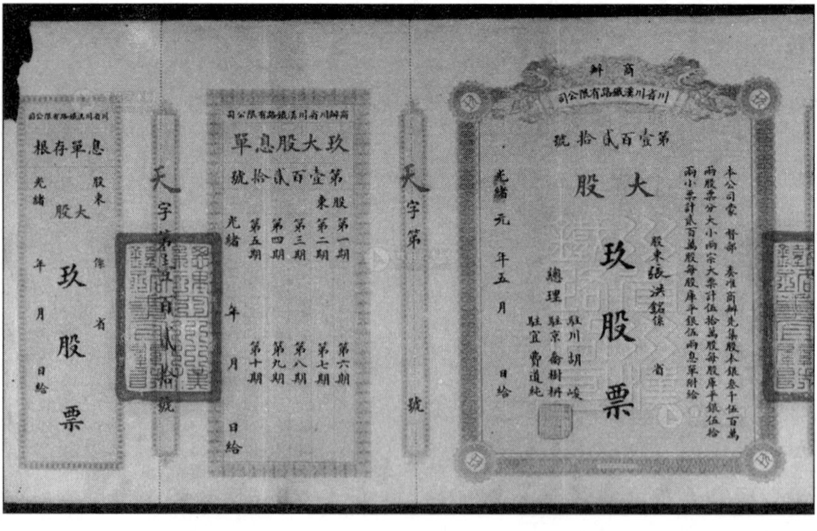

◎川汉铁路总公司股票

一石激起千层浪：铁路国有引发的反弹

清政府铁路干线国有政策的本意或许是为了加快建设，并没有与民争利的意思，但是这个国进民退的政策从绅商的立场进行解读，就是一个近乎无耻的政策选择，是政府自食其言，剥夺了民间资本的权利。

5月18日，清廷任命端方为粤汉、川汉铁路督办大臣。20日，邮传部大臣盛宣怀在北京与英、德、法、美四国银行团（汇丰、德华、东方汇理、花旗）签订《湖广铁路借款合同》，约定所需600万英镑由四国银行团分担，期限40年，以两湖厘金及盐厘税捐作为抵押。

各省自主筹资修建的铁路可能存在这样那样的问题，但这些资金毕竟都来自民间，因此在宣布铁路干线国有政策后，如何处置这一部分民间资本，也就是怎样保证这部分资本不受到过大伤害，成为各省绅民是否愿意接受铁路干线国有政策的关键。因为他们毕竟为那些将要收归国有的铁路干线花了钱，这部分当然不能白花。

然而盛宣怀的方案是，尽管由政府向外国借来了足够的建设资金，但这些资金并不准备用来偿还各省已经支付出去的款项。6月1日，盛宣怀和铁路督办大臣端方联名致电护理四川总督王人文，表示川汉铁路公司已用之款和公司现存之款，均由政府一律换发为国家铁路股票，概不退还现款。假如川人不答应这个条件，一定要求政府发还现款，那么必须由政府另行借洋债，而这笔洋债将以四川省的财政收入作为抵押。也就是说，川汉铁路收归国有了，但国家并不给先前川汉铁路股东退款保本，而只允许换发铁路股票。政府不但收回了路权，而且强行夺去了川汉铁路股东的款项。

王人文看到盛宣怀、端方的这个电报非常吃惊，他知道这个政策一旦公布，必将天下哗然，举国骚乱。于是他将这封电报扣压，希望清政府能够收回成命，调整政策，妥善处理。然而，盛宣怀、端方和清廷最高统治者错误估计了政府的威望和人民的忍耐力，一味坚持既定政策不变，并一再催促各铁路公司尽快清理账目，准备交接。各省绅商忍无可忍，终于拍案而起，与政府决裂。清政府自以为聪明绝伦的国进民退方案，终于将自己逼上了绝境。

当铁路干线国有政策酝酿时，各地民众在民族资产阶级即当时的中产阶级影响下，通过各种方式向政府表达了不满情绪，尤其是湖南人不知出于什么原因最先站出来反对。湖南各界人士奔走呼号，上下串联，全省沸腾，舆论哗然，大家虽然弄不清楚清政府政策的真实用意，但总感觉这项政策是对他们利益的剥夺。当民权意识、私有财产意识刚刚被人们接受的时候，将先前允许私人资本介入的基础建设收归国有，这显然是政府与民争利，这当然会引起有产阶层的反对。

其实，这些传言都无法得到证实，人们知道的只是传言，并不是政策的真相或全部。人们不需要真相，不需要全部，只需要自己所需要的那一部分。有的传单散布消息说政府之所以要将各地集资修建的铁路收归国有，主要是因为清政府受到了外国政府的蛊惑，以为将这些铁路的权利卖给外国政府，就可以获得更多的利益。根据这些猜想与传言，正直的人们日益感到亡国在即，列强瓜分中国真的是加快了步伐，十年前被义和拳兄弟抵挡住的危险今天又一次降临在中国。中国人除了反抗，还有其他的选择吗？

还有传言说，盛宣怀拿了外国人的好处，刻意将国家和朝廷的许多利益转让给外国人。他们言之凿凿地说，盛宣怀要将各种资本修建的铁路收归国有，只是其阴谋的第一步，盛宣怀的下一步，是打算将烟酒税及钱粮厘金等，一概典押，权授外人，一律交给外国人去管理，去生息。

这些传言越传越厉害，谁也不知道真相如何，好像也没有谁愿意去弄清什么是真相，什么是传言，大家需要的只是一种精神，一种情绪，一种发泄的通道。

1911年5月14日，湖南各团体组织上万人召开大会，一致要求清政府收回成命，维持原议，继续执行过去宣布的铁路商办政策，不得侵害商民在铁路修筑方面的权益。集会议定保路办法十五条，要求湖南巡抚杨文鼎将这些条件上报朝廷，呼吁朝廷要爱民如子，充分考虑他们的要求，维护商民的基本权益。他们甚至扬言，假如朝廷不能答应他们的要求，不能满足他们的条件，那么他们就毫无顾忌、毫无保留地组织罢市、罢课，抗税抗捐。假如朝廷或盛宣怀胆敢违背民意，执意剥夺商民权益，执意将路权转让给外国人，那么这些外国人或督办胆敢到湖南强行修筑铁路，他们这些血性的湖南人决不会束手就擒，听凭宰割。他们一定会动员全省人民奋力抵抗，无论酿成怎样的血案，无论死掉多少人，都在所不惜。

湖南各界在省城的集会极大影响了周边地区的民众，特别是那些筑路工人。这些筑路工人在两天后相继进城示威，反对清政府卖国卖路。他们坚定地表示，如果湖南巡抚没有办法请朝廷收回成命，那么他们一定会动员全省商人罢市、学生罢课，至于全省的粮饷、租税，当然更不会去交纳。大家横竖是一条死路，大家拿这条性命与清政府拼一场，看清政府真的能把我们湖南的老百姓斩尽杀绝？

社会各界的抗议浪潮其实都是在支持那些绅商，或者这些政治抗议的策动者就是这些绅商。湖南的绅商自近代以来一直具有很大的政治能量，他们一直左右着湖南政治的走向，借助民意，深刻影响着官府的决策。这一次，湖南绅商依然故技重演，他们以铁路公司、谘议局的名义领导民众进行抗争，反过来又以人民的名义向政府施压。他们请求湖南巡抚杨文鼎遵从民意，无论如何请求朝廷考虑到老百姓的利益，明降谕旨，收回成命，遵守先前所发布的政策，遵守先前与各地商民约定的办法，不与民争利，让各地商民继续进行铁路修筑，一切按照原来的规定进行。

民情激愤引起了杨文鼎的同情。杨文鼎的恻隐之心迫使他硬着头皮请求朝廷考虑能不能对政策有所调整，至少不要使对立的情绪继续激化。至于路权归属究竟应该怎样解决，杨文鼎请求朝廷不妨从长计议。

应该说，杨文鼎等一线官僚的判断是对的，如果朝廷这个时候宣布暂停这项改革，或者像后来被逼无奈所宣布的那样，罢黜这项不得人心的政策的制定者盛宣怀的官职，将一切责任推给盛宣怀，那么朝廷的威望仍将一如既往，什么事情都不会发生。然而，朝廷或许是想即将君主立宪了，中国的政治已经大踏步前进了，因而遇到这样的事情也就不愿让步了。朝廷对杨文鼎的建议根本不予考虑，反过来要求杨文鼎严行禁止、剀切晓谕，不准刊发传单进行串联，不准聚众演说进行煽动，倘若别有用心的人从中煽惑、扰乱治安，意在作乱，就应该按照惩治乱党的办法，格杀勿论，将一切隐患消灭于萌芽状态。

朝廷的强硬姿态当然吓不倒拥有群众基础的湖南绅商，而且实事求是地说，清政府的这个政策不论有多少理由，但对于那些老老实实筹资建设本地铁路的绅商来说，真的有点儿不公正，确实侵害了他们的利益。在利益受损的情形下，他们当然敢于反抗、敢于斗争，绝不会被口头的恐吓所震慑。5月24日，正在北京的谭延闿等湖南官绅向都察院递交了一份抗议书，揭露所谓铁路国有政策其实只是邮传部那几个人假借外国人的力量营私。他们请求朝廷阻止这一政策的继续执行。

对于湖南各界的请求，朝廷不管不问，一意孤行，继续执行铁路国有政策，将湖南民众特别是那些有头有脸的人物逼到了绝境。没有缓和的余地，没有退路，他们只能一鼓作气往前冲。6月初，湖南民众的情绪几近失控，省谘议局全体议员愤而辞职，全省学堂相继罢课，全省商人一律罢市。湖南新政当局一方面勉力维持着局面，调配大批军警沿街穿巷四处巡逻，昼夜不绝，防范出现更大的社会动荡；另一方面也按照朝廷的指示强力镇压，禁止开会，取缔印刷传单的各种商店，禁止散发一切传单。

湖北绅商对清政府的铁路国有政策同样不满。当湖北各界获悉清政府可能会出台这项政策时，就推举谘议局议长汤化龙代表湖北商民赴京请愿。4月26日，湖北谘议局召集民众数千人举行欢送大会，詹大悲等人在演讲中将清政府的铁路国有化比喻为卖国政策，是将大好河山奉送给列强，与其让腐败政府丧权辱国地卖国，不如推翻腐败政府，寻找一条救国新路。说者伤心，闻者堕泪。群情激昂中，留日学生江元吉割肉血书，以“流血争路，路亡流血，路有国存，存路救国”十六个大字激励湖北人民。

清政府铁路国有化政策宣布后，湖北省谘议局、铁路公司及宪政筹备会等团体于5月14日联名致电朝廷表示抗议，要求朝廷收回成命，将湖北境内的铁路继续按照原来的政策交给湖北绅民自己办理。他们坚定地重申，如果朝廷不能改变这个新政策，那么有“九头鸟”之称的湖北人民只能按照自己的思路行事，第一步就是抗捐抗税，朝廷再也不要想从湖北收取一点税金。5月24日，湖北民众代表向都察院请愿，要求朝廷严厉惩处盛宣怀的欺君之罪。

严重抗议并没有使朝廷醒悟，于是湖北年初刚刚创刊的《大江报》适时发表黄侃《大乱者，救中国之妙药也》的文章，以为国危如是，事事皆现死机，处处皆成死境，然上下醉梦，不知死期将至。此时非有极大之震动，极烈之改革，唤醒四万万人之沉梦，否则中国可以说是一点希望都没有了。黄侃强调，和平改革既为事理所必无，次之则为无规则之大乱，予人民以沉痛巨创，使至于绝地，或许还有生还的希望。所以黄侃的结论是，大乱者，实今日救中国之妙药。爱国志士、救国健儿，都不应该辜负这个伟大的时代，出而报国。很显然，黄侃由铁路国有政策引申到政治变革，甚至对清廷自以为顺利的君主立宪变革提出了质疑。

与黄侃思路相近，何海鸣也在《大江报》上发表《亡中国者和平也》，认为要想打破目前的僵局，最重要的是打破稳定的幻想，中国只有经过一场脱胎换骨的大乱，才能重构一个理想的和平机制。湖北人对铁路国有化的反对，从一开始就带有很强的政治信息，并不是就事论事谈政策，而是期待从根本上解决。

广东的情况与两湖稍有不同，广东粤汉铁路的股款全属商股，主要为华侨的投资，投资的效益也比较好，所以他们对清政府铁路国有化政策，更是痛心疾首，愤怒万分，认为清政府简直就是在卖国。所谓铁路国有，其实就是要将铁路交给各国所有。路亡国亡，朝廷如果真的将全国的铁路干线统统收回，交给各国，大清国也就走到头了，所以粤人无论如何不能答应朝廷的这个混账要求，即便拼命也不能就这样将自己的路权交出去。

6月6日，粤汉铁路公司召开股东大会，到会的一千多名股东强烈抗议朝廷强占粤路的政治决定，通过了一个措辞严厉的抗议声明，表示清政府如果执意撕毁过去的协议，破坏商办之局，派人强占，那么他们势必起来誓死抗争，路亡国亡，在所不惜。为了持久反对清政府的政策，粤汉铁路公司决定设立争路机关部，专门从事宣传，号召民众起来一致抗议，拒用官发纸币，挤兑现银，想尽一切办法维护铁路商办的权利。

粤汉铁路的资本主要来自海外华侨，那既是他们的辛苦钱，也是他们的希望所在，现在一个政策就要剥夺他们的权利，侵害他们的利益，确实伤透了这些华侨的心。海外华侨纷纷致电粤汉铁路公司表示声援，坚定支持粤汉铁路公司，誓死不从清政府的国有化政策，认为铁路国有的前提是政府有能力自己修筑、自己管理。现在政府根本没有能力筹集款项自己修筑，更没有能力自己管理，就这样悍然要求人民让渡自己的权利，将本该属于人民的权利转让给列强，这是绝对不能答应的。他们强调，政府向外借债，绝非国有，只是名义上的国有，其实是各国所有。这些宣示虽然与清政府政策本意有着很大的差异，但毫无疑问，华侨的宣示更容易激励人心，激起民众爱国护路的情绪。

股东大会的第二天（6月7日），粤汉铁路公司致电川汉铁路公司沟通情况，进行串联，指责朝廷铁路国有化失信天下，请求川汉铁路公司和其他公司联合起来一致反对，并就相关事宜多沟通多协商，彼此唇齿，务恳协力。

四川的反应较两湖、广东是迟了点，但四川的反抗情绪更为激烈，特别是因为哥老会的深度介入，引发了后来的一系列问题。

川汉铁路公司最初是官办公司，成立于1904年年初。稍后因为四川绅民一再呼吁争取商办，所以川汉铁路公司在成立后的第二年就吸纳了一些民间资本，改为官绅合办；又过了两年，完成公司化改造，1907年成为纯粹的商办公司。然而，公司改为纯粹的商办之后，其中的问题越来越多，越来越尖锐。四川省内的铁路如何修建，走向如何，先修哪儿后修哪儿，公司内部都吵得一塌糊涂，不可开交。直至1909年年底，川汉铁路宜昌至万县段方才勉强开工，但始终进展缓慢，至辛亥革命爆发，这条铁路修筑不过三十多里。

更严重的是，川汉铁路公司内部管理非常混乱。由于一直没有充分开工，筹集到的资金成为闲置资金，使公司高层有机会挪用路款达三百多万元，甚至拿到上海各钱庄存款生息，结果没有生到利息，反而将本金损失达两百多万元。再加上其他各种损耗、各种开销，川汉铁路公司筹集到的款项，没有修路就已经花费、损耗了近一半。因此，清政府宣布铁路国有这项措施，对于川汉铁路公司高管来说，或许正求之不得，条件当然是清政府必须像对待其他省份铁路公司一样，收回路权，支付已经花费的全部费用。换言之，川汉铁路公司其实并不真的反对清政府收回路权，只要能够将他们的亏空补回来就行。所以，清政府宣布了铁路国有化政策后，四川大致平静，并没有立即引发两湖、广东那样的混乱。

清政府宣布铁路国有的第三天，即5月11日，护理四川总督王人文收到朝廷发来的正式文件，他立即找川汉铁路公司董事主席彭芬、副主席董事都永和和总理曾培商谈解决方案。谈了很长时间无法达成共识，彭芬等公司管理层遂前往省谘议局，找议长蒲殿俊、副议长罗纶商量，寻找解决办法。那时，民主理念、公司理念已经成型，商量的结果也就是尽早召开公司临时董事会，以合法程序寻求解决办法。

公司临时股东大会筹备仓促，出席会议的股东并不太多，但在成都的省谘议局议员却全部出席了这次会议。他们对朝廷决定将铁路收归国有的政策并没有坚决反对，只是要求朝廷一定要考虑投资人的利益，一定要将公司历年花费特别是在上海钱庄倒账等亏损部分还上，他们的要求是偿还六成现金，再搭上四成股票，并把宜昌所存现金七百多万和公司陆续收到的股款，一律交给此次特别会议支配。显而易见，川汉铁路公司高层、股东及谘议局议员对于铁路国有化政策有点儿乐观其成，甚至认为如果能够趁此机会将这个路权交出去，由朝廷去办，未尝不是一个比较理想的选择，总比将这个烫手的山芋拿在手里要好得多。

四川官绅的乐观情绪只是单方面的，前提是清政府要将他们已经花费的、亏损的都要补上。然而令他们万万想不到的是，他们的谈判对手是盛宣怀。盛宣怀算得上当时中国最聪明也是最精明的人，四川人想到的问题盛宣怀都想到了，四川人没有想到的盛宣怀也想到了。四川人想从盛宣怀那里获取额外好处，一点门都没有。盛宣怀毫不客气地拒绝了四川人的要求，而且光明正大，理由充足。

5月31日，盛宣怀给护理四川总督王人文等发了一份电报，解释为什么要这样处理川汉铁路等问题。他说，朝廷之所以毅然宣布铁路干线国有，固然有着统一路权的意思，其实还有一层意思是借此舒缓各地人民的痛苦。当初四川铁路刚刚创办时，该省官绅定有按租抽股之议，名为商办，其实依然是对四川百姓巧取豪夺。至今数年之久，该路迄未告成，去年且有倒亏巨款的事情发生，其中弊窦不一而足，贻累闾阎者不少，为害百姓者至多，甚至可以说对四川铁路建设毫无裨益而且为害至巨。基于这样的判断，川汉铁路公司高层还能从盛宣怀那里弥补自己的挪用、失误导致的亏欠吗？

川汉铁路公司高层和省谘议局越来越感到依靠盛宣怀不靠谱。既然从你盛宣怀那里得不到好处，那我为什么一定要与你配合呢？即便是为了洗刷自己，我为什么不能号召股东和民众与你盛宣怀对抗一下呢？于是我们看到了一个奇怪的现象。如果仅仅从事理、情理、法理说，朝廷和盛宣怀铁路干线国有化的决策是对的，是及时的，但这个政策并没有取得预想的效果，反而向相反的方向发展了。

一批愚蠢的明白人

6月13日，盛宣怀与四国银行团借款合同的内容传至成都。这项合同就是清政府与英、法、德、美四国银行团签订的粤汉及川汉铁路借款合同。借款总额为600万英镑，以两湖厘金、盐税为投资抵押，规定此铁路建造工程及管理一切的权利，全归大清政府独自办理，但聘请英、法、德、美人各一名为总工程师，工程建造竣工后，在借款未还清以前，大清政府仍派欧洲人或美洲人作为各铁路总工程师。合同还规定，这两条铁路除钢轨由汉阳铁厂供应外，其余均由中英银公司及德华银行派人担任购买外洋物料的经理；粤汉、川汉铁路延长时，如用外国资本，四国银行享有优先权。

这项合同从纯商业的眼光看，就是一份合同。但是在当时的背景下，合同内容传到成都，被任意解读，舆论哗然，认为所谓国有其实就是卖路，就是要将铁路的修筑权、管理权全部移交给外国人。对于外国人控制中国路权，中国人特别是四川人特别敏感，向来认为某国铁路所到之处，就是某国国权所及之地，路一成而国权随之转移。换言之，按照四川人的思路，朝廷将铁路收归国有，他们并不反对，但是他们反对朝廷将这些铁路交给外国人。路权尽失，重于卖路。这份借款合同，名为抵押，实则供奉。何况除了借款，还有外国顾问、路权政权，两受干涉。这不就是另外一种形式的亡国吗？

原本主张接受朝廷铁路国有化政策、想趁此机会将铁路修筑权交出去的著名报人邓孝可也在舆论影响下发生急剧转变，从先前拥护铁路国有化转而讨伐盛宣怀，反对国有化。他在题为《卖国邮传部！卖国奴盛宣怀！》这篇文章中表示，读过这份借款合同后，方才明白盛宣怀的奸谋，因而他号召四川省人民丢掉幻想，准备斗争；内抗政府，外联华侨；债票不售，合同自废。四川省人民应该与广东、两湖人民团结一致，死中求生，与卖国奴盛宣怀抗争到底。

邓孝可的呼吁在一定程度上表明四川立宪党人的觉悟，使他们意识到先前的考虑无疑是与虎谋皮，想让盛宣怀帮他们偿付川汉铁路公司的亏损比登天还难。无计可施，只有以爱国主义为旗帜将这些问题交给人民，期待利用人民的力量迫使盛宣怀有所改变，能够顾及四川人特别是四川立宪党人的脸面。所以，四川人的情绪在四国银行借款合同传来后发生了急剧变化，那几天四川的各团体、各学校到处都在开会，都在研究借款合同，都在寻找化解危机的突破口。

6月16日，失望至极的四川立宪党人和绅商两千多人汇集铁路公司开会，讨论合同对于国家与铁路存亡的意义，一时哭声震天。情绪激动的与会者已经清楚地意识到，他们的建议、请求乃至哀求，都被朝廷、被盛宣怀置若罔闻，不予理睬，过去那种文明的、和平的争辩已经不能奏效，也一去不复返了，四川人民的未来出路、川汉铁路的未来前途，都必须依靠激进的、规模庞大的有力手段去争取。鉴于这种特殊环境和目的，常态的股东大会已经来不及举行了，于是他们动议立即举行特别股东大会，成立全省保路同志会。

对于这次会议，护理四川总督王人文提前获知了消息，遂派军警进行弹压，不料军警到场后，发现与会者在后排的多伏案私泣，军警听到也相顾挥泪，不忍镇压。

特别股东大会散会后，与会者连夜抄写通知、布置会场、分头联络，一直忙到第二天（6月17日）黎明。

这一天上午，保路同志会成立大会在成都岳府街川汉铁路公司召开，大幅标语悬挂在公司门口。做讲台的是一座戏台，前面摆着一张方桌，靠壁和两侧放着一排太师椅。台上台下据说有差不多上万人。川籍翰林院编修颜楷摇铃宣布开会，紧接着就是报人邓孝可向大会报告铁路国有的相关问题。邓孝可的报告之后是罗纶登台演讲。

罗纶是一个面皮白皙的胖子，人并不高。他登台向全场的人作了一个揖，开口便以洪亮的嗓音发表演讲，强调盛宣怀将四川给卖了，川汉铁路完了，四川省完了，中国就此完蛋了。说了这么几句后，罗纶号啕大哭，效果也就出来了。满场都跟着号啕大哭，老年的、中年的、青年的、少年的，大家都在哭，都在高呼“反对铁路国有、反对盛宣怀出卖路权”的口号。

据说，整个会场足足哭了三十分钟，罗纶才接着往下说，建议四川省人民组织一个临时机关，一方面要联络本省的人，另一方面要联络全国的人一致行动。这个临时组织就是保路同志会。

罗纶的呼吁获得会议赞同，大家以呼声回应认同，于是川汉铁路公司第七次股东大会就这样摇身一变成了川汉铁路的保路同志会的第一次会议，推举的会长是蒲殿俊，他是省谘议局的议长，这是罗纶当场动议，大家当场山呼同意的。罗纶是谘议局的副议长，理所当然地成了保路同志会的副会长。会议还发表了宣言，认为朝廷新成立的责任内阁野蛮专横，实贯古今中外而莫斯为甚；政府的借款合同，其本质就是要将人民置之死地，是一个彻头彻尾的卖国合同。宣言强调，借用外债，我们并不反对，借债而不交资政院议决，则我们誓死必争；收路国有，我们不争，收路送给外国人用来借款，不待谘议局、股东会议议决，则我们誓死必争。会议号召各州县成立保路同志分会，一起抗争，维护权利。

会后，与会者全体步行前往总督衙门请愿，要求护理四川总督王人文代表民意，请求朝廷收回成命，并处置邮传部尚书盛宣怀欺君误国之罪。王人文在总督衙门接见了这些来访者，他本来就对盛宣怀铁路国有政策不满，于是痛快地接受了民众请求。他说："四川总督是朝廷派来代四川人办事的，四川人对政府有什么意见，总督有代你们转达的责任。你们就将方才说的要求递交呈文，我立刻代你们电奏，并代你们力争。一争不行就再争。哪怕为此丢了官，能尽到总督的责任，我王人文心里也高兴。"

王人文的态度对四川人民有着积极影响，许多人觉得总督都这样说了，事情应该有希望。他们也就没有那么多顾忌了。更何况，他们相信朝廷这一次之所以作出这样的决定，主要是因为朝廷错听了盛宣怀的话。送掉了湘、鄂、川省的铁路，罪在盛宣怀一人，与皇上无干，与川省及他省官吏无干，甚至与洋人无干。他们将要成为立宪国家的国民了，他们就要学着立宪国家文明人的样子监督政府，誓死要求政府悔约保路，不要使用过去义和拳那种野蛮的手段，不能有任何野蛮的心理。

然而，许多事情的因果关系都很难说。保路同志会在王人文的影响下号召文明抗争，而文明抗争在朝廷那里引起的反应就是无所谓。朝廷此时无论如何想不到铁路国有政策会带来这样大的影响，他们也就无意接受王人文的建议，更不会宣布惩处盛宣怀停止铁路国有化的政策。6月17日，清廷宣布对粤、湘、鄂、川四省铁路公司股本的处理办法，粤、湘、鄂、川四省所抽所招股票，尽数验明收回，由度支部、邮传部特出国家铁路股票，常年六厘给息。嗣后如有余利，按股分给。倘愿抽本，五年后亦可分十五年抽本。未到期者，并准将此次股票向大清、交通银行照行规随时抵押。说到各省差异，规定指出，粤路全系商股，现从优每股先发还六成，其余亏耗之四成，并准格外体恤，发给国家无利股票，路成获利之日，准在本路余利项下，分十年摊给；湘路商股，照本发还，其余米捐、租股等款，准其发给国家保利股票；鄂路商股，并准照本发还，其因路动用赈粜捐款，准照湖南米捐办理，发给国家保利股票。至于四川的川汉铁路，最为麻烦，规定表示川路宜昌实用工料款四百余万两白银，准给国家保利股票，现存七百余万两白银，至于是入股，还是留作四川省兴办实业的资金，悉听其便。至于川路中的那些倒账和亏空，清政府的善后方案中只字不提。这不免使四川人心里不高兴。

从朝廷策略看，朝廷和盛宣怀清楚知道各省铁路筹资情况、修建情形，清政府显然希望以分而治之的办法区别对待，化难为易，逐步解决各省铁路建设中的问题，然后将路权收归中央，统一管理、统一建设。

清政府的想法是好的，公平地说，做得也不错。广东、两湖铁路公司的股东们在得知朝廷的方案后也没有太多意见，即便觉得从纯粹商业立场来看吃了不少亏，那也没有办法，只好默默认了。

然而，由于解决方案中对于川汉铁路公司筹资款中倒账、消耗掉的资金没有给予弥补，这使川汉铁路公司高管很恼火。假如不出现铁路国有化，这些倒账、亏空还能继续掩盖下去，现在朝廷急着将铁路国有化，亏空、倒账的事情注定要败露了。这怎能不使川汉铁路公司高管，也就是现在保路同志会的领导层着急呢？于是他们分头动员各州县积极成立保路同志会分会，期待利用民情迫使朝廷让步。在不到十天的时间里，四川省保路同志会会员就激增至十万余人。重庆及各州县、乡镇、街道都成立了类似组织，以及一些按照界别成立的保路同志会，诸如四川女子保路同志会、四川学界保路同志会等，四川各界都在短暂的时间里深深卷入这场斗争中。

四川省绅商不能同意朝廷和盛宣怀的解决方案，是因为他们交给川汉公司的资本是真金白银，现在盛宣怀对那些亏空不考虑给予补偿，就将路权要走，这就意味着那些亏空永远不可能补回来了。假如这个路权继续留在四川人手里，说不准什么时间柳暗花明，那些亏空还有填补的机会。四川省绅商抱着这样的心情加入了抵制铁路国有化的运动，加入了保路同志会。

从同情理解的立场说，四川省绅商的要求并不过分，不过盛宣怀的做法也有道理。他们的亏损、挪用、倒账，为什么要由国库去弥补呢？川汉铁路公司纯粹的商业活动为什么要行政补贴才能解决呢？双方的道理相互冲突胶着，任何一方都看不出让步的迹象。

四川人的立场深刻影响了护理四川总督王人文的看法。由于人在现场，受现场气氛感染，他对四川人有相当多的同情。他不愿意听从朝廷的指令对抗议民众进行镇压，只能任由四川局势持续恶化。

对于四川人的要求，盛宣怀、端方没有站在绅商的立场上理解被破产、被剥夺的滋味，而是一味想方设法剥夺绅商的财产。他们一方面授意川籍京官甘大璋等人联名呈请，将川汉铁路股本一律换成国家股票；另一方面于8月19日任命李稷勋为国有川汉铁路宜昌分公司总理，代表朝廷强行接收川汉铁路宜万段，将绅商股款700万两白银转作国有铁路股金，并且代表铁路公司同意邮传部派员清查账目，使川汉铁路权资本尽失。这一损招终于彻底惹恼了四川人民，轰轰烈烈的保路运动由此展开。

四川省的局势，其实有各种各样的解决方法。中央政府在坚持原则的前提下适度考虑地方利益，为地方的失误适度负责，应该比较容易化解日趋对抗的情绪。然而，盛宣怀太有主见了，他的所谓正义感太强了。他认为既然道理在中央，为什么要纵容地方势力，接受他们的要挟呢？于是朝廷在盛宣怀的蛊惑下，调派川滇边务大臣赵尔丰星夜兼程赶往成都，接任四川总督，强力镇压四川人民对铁路国有化的反抗。

赵尔丰是晚清官场中比较强势的政治人物，长期在西南边疆从事边务，曾任驻藏大臣兼川滇边务大臣，对川藏一带社会情形、民风民俗有独到理解，有杀人魔王、屠夫、刽子手等恶名。然而当他8月2日抵达成都就任并弄清铁路国有化的来龙去脉后，他却对四川人在铁路国有化过程中的损失深表同情。赵尔丰联名地方官员给中央政

◎铁腕镇压“保路运动”的四川总督赵尔丰

府写了一份报告，希望朝廷从大局考虑，尽快改变铁路国有的既定政策，并建议朝廷从速将川汉铁路公司宜昌分公司总理李稷勋撤职查办以平民愤，尽快平息这场骚乱，否则骚乱持续下去的后果不堪设想。

朝廷和盛宣怀都不愿意接受赵尔丰的建议，四川省局势日趋失控。8月24日，川汉铁路公司股东召开临时大会，方才得知朝廷已经任命李稷勋为川汉铁路公司宜昌分公司总理，并已代表朝廷接收了川路股权，成为国有公司代表。这触及了川汉铁路公司股东的实际利益，他们的愤怒可想而知。于是他们立即向社会各界派发传单，争取全省人民的同情和支持，从第二天开始全省罢课、罢市、罢工，停止向政府向朝廷交纳一切厘税杂捐，并组织民众到总督府请愿游行，要求总督代表他们向朝廷请命，请求朝廷收回成命，恢复川汉铁路的商办性质。

此后，四川全省许多地方都出现了罢课罢市、抗税抗捐等活动，还有些地方的居民用纸书写光绪帝的神位，供以香火。有旁注“毅然立宪者”，有旁注“庶政公诸舆论，川路仍归商办者”。也就是说，保路运动此时已经开始由简单的经济诉求向政治诉求转变，运动的组织者、参加者已经不再满足于就事论事与朝廷在川路权利上争短长，而是策动政治上的大变动。参与这一系列活动的，除了具有合法身份的立宪党人、谘议局议员，还有不少革命党人，特别是具有秘密结社性质的哥老会成员。四川省的政治形势一触即发，相当危险。

对于四川局势，四川总督赵尔丰的认识还算清醒。他在8月27日致电朝廷，建议执政当局不要再颟顸从事，一定要按照目前立宪预备阶段的体制，将铁路国有化的来龙去脉和政策要点向资政院报告，要征得议会的意见再往下进行。如果资政院议决停止，责任内阁决不要觉得失去了面子，一定要遵照决议执行。否则，责任内阁一味坚持到底，不知妥协不知让步，则大祸可能很快就会降临，恐怕受害的就不止四川一个省份了。

然而遗憾的是，朝廷在盛宣怀、端方等人的力挺下，不仅不愿接受赵尔丰的建议，反而抱怨赵尔丰镇压不力、动机不纯。端方向朝廷严厉弹劾赵尔丰，建议先派重臣赴川查办，再选派强势政治领袖接替赵尔丰出任四川总督。

与端方的建议相呼应，湖广总督瑞澂此时建议朝廷先从湖北选派一支有战斗力的新军入川镇压，在湖北新军尚未抵达前，依然责成赵尔丰严厉惩办四川省内那些居心叵测、用心险恶、动机不纯、带头闹事的人。由此，愚蠢的明白人盛宣怀、端方终于将四川人胸中的怒火引爆，星星之火开始向四周蔓延。朝廷强力镇压稳定四川的举措能否成功，关键要看湖北新军是否真有强大的战斗力。

官逼民反：同志军与哥老会

四川省内因朝廷铁路国有化改革而引发的混乱局面迟迟得不到有效控制，在北京主持此项改革的盛宣怀等人认为主要是四川总督赵尔丰同情那些闹事的人、镇压不力所致。根据这样的判断，朝廷于1911年9月1日命端方率军队前往四川，彻查路事。

端方是晚清满洲高官中具有革新思想的政治领袖，奋发有为，于内政外交尤有心得。他是慈禧太后、光绪皇帝统治最后几年发现和信

◎负责慈禧太后移陵事宜的直隶总督端方

赖的重要亲贵，在1905年出使东西洋考察宪政及稍后的预备立宪运动中做出过重要贡献；他也是慈禧太后、光绪皇帝刻意培养的满洲贵族，在他考察归国后，先是安排他出任两江总督，后又将他调任直隶总督。如果不出意外的话，端方应该有机会成为恭亲王奕䜣、庆亲王奕劻，或者荣禄那样的满族政治领袖。

意外出在一个最不经意的地方。当慈禧太后出殡时，身为直隶总督的端方竟然拦路拍照，这在当时被视为大逆不道，遂被撤职查办，像袁世凯一样回家赋闲。仔细想想，端方、袁世凯等满汉重臣在这个最需要朝臣辅佐的关键时刻罢官被黜，恐怕其背后的因素既复杂又简单，尽管他们两人回家休息的理由并不一样。袁世凯当时的政治地位已是汉大臣中的第一人，曾国藩、李鸿章在世也不过如此。至于端方，居于直隶总督兼北洋大臣这样的位置，其影响力决非一直在朝廷主持日常事务的庆亲王奕劻可比。现在是幼儿小皇帝上台，大权独揽的年仅26岁的摄政王载沣生于深宫，从未出任过实质性的行政职务，对于满汉两位首席，无论是48岁的端方，还是50岁的袁世凯，不要说权势，即便只说资历、资格，摄政王载沣估计都不好管理，不便训斥。而从端方和袁世凯的立场看，小皇帝的老爹估计也不好伺候。所以摄政王载沣让两位老臣暂时回家休息，可能是一件两全其美的事情，并没有传统所说的什么大阴谋。

1911年5月第一届责任内阁公布后，中央政府层面的人事格局大致确定。当此用人之际，特别是随着新内阁公布而出台的铁路国有化改革方案，更需要懂行的重臣去把握，于是朝廷在责任内阁公布10天后，即5月18日任命端方以侍郎候补，充督办粤汉、川汉铁路大臣，迅速前往湖北等地办理铁路收归国有事宜。这显然是一个非常设的重要职务，责权都非常明确。

就政治理念说，端方是坚定的改革者。他看到了铁路建设在过去那么多年中的问题，认同盛宣怀的建议和处理方案，同意铁路国有化改造，因而他不仅乐意重新出山，就任非常设的督办铁路大臣，而且他还坚定地支持盛宣怀的主张。对于那些借机闹事的人，端方力主严办，甚至对于同情民众的赵尔丰，端方也毫不客气地上折弹劾。他认为赵尔丰有失大臣风范，始则恫吓朝廷，意图挟制；继则养痈成患，作茧自缚。或许正是基于这些因素，所以朝廷在四川局势日趋失控的关键时期派遣端方迅速率湖北新军入川镇压。9月6日，朝廷又命川省水陆新旧各军悉听端方调遣。很显然，朝廷已经放弃和平的安抚政策，准备以武力平息因保路而引发的骚乱，恢复秩序，制止这种骚乱向周边及全国蔓延。

其实，赵尔丰在受到端方弹劾和朝廷训斥后，立场很快就转变了，不再坚持弹劾盛宣怀，不再坚持请求朝廷将铁路国有化方案提交资政院讨论，而是改为坚定支持朝廷的稳定措施，主张强势镇压平息骚乱、恢复秩序。9月5日，赵尔丰向朝廷发了一个电报，表示第一步还会好言相劝，希望闹事的人和平解散，如果这些人不听劝说，那么必定严惩，因此他们或许会顽抗。至于成都之外各州县，或许也会因此而骚乱，所以他建议朝廷能够给予必要的支援来保护地方，以避免那里的外国人再遇到像庚子年间同样的危险。

赵尔丰毕竟同情过保路运动，他的转变并未被保路同志会提前获知，所以也就没有人提前防范。9月7日清晨，赵尔丰调集军队防卫总督府，同时又调集一些军队去保护川汉铁路公司及铁路学堂等处，然后托词北京来了电报有好消息等待商量，邀请保路同志会、谘议局和铁路公司首领人物蒲殿俊、罗纶、邓孝可、颜楷、张澜、江三乘、王铭新、叶秉诚、彭芬等前往总督府议事。毫无防范之心的蒲殿俊等人一踏进总督府大门迅即被抓捕，前后过程也就十来分钟。据说赵尔丰准备快刀斩乱麻，将这些人立即处决，因为成都将军玉昆持异议，遂将这些人羁押于总督府。

按照赵尔丰的判断，所有的群众运动不过是乌合之众，只要将为首的几个给抓了，剩下的也就惊散了。哪知道过去的经验现在不管用了，蒲殿俊等人被抓捕的消息不知什么原因传出去之后，整个成都立马全城轰动，各种各样的传言满天飞。有的说，蒲殿俊等人受到了赵尔丰的亲自审讯；有的说，赵尔丰危词恫吓，罗纶盛气抵抗，终于惹恼了赵尔丰，立马被拉出去枪毙了；还有的说，这些被捕的人已经被关到一个监狱中，每个人都给戴上了手铐脚镣。

各种各样的传言当然都不是真的，但在那个特殊历史情景下，却起到了动员人民围观的作用。成千上万的成都民众，扶老携幼，沿街比户，号泣呼怨，手握香，头顶光绪皇帝的牌位，一堆又一堆地挤进总督府大门，要求赵尔丰尽快释放被捕诸人。

到了午后，阴雨绵绵、异常晦暗，来自四面八方的群众越来越多，络绎不绝地涌向总督府，由午而暮至夜半，围观者只有一个声音，要求放人；而赵尔丰也只有一个回答，围观者必须退出总督府，否则格杀勿论。失控的民众当然不会听从总督府的指挥，直往大堂冲去，赵尔丰下令开枪，顷刻间一阵排枪下来，围观者迅速作鸟兽散。此次血案，据说有32人死难。

成都血案第二天（9月8日），大雨下了一整天。由于赵尔丰下令三日内不许收尸，9月7日被枪杀的无辜人员的累累尸体，横卧地上，犹紧抱光绪皇帝的牌位不放。许多尸体被大雨冲洗后腹胀如鼓，情形凄惨。新来的围观者或许是想为死难者收尸，或许是继续要求总督府放人，不料赵尔丰杀红了眼，继续下令开枪，于是又有数十人被枪杀。

赵尔丰的残暴行径激起了人民的愤怒，深受同盟会影响的哥老会早在几天前就在资州组织了保路军，准备武装起义。至成都血案发生，同盟会员龙鸣剑缒城而出，直奔城南农事试验场，与同盟会员朱国琛、曹笃等人裁木片数百个，在上面书写“赵尔丰先捕蒲、罗诸公后剿四川各地同志，速起自救”，然后将这些木片涂上桐油，制成“水电报”投入锦江。时值江水上涨，这些木片乘着秋潮漂流而下，不一日就传遍西南各地，各地保路同志军闻警大惊，为防范赵尔丰派兵围剿，于是主动出击，揭竿而起。

保路同志军的主体当然是革命党人，其实他们本质上都是具有革命思想或革命倾向的哥老会成员。华阳秦载赓虽然是在1909年才加入同盟会，但其本身早就是哥老会首领。新津侯宝斋，早年参加新津哥老会，被推为“新西公”的龙头大爷。1904年新津九个哥老会联合组成总社，号称“九成团体”，侯宝斋又被推为总舵把子，是新津一带著名的“社区精英”。还有个张达三，也是川西著名的哥老会首领。至于他们的革命思想和政治倾向，可能并不像想象的那样有深度，也不像想象的那样明确和坚定。这是由哥老会的性质决定的。

哥老会是成立于明清之际的民间秘密结社，又称汉留，俗称袍哥，相传是郑成功反清复明洪门的一个分支，后因反清复明无望，逐步演变成民间礼俗相交、患难相恤的社会互助组织，至晚清社会动荡，哥老会重新浮出水面，其成员多为农民、手工业者、被遣散的兵勇及游民等。他们是社会上的边缘阶级，无依无靠，他们能够走到一起，主要还是经济方面的原因。因为这些大大小小的首领，毕竟都是大小社区的社会精英，通过黑白两道，他们总能够为追随的弟兄们找到一碗饭吃。哪一个首领本事大，找到的机会多，哪一个首领的追随者也就多。也就是说哪一个首领的追随者多，哪一个首领的本事也就大。所以，哥老会和一切民间秘密结社一样，并不是一个严格意义上的革命组织，革命对他们有利有好处，他们就会革命；革命对他们没有利没有好处，他们就会反革命。至于四川哥老会此时为什么深度介入保路运动，其内在的利益关联现在还不是很清楚，但肯定不是靠单纯的革命理想就能将他们调动起来的。

不管怎么说，只要哥老会这样的秘密结社一旦起来，对社会就具有很大的破坏作用。他们站在哪一方面，哪一方面就有了成功的机会和可能。9月8日一大早，秦载赓率同志军千余人从成都东门强攻，连续数日，引来数万会众云集成都城下，四川各地还有许多会众正在赶往成都的路途中。

各地同志军云集成都城外，英勇奋战，重创清军。他们虽然无法有效攻进城内，但他们有办法将城外的电线杆全部砍断，甚至将清政府与总督府往来传递文书的驿站全部占领，致使官府音讯不通、耳目失灵。赵尔丰坐困愁城，心力交瘁，通宵不寐。在北京的中央政府也弄不清成都城里的真相，只是潜意识里感到将要大祸临头，高度恐慌。朝廷先是三令五申敦促端方率领湖北新军日夜兼程前往成都，督兵震慑，除暴安良；又急调湘、陕、黔、滇周边各省军队入川协助，务必设法平息。9月15日，又急令开缺两广总督岑春煊前往四川，会同赵尔丰办理剿抚事宜，所有川省水陆各军及各省所派赴川援军，俟岑春煊抵川后，一并归该督节制调遣。

岑春煊当年可是慈禧太后跟前的红人，也是胆子最大的廉臣能臣，曾经担任过四川总督，对四川事务比较熟悉。然而，他不仅不能认同清廷的镇压措施，反而建议清廷公开承诺铁路国有化之后，先前商办期间的一切亏损、挪用、倒账，均由政府承担；宣布政府即刻释放所有被关押的绅商、民众，承诺绝不会秋后算账，绝不会无辜杀戮任何一个反对铁路国有化的人，不会扣留先前各省铁路筹资中的一分钱。更重要的一点是，岑春煊郑重建议朝廷下诏罪己，他相信中国的老百姓是最讲道理的，一旦朝廷做到这些，四川的局势立马好转，不仅无须用兵，而且老百姓一定会感激涕零，山呼万岁。

从事后的观点看，岑春煊的建议当然有助于化解政府与民间社会的对立，有助于因铁路国有政策而引发的全国性骚乱的尽快平息。然而岑春煊这个看法在当时并不被政府主流所认同，端方致电盛宣怀和度支部大臣载泽，斥岑春煊的建议只是沽名钓誉，意在攘夺内阁总理，归罪于他人。有了这样的心理障碍，摄政王载沣和朝廷只能在一条道上走到黑。

四川局势僵持不下，朝廷既不愿意接受教训，下诏罪己，终止或中止铁路国有化，或者宣布全额补偿绅商损失，或者如广西巡抚沈秉堃建议，请邮传部宣布将川汉铁路公司中所有零星民间股本一律偿还，至于川路中经营亏损、倒账亏损，也先由邮传部垫认。至于具体的责任，完全可以待事态平息后仔细调查。而邮传部和盛宣怀到了这个时候依然继续较真，与民争利，不愿让步，只表示川路原有股东中有愿意在铁路国有化之后继续投资者，可以参照湖南的方式，按照一比一的比例配给国家铁路股票，一律分红分利；不愿继续投资的，参照广东的方式，一律实发六成现金，其余四成另给国家印票，分两年给还。至于川汉铁路公司实收股本，国家既全数认还，那么虚糜及倒账之款，也就包括在内了。这种拖泥带水的表态，虽然较前有了很大改善，但毫无疑问，这已经对四川愤怒的绅民没有多大吸引力了。四川的局势仍在持续恶化中。

朝廷可能曾想到过用柔性的办法化解危机，但为时已晚，只能按照本能坚持既定的强硬立场，予以镇压。然而赵尔丰能够调动的清军太少，外地的清军也不是很快就能赶到。朝廷9月15日责成正在上海的岑春煊火速前往，然而这位老兄除发表一系列反对意见，拖到10月2日方才抵达武昌外，还在那里向朝廷发了一个电报，表示身体不好，不去成都赴任了，要求朝廷开去他所答应的差使，准其回上海继续养病。

岑春煊的病当然不是致命的，而是政治在起作用，是端方等人的无端攻击使他非常恼火。你们不是说我沽名钓誉想当内阁总理大臣吗，那我不干了还不行吗？

朝廷对岑春煊也没有什么好办法，只能听之任之。对于四川的局势，只能另想办法，另请高明。10月7日，朝廷谕令湖广总督瑞澂加派湖北新军，谕令湖南巡抚余诚格酌派湘军两三营，迅速赶往四川，与先期前往的端方等部会合，以最大决心、最大力量迅速扑灭四川骚乱，恢复秩序。

就在这个时候，早就对清廷始终不愿撤销皇族内阁、始终不愿在政治上让步极度不满的湖北新军人心思变，终于趁着四川引发的政治危机举兵发难。

两百多年的大清帝国顷刻瓦解，被送进了历史，中国开始了一个新的时代。